한국 기독 지성의 현실과 미래

기독교 대학

조용훈 지음

한국장로교출판사

한국 기독 지성의 현실과 미래

기독교대학

초판인쇄 2009년 9월 1일
2쇄인쇄 2017년 3월 15일

지 은 이 조용훈
펴 낸 이 채형욱
펴 낸 곳 한국장로교출판사
주　　소 03129 / 서울 종로구 대학로 19, 409호(연지동, 한국기독교회관)
전　　화 (02) 741-4381 / 팩스 741-7886
영 업 국 (031) 944-4340 / 팩스 944-2623
등　　록 No. 1-84(1951. 8. 3.)

ISBN 978-89-398-0469-2 / Printed in Korea
값 10,000원

편 집 장 정현선
교정·편집 원지현　　**표지디자인** 최종혜
업무부장 박호애　　**영업부장** 박창원

※ 이 출판물은 저작권법에 의해 보호를 받는 저작물이므로 무단전재와 무단복사를 할 수 없습니다.

머리말

오늘날 한국교회는 대내외적으로 어려움에 빠져 있다. 교회 외적으로는 대사회적 이미지와 신뢰도가 급격히 나빠지면서 교회에 대한 비난 여론이 높아지고 있다. 특히 지식인들과 젊은이들은 한국교회가 어떤 종교보다도 배타적이고 독선적이며 이기적이라 비난한다. 최근 지나치게 보수적인 정치행보로 말미암아 한국교회는 사회의식과 역사의식도 없는 종교집단으로 비치고 있다. 그래서인지 몰라도 한국교회 성장률은 가톨릭과 불교에 뒤진 것으로 나타났다.

한편 교회 내적으로는 목회 지도력에 대한 불만이 쌓여 가며 교회를 떠나가는 교인들이 많아지고 있다. 종교를 버린 사람이 과거에 어떤 종교를 가졌었는지, 그리고 다른 종교로 이동한 사람이 이전에 어떤 종교를 가졌었는지 조사한 결과 개신교인의 이탈률이 가장 높았다는 통계는 오늘의 한국교회가 외부인은 물론 내부인에게도 만족을 주지 못하는 종교임을 여실히 보여 주고 있다.[1]

교회성장이 지체되고 교회의 대사회적 영향력이 약화되자 교계에서

---

1) 한국교회미래를준비하는모임, 「한국교회 미래 리포트」(서울 : 두란노, 2005).

는 교회의 사회적 이미지 향상을 위한 다양한 노력을 시도하고 있다. 범교단적으로 한국교회언론회(2001)를 만들어 정치권에 영향력을 행사하기도 하고, 교회에 부정적인 방송사에 압력을 넣기도 한다. 또한 교회의 사회봉사 활동을 널리 홍보하기도 한다. 그런데 문제는 그런 노력에도 불구하고 교회의 이미지가 개선될 기미가 별로 없어 보인다는 데 있다.

필자는 오늘 한국교회의 어두운 현실을 초래한 중요한 이유 가운데 하나가 기독 지성의 몰락에 있다고 생각한다. 진리를 밝혀 교회와 사회가 나아갈 방향을 제시해야 할 기독 지성이 그 역할을 감당하지 못한 결과이다. 120여 년 전 한국교회 선교 초기의 역사를 뒤돌아보면 이런 필자의 진단이 잘못된 것이 아님을 알 수 있다. 초창기 한국교회는 기독 지성의 탁월성에 힘입어 좋은 사회적 평판과 높은 사회적 위상을 지녔고, 그 덕분에 한국사회에 긍정적인 영향력을 행사할 수 있었다. 구한말 어두운 역사 현실 속에서 사회를 계몽하고 나라를 구하겠다는 의식 있는 젊은이들과 지식인들이 끊임없이 교회를 찾으면서 교회는 양적으로만이 아니라 질적으로 성장해 갈 수 있었다. 하지만 세월이 흐르고 기독 지성의 역할이 무기력해지면서 교회는 비록 외형적 성장은 이루었는지는 몰라도 점점 더 맹목적이고 의식 없는 종교집단으로 변해 가고 있다.

기독 지성의 몰락이 미친 영향은 비단 종교에만 국한되지 않는다. 학문세계는 점점 더 세속화되었고, 사회는 점점 더 비도덕적으로 변해 갔다. 오늘날 교회에 대해 비판적인 지식인들과 젊은이들 가운데에는 한국교회가 사회문제의 해결자라기보다는 오히려 사회의 걱정거리라고 생각하는 사람들이 늘고 있다. 교회가 사회를 걱정하는 것이 아니라 거꾸로 사회가 교회를 걱정하는 꼴이 되었다.

이런 문제인식에서 필자는 그동안 기독 지성이란 주제에 관심하고 계속해서 글을 써 왔다. 기독 지성이 살아날 때라야 비로소 교회의 신앙적 맹목성도 고쳐질 수 있고, 사회의 세속화 속도도 줄일 수 있을 것이라 믿었기 때문이다. 다행히 필자는 기독 지성의 현실을 가장 잘 볼 수 있는 기독교대학에서 10년 넘게 생활하고 있다. 그곳에서 한국 지성의 현실만이 아니라 한국교회의 현실도 엿볼 수 있었다. 기독교대학은 신앙과 지성, 교회와 대학이 만나는 곳이기 때문에 그 둘을 다른 어디에서보다 잘 관찰할 수 있는 곳이다.

기독교대학을 통해서 우리는 한국교회만이 아니라 한국사회의 미래를 어느 정도 짐작할 수 있다고 생각한다. 왜냐하면 대학이란 한 나라의 문명의 핵심인 지성을 대표하고 미래의 지도자를 양성하는 곳으로서 현실사회와 미래사회에 중요한 영향을 미치기 때문이다. 레바논 출신의 정치가요 철학자인 찰스 말릭(C. Malik)은 대학이 너무나도 중요한 사회제도이기 때문에 대학을 변화시키는 일이야말로 그 사회를 변화시키고 나아가 세계를 변화시킬 수 있는 가장 유력한 방법이라고까지 주장했다.[2] 그는 1980년에 행한 한 연설에서 비록 교회가 온 세상을 얻었다고 해도 세상의 지성을 잃는다면 결국에는 세상도 잃어버리고 말 것이라고 보았다. 그런 이유에서 그는 교회가 영혼의 구원을 위해서만이 아니라 지성의 구원을 위해서도 힘쓸 것을 역설했다.[3]

네덜란드 자유 대학(Free University)을 설립하기 위해 1878년 발족되었던 '개혁주의 원리에 기초한 고등교육협회'는 기독교대학의 설립 필요성과 관련하여 만일 기독교대학이 존재하지 않는다면 한 사회와 문화의 상층부는 전부 불신자들의 손에 넘어갈 것이고, 학문은 그리스도의 영광을 거역하는 도구가 될 것이며, 정치인과 관리, 법관과 의사, 문학자와 과학자들은 반(反)신앙적 자연주의의 앞잡이가 될 것이라고 경고했다.[4] 우리나라 대학복음화를 목적으로 교회와 선교단체가 연합하여 1989년에 결

---

2) C. Malik, 신정숙 역, 「대학의 위기 : 기독교적 비판과 대안」(성경읽기사, 1988), p. 105.
3) C. Malik, "The Two Tasks," W. L. Craig & P. M. Gould, *The Two Tasks of the Christian Scholar*(Wheaton : Crossway Books, 2007), p. 63.
4) 강영안, "암스테르담 자유대학의 신학과 세계관," 통합연구학회, 「통합연구」 16(1992. 10.), p. 57.

성된 '학원복음화협의회'도 대학 캠퍼스의 선교적 중요성을 수원지(水源池)에 비유하고 있다. "대학캠퍼스는 일종의 물 근원으로서 사회의 모든 곳을 적시는 역할을 합니다. 여기서 흐르는 물이 청류인지 탁류인지에 따라 민족과 교회의 운명이 좌우됩니다."[5] 대학이 이처럼 중요한 사회제도임에도 불구하고 미래를 염려하는 한국교회나 그리스도인들이 기독교대학에 대해 무관심한 것은 아이러니가 아닐 수 없다.

현재 우리나라에는 전문대학을 포함하여 고등교육기관이 350여 개가 있고, 그 가운데 기독교대학은 약 60여 개에 이르고 있다. 모든 기독교대학들이 기독교 교육이념을 표방하면서 설립되었지만, 계속해서 기독교 정신을 유지하고 발전시키는 것은 결코 쉽지 않아 보인다. 시간이 흐르면서 대부분의 기독교대학들이 일반대학 가운데 '하나의 대학'으로 전락해 가고 있다. 대학정관에 기독교 정신을 표방하고 교목실을 통해 채플과 기독교 교양과목을 운영한다는 점을 제외한다면, 대학의 교육과 행정, 문화 전반에서 일반대학과 차별성을 발견하기가 쉽지 않아 보인다. 그렇기에 기독교인 학부모들조차 자기 자녀를 구태여 기독교대학에 보내려고 하지 않는다. 기존의 기독교대학에 대한 실망감이 커지면서 새로운 기독교대학을 설립하려는 노력이 지금도 계속되고 있다.

우리보다 기독교대학의 역사가 훨씬 오래된 미국에서는 기독교대학을 주제로 한 학문적 연구가 활발하고 교회적 관심도 높은 편이다. 그와 비교해 보면, 우리나라에서 기독교대학에 대한 연구는 질적으로나 양적으로나 매우 열악해 보인다. 연구자도 많지 않을 뿐만 아니라 관련 자료들도 충분하지 않다. 연구업적이 강조되는 오늘의 대학현실에서 기독 교수라 하여 굳이 자기 전공 이외에 또다른 연구주제인 기독교대학 연구로 귀중한 시간을 낭비하려 하지 않으며, 그것을 기대하는 것도 무리이다. 자신의 전공 분야에서 학술적으로 인정받는 것이 훨씬 더 시급한 일이기

---

5) www.kcen.or.kr.

때문이다.

    필자 역시 대학에서 교목으로 활동했지만 기독교학과의 교수로서 전공학문을 연구하고 가르쳐야 했기 때문에 몇 년 전까지만 해도 전공과목인 기독교윤리학과 관련한 연구에만 몰두했던 것이 사실이다. 그렇다고 교회가 나서서 기독교대학 문제에 관심을 갖는 것도 아니다. 대학사회와 지성인이란 매사에 비판적이어서 목회자들이 껄끄러워 하는 존재들이기 때문이다. 이처럼 대학 구성원과 교회의 무관심 속에서 기독교대학은 정체성을 상실해 가고 있다. 신앙적 수월성은커녕 학문적·도덕적 탁월성조차 확보하고 있지 못하다. 오죽하면 참여정부에서 기독교사학이 문제가 되고 개혁의 대상이라 하여 사학법 개정을 시도했을까?

    이러한 자기반성적 입장에서 우리나라 기독교대학 문제를 다루는 이 책은 크게 네 부로 구성되어 있다. 제1부에서는 우리나라 기독교대학을 이해하기 위한 전제로 중세대학의 기원과 특징, 미국 기독교대학의 역사, 그리고 대학의 일반적 이념과 기능에 대하여 서술한다. 이러한 전(前) 이해가 필요한 이유는 기독교대학이 비록 특수한 기독교적 교육이념을 위해 설립되었다 하더라도 고등교육기관의 하나로서 일반대학과 공유하는 요소들이 많기 때문이다. 고등교육기관의 역사와 일반적 특성이 무엇인지 살펴보고, 고등교육기관의 하나인 기독교대학의 보편성과 특수성에 대해 연구할 필요가 있다.

    한편 우리나라 기독교대학에 대해 바르게 이해하려면 미국 기독교대학에 대해서도 살펴볼 필요가 있다. 왜냐하면 우리의 논의 주제인 기독교대학이 엄밀하게 보면 미국식 대학의 형태를 가리키기 때문이다. 게다가 초창기 우리나라 기독교대학들은 미국 선교사들에 의해 설립되었는데, 선교사들은 자신들이 교육받은 미국의 대학들을 염두에 두고서 대학을 운영했기 때문이다. 미국 기독교대학의 역사를 살피다 보면 그것을 모델로 세우고 운영되는 우리나라 기독교대학의 현실을 이해하고, 미래를 예측하는 데에도 도움을 받을 수 있을 것이다.

제2부에서는 우리나라 기독교대학의 역사를 다룬다. 20세기 초 외국 선교사들에 의해 기독교대학이 설립된 이후 기독교대학들이 정치·사회적 환경 속에서 어떻게 변화하고 발전해 왔는지 살필 것이다. 우리나라 기독교대학은 우리나라 고등교육의 효시로서만이 아니라 사회·문화에 광범위한 영향을 미쳤다. 특히 초창기 우리나라 기독교대학은 학문적, 도덕적, 문화적 탁월성에 기초하여 사회·정치적 지도력을 행사할 수 있었다. 이런 역사 연구 과정을 통해 기독교대학의 현실을 반성하고, 미래를 위한 통찰력을 찾고자 한다.

제3부는 이 책의 핵심부분으로 기독교대학의 정체성이 무엇인지 탐색한다. 기독교대학의 정체성은 대학의 정관이나 이사회, 교목실, 채플 및 기독교 교양과목 같은 외형적이고 제도적인 차원을 넘어서 내용적이고 본질적인 차원에 있다. 기독교대학의 정체성, 즉 기독교대학이 일반 대학과 다른 차별성에는 최소한 다음 네 가지 요소가 고려되어야 한다.

첫째, 기독교적 교육이념을 분명히 하고, 그것을 구체적으로 실현할 수 있는 교과과정(커리큘럼)이 마련되어야 한다. 교육이념은 대학의 존재이유이며, 대학이 도달하고자 하는 교육적 이상(理想)이다. 기독교대학이 수많은 대학들 가운데 하나의 대학으로 머물지 않으려면 기독교적 교육이념을 분명히 해야 한다. 그리고 그것은 대학의 정관이나 홍보책자에나 나오는 공허한 구호로 머물러서는 안 된다.

둘째, 대학 구성원의 소명과 헌신이 있어야 한다. 대학이 아무리 기독교적 교육이념을 외쳐도 그것에 동조하고 그것을 위해 헌신하는 사람이 없으면 공허한 외침이 되고 말 것이다. 제도보다 중요한 것은 그것을 운용하는 사람이다. 기독교적 비전을 공유하고, 그것을 위해 헌신할 수 있는 교수와 학생, 그리고 직원들 자신이 곧 기독교대학의 정체성이다.

셋째, 기독교적 대학의 분위기, 즉 기독교적 대학문화를 형성해야 한다. 교육이란 강의실이나 연구실 같은 공식적 공간에서만 이루어지는 것이 아니고, 비공식적인 공간에서도 이루어진다. 대학인의 캠퍼스 일상생활에서 기독교 정신과 가치, 즉 친절, 우정, 관심, 예절, 도덕성, 서비스 정신을 느낄 수 없다면 좋은 기독교대학이라 할 수 없다. 좋은 기독교대학에서는 캠퍼스의 일상에서 기독교적 분위기를 느낄 수 있다.

마지막으로 대학과 교회의 관계가 건강해야 한다. 기독교대학은 설립만이 아니라 운영에 있어서도 교회와 밀접하게 관련되어 있다. 그리고 기독교대학의 교수와 직원들은 명목상이든 실질적이든 교인들이다. 대학은 교회공동체에 뿌리를 둠으로써 정신적 자양분을 얻을 수 있으며, 철학이 있는 교육을 실시할 수 있다.

제4부는 기독교대학이 학문공동체라는 전제 아래 학문과 신앙의 상관성 문제를 다룬다. 기독교대학은 비록 선교적 목적으로 설립되고 운영되기는 하지만 어디까지나 학문공동체이다. 학문 활동이 대학의 본질이요, 사명이다. 따라서 학문공동체로서 기독교대학은 학문과 신앙의 통합 및 기독교 세계관교육에 대해 관심을 가지지 않을 수 없다. 오늘날 기독 지성은 교회생활과 학문생활을 통합하지 못한 채 소외된 삶을 살아가고 있다. 영과 육, 거룩한 것과 속된 것, 공공적인 것과 사적인 것을 분리시키는 이분법적 신앙문화의 영향 아래 신앙의 논리와 학문의 논리가 따로 노는 정신분열증적 상황에 놓여 있다. 기독 교수들이 주일날 교회에서는 경건한 신앙인인지 몰라도 대학의 연구실과 강의실에서는 일반 교수들과 아무 차이가 없다. 기독 지성이 인간성을 회복하고 신앙적 성숙을 모색하려고 한다면 반드시 학문과 신앙의 관계를 고민해야 할 것이다.

이 책은 지난 몇 해 동안 필자가 여러 학술지에 기고했던 글들을 토대로 삼았다. 물론 이번에 책으로 내면서 내용의 중복을 피하고 통일성을 갖추기 위해 기존의 원고들을 상당부분 수정하고, 보완했다. 제1부의 1장은 "중세대학을 통해 본 기독교대학의 교육적 과제"「대학과 복음」10(2004), 2장은 "미국 기독교대학의 정체성 상실의 과정에 대한 연구"「대학과 선교」10(2006), 제2부의 1장은 "한국 기독교대학의 역사에 대한 연구"「대학과 선교」11(2006), 2장은 "기독교대학의 수월성과 사회지도력에 대한 연구"「기독교사회윤리」 14(2007), 제3부의 2장은 "기독교대학의 교양교육에 대한 연구"「기독교교육정보」 9(2004), 4장은 "기독교수의 정체성에 대한 한 연구"「대학과 선교」 15(2008), 5장은 "대학문화에 대한 기독교윤리적 이해"「기독교사회윤리」 7(2004), 6장은 "대학선교의 역사와 미래적 과제에 대한 연구"「선교와 신학」 13(2004), 제4부의 1장은 "신앙과 학문 관계에 대한 연구"「통합연구」 17(2004)에 각각 실린 글들이다. 물론 그 외의 글들은 이 책을 위해 새로 쓰고 정리한 글들이다.

이 책이 나오게 된 데에는 여러 사람의 도움이 있었다. 먼저 기독교대학에 대한 연구에 관심하도록 도전하고 격려했던 대한예수교장로회총회 기독교대학위원회(위원장 한정원)에 감사한다. 필자에게 안식년을 허락해 주어 원고를 정리하여 출판할 수 있는 시간을 준 한남대학교(총장 김형태)에 감사 드린다. 좋은 안식처를 제공해 준 미국 켄터키 주 루이빌신학교와 미국장로교여전도회, 그리고 박숭현 선교사님 내외분의 사랑도 잊을 수 없다. 보다 나은 기독교대학을 만들기 위해 함께 애쓰는 과정에서 우정과 섬김의 본을 보여 주신 한남대 기독교학과 교수님들께도 머리를 숙인다. 필자의 원고를 출판할 수 있도록 허락하신 한국장로교출판사 사장 박노원 목사님, 그리고 출판을 격려해 주신 총회 교육자원부 총무 김치성 목사님께도 감사를 드린다. 마지막으로 매끄럽지 못한 원고를 다듬어서 보기 좋은 책으로 편집해 주신 한국장로교출판사 기획·편집국장 채형욱 목사님을 비롯한 직원들 모두에게 고마움을 전한다.

2009년 8월   일
오정골에서
조 용 훈

차 례

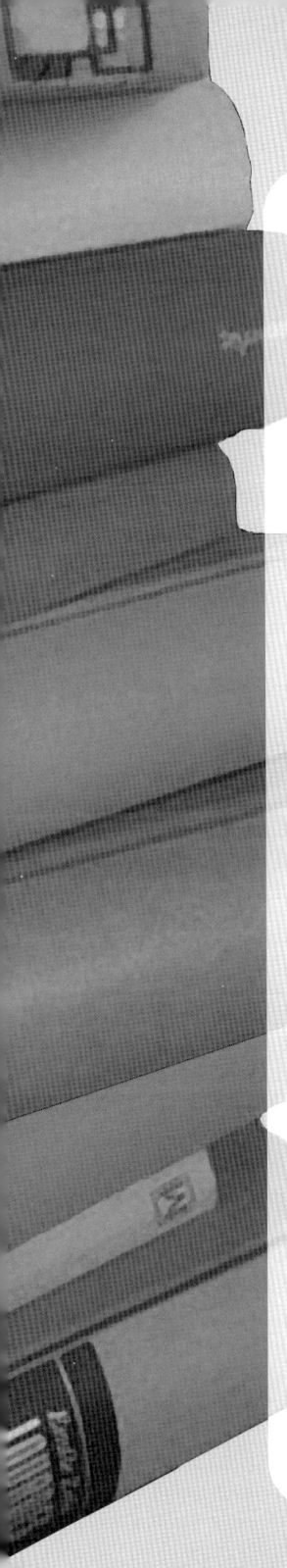

머리말 / 3

I 기독교대학의 이해를 위한 기본전제 / 13
1. 대학의 기원과 그 특징 / 14
2. 미국 기독교대학의 역사와 교훈 / 32
3. 대학의 일반적 이념과 기능 / 54

II 우리나라 기독교대학의 역사 / 71
1. 우리나라 기독교대학의 시작과 발전 / 72
2. 초창기 우리나라 기독교대학의 특징 / 86

III 기독교대학의 정체성 / 101
1. 기독교대학이란 무엇인가? / 102
2. 기독교 교육이념과 교양교육 / 116
3. 대학 구성원의 소명과 헌신 / 137
4. 기독 교수의 정체성과 사명 / 149
5. 기독교적 대학문화 / 168
6. 대학과 교회, 그리고 대학선교 / 186

IV 학문공동체로서 기독교대학 / 209
1. 학문과 신앙의 통합 / 210
2. 기독교 세계관과 대학교육 / 237

맺는말 / 255

I
기독교대학의 이해를 위한 기본전제

1. 대학의 기원과 그 특징
2. 미국 기독교대학의 역사와 교훈
3. 대학의 일반적 이념과 기능

1 대학의 기원과
   그 특징

대학이라는 사회제도는 기독교문화의 산물 가운데 하나로서 중세 유럽에 등장했다. 대학이란 제도가 처음 등장할 때에 모든 대학은 '기독교 대학'이었다. 대학의 설립 주체와 대학 구성원, 그리고 대학에서의 교육 내용이 기독교와 밀접히 관련되어 있었다는 점에서 그렇다. 대학이 최초로 시작된 곳은 수도원이나 대성당이었으며, 대학에서 가르치는 선생 대부분은 성직자들이었고, 대학에서 배우는 내용 역시 성서와 기독교 사상이 그 핵심에 있었다. 말하자면 대학의 역사 초창기 대학들은 모두 기독교적 세계관 위에서 가르치고 배우는 '신앙적 학문공동체'였던 것이다. 비록 근대에 들어서면서 대학이 종교적 토대를 잃어버린 채 세속적 교육기관으로 전락해 가는 것이 사실이라 하더라도 대학의 본래적 모습과 형태가 기독교적이었다는 사실만은 부인할 수 없을 것이다.

중세대학의 역사 및 대학의 이념과 기능에 대한 연구는 그 각각이 하나의 방대한 연구주제이다. 이러한 주제들에 대한 연구는 고등교육을 전공하는 교육학자나 역사학자들이나 해낼 수 있는 전문적인 연구영역이다. 신학을 전공한 필자의 능력을 벗어나 있는 영역이며, 그 주제가 필자의 학문적 주요 관심사도 아니다. 그럼에도 불구하고 필자가 중세대학의 기원과 특징을 다루는 이유는 우리의 주제인 기독교대학을 바로 이해하기 위해서이다. 오늘의 기독교대학을 제대로 이해하려면 먼저 대학의 기원에 대한 연구를 통해 대학이 본래 어떤 사회제도이고, 어떤 특성을 지닌 교육기관이었는지 알 필요가 있기 때문이다. 역사를 연구하는 이유는 단지 과거를 알기 위함이 아니라 그것을 통해 현재를 이해하고 미래를 창조하는 데 필요한 통찰력을 얻을 수 있기 때문이 아니겠는가?

중세 이전의 고등교육

고등교육에 대한 관심은 일찍이 고대사회로부터 싹텄다고 볼 수 있다. 고대 그리스에는 소피스트의 수사(rhetoric) 학교, 플라톤의 아카데미, 그리고 아리스토텔레스의 리키움(Lyceum)과 같은 사설 교육기관들이 있었다. 이후 유럽에서는 6세기에서 11세기에 이르는 기간 동안 수도원을 중심으로 성경과 신학, 그리고 고전(古典)에 대한 광범위한 교육이 이루어졌다. 중세의 수도원은 제도화된 교회를 갱신하려는 수도(修道)공동체였으면서 동시에 고대로부터 전승되어 오던 학문을 전수하는 교육기관이기도 했다.[1]

당시 수도원에서는 수도승만이 아니라 일반 시민의 자제들을 위한 교육도 이루어졌다. 수도사들의 중요한 일과(日課) 가운데 하나는 성경과 고전을 필사하고 새로운 학문을 연구하는 것이었다. 수도사들의 학문 활동을 통해 고대 문화의 유산이 보존되고 발전할 수 있었다.

우리나라에서도 일찍이 고구려의 태학, 신라의 국학, 고려의 국자감, 그리고 조선시대에는 성균관이 있어서 일종의 고등교육기관으로서 역할을 했다고 볼 수 있다. 하지만 오늘날 우리가 '대학'이라는 말을 사용할

---

1) 이석우, 「대학의 역사」(서울 : 한길사, 1999), pp. 38-39.

때 의미하는 고등교육기관으로 보기는 어렵다. 엄밀한 의미에서 대학은 해스팅스 래시덜(H. Rashdall)의 주장대로 '중세 유럽의 제도'라고 볼 수 있다.[2] 왜냐하면 중세 유럽의 대학에서 비로소 오늘날 우리가 대학이라고 하는 사회제도의 일반적 특징이라 할 수 있는 여러 가지 요소들이 등장했기 때문이다. 대학의 명칭, 교수의 전문성, 강의제도, 분야별 학과목, 수학연한, 시험제도, 학위수여 절차, 그리고 대학행정기구와 같은 요소들이 중세대학에서 비로소 생겨났다. 중세 유럽에서 생겨난 대학은 다른 어떤 사회제도나 사회기구와도 달리 현대에 이르기까지 그 본질적 특성이 크게 변하지 않은 채 계속해서 유지되고 있다는 점에서 아주 특이한 제도와 조직이라 할 수 있다.

대학 출현의 역사적 배경

대학이 중세 유럽에 등장한 것은 대략 12세기 말에서 13세기 초라 할 수 있다. 당시 유럽의 도시들은 십자군운동의 영향을 받아 외국문물이 소개되어 새로운 세계에 대한 지적 호기심이 한창 커지고 있었다. 지적 탐구의 열망으로 가득 찬 '방랑 지식인'들이 늘어나고, 그들을 따르는 추종자들도 생겨났다. 한편 가톨릭교회가 성장함에 따라서 성직자와 법률가에 대한 지속적인 수요가 생겼고, 이들을 양성하기 위해 일정한 교육제도가 필요해졌다. 이런 상황 속에서 자연스럽게 대학의 출현 분위기가 무르익었다.

대학이 출현할 당시 유럽은 교황과 군주들 사이에서 권력 갈등이 계속된 이른바 '성속(聖俗) 분쟁의 시대'였다.[3] 교황과 군주들 사이에 있었

---

[2] H. Rashdall, *The Universities of Europe in the Middle Ages*, vol. Ⅲ(1895), ed. F. M. Powicke and A. B. Emden, (Oxford : Clarendon Press, 1936), p. 358.
[3] 박덕원, 「대학과 학문의 자유」(부산 : 부산외국어대학교 출판부, 2000), p. 17.

던 권력 갈등의 불씨는 교회의 고유 권한에 속했던 성직 서임(敍任)권 때문이었다. 성직 서임권을 국왕이 행사하는 데 불만을 품은 교황 그레고리 7세의 저항을 시작으로 해서 교황의 아비뇽 유수시대(1309-1377)에 이르기까지 교황과 군주들 사이의 갈등과 분쟁은 계속되었다. 당시 군주들은 교회가 국가에 예속되어야 한다는 입장인 반면에 교황은 교회란 초국가적 존재이기 때문에 국가에 예속될 필요가 없다는 입장이었다.

교황과 군주는 서로 자신들의 입장을 법률적으로 옹호하고 논증하기 위해 교회법과 로마법을 연구하고 발전시키는 데 관심을 갖기 시작했다. 이러한 시대적 필요에 따라서 당시 유럽 사회에 신학이나 법학에 대한 연구가 활발해 질 수밖에 없었다. 교황과 군주는 지식인들을 서로 자기편으로 끌어들이기 위해 경쟁적으로 대학을 후원하고 지원하였다. 그러다가 12세기 말에서 13세기 초에 이르면, 이미 살레르노, 볼로냐, 몽펠리에, 파리, 옥스퍼드와 같은 도시에 대학이 등장하였고, 13세기 말에 이르면 이태리, 스페인, 포르투갈, 영국에 열 일곱 개의 대학이 새로 문을 열게 되고, 16세기 말에는 자그마치 일흔 여덟 개의 대학이 세워진다.[4]

조합(길드)으로서 중세대학

초기의 대학은 대성당 부속학교나 수도원에서 출발하였으나, 점점 구성원의 수가 많아지고 그들 사이에 갈등이 생겨나면서 교수조합이나 학생조합으로 발전해 가기 시작했다. 오늘날 우리가 사용하는 유니버시티(university)란 말은 바로 중세의 조합(길드)을 지칭하는 우니베르시타스(universitas)라는 말에서 유래했다고 한다.[5] 우니베르시타스는 '동일한

---

4) R. Hofstadter and W. Metzger, *The Development of Academic Freedom in the United States*(N. Y : Columbia University Press, 1955), p. 3.
5) 크리스토퍼 샤를 외, 김정인 역, 「대학의 역사」(서울 : 한길사, 1999), p. 22.

신분이나 지위를 지닌 사람들로 이루어진 공동체'(etat 혹은 ordre) 혹은 '동일한 직업을 가진 사람들로 이루어진 공동체'(corps 혹은 corporation)를 가리키는 말이다. 한편 당대의 문서에 등장하는 '스투디움'(studium)이란 말은 교수와 학생이 함께 모여서 연구하는 장소를 가리키는 말로서, 오늘날 일반적으로 사용하는 대학 개념과 비슷하다. 13세기 중엽에는 '스투디움 게네랄레'(Studium Generale)라 하여 지역과 국경을 초월하여 모든 사람을 위한 교육시설이라는 의미로 발전했다. 그 외에도 대학과 관련한 말 가운데에는 '칼리지'(college)란 말도 있는데, 본래는 교수조합(collegium)을 가리켰던 말이라고 한다.[6] 서로 간의 경쟁을 피하고 갈등을 극복함으로써 서로의 이익을 최대화할 목적으로 장인이나 상인 사이에 조직된 조합(길드)처럼, 당시의 대학도 교수와 학생이 학문 활동을 하는 데 있어서 각자의 이익을 보호하기 위한 조합의 형태를 띠었던 것이다. 오늘날 우리는 대학을 말할 때 무엇보다 먼저 거대한 캠퍼스를 떠올리기 마련이지만, 초기의 대학은 특정한 건물이나 공간이 아니라 진리탐구를 위한 학문적 관심을 공유하는 교수와 학생의 학문집단이었던 것이다.

    조합(길드)으로서의 성격을 지닌 중세대학은 두 가지 중요한 특성을 지니고 있었다. 하나는 교수와 학생들이 스스로 규율을 만들고, 구성원을 선발하며, 대표자를 선출하는 '자율성'이다. 다른 하나는 학생들의 국적이나 지위, 신분과 상관없이 배우기 원하는 사람은 누구에게나 입학을 허용하는 '개방성'이다.[7] 다만 대학이라는 조합이 다른 조합들과 다른 점이 있다면, 그것은 바로 학문을 배우고 가르치는 일에 종사하는 사람들로 이루어진 학문조합이라는 사실이다.

    학문조합으로서 대학을 크게 두 가지 유형으로 구분할 수 있다. 하나

---

6) 김옥환, 「대학론 : 대학이념, 설립형태, 대학평가인정제」(서울 : 문음사, 1994), pp. 24-25.
7) 이석우, 「대학의 역사」, pp. 79-81.

는 이탈리아의 볼로냐 대학처럼 성직자나 부유한 계층의 법률가들인 외국 유학생들이 주축이 되어 학생조합을 결성하여 만든 학생중심의 대학 유형이다. 다른 하나는 프랑스의 파리 대학처럼 학생과 교수가 대부분 성직자들로서 신학 연구를 목적으로 교수들이 주축이 되어 조합을 구성한 교수중심의 대학 유형이다. 이탈리아나 스페인, 포르투갈의 대학들은 대개 볼로냐 대학의 전통을 따르는 학생조합이었던 반면에 독일 대학과 영국 대학들은 대부분 파리 대학의 전통을 따르는 교수조합이었다. 한편 프랑스 남부의 대학들은 이 두 유형을 혼합한 새로운 형태의 대학 전통을 만들어 갔다.[8] 아래에서 우리는 이에 대해 좀더 자세히 살피게 될 것이다.

볼로냐 대학 : 학생 중심의 대학

볼로냐는 이탈리아 북부에 위치한 교통의 요지로서 다른 지역에 비해 일찍부터 도시로 발전했다. 볼로냐는 다른 도시와는 달리 특정 분야의 전문가들이 사회적으로 존중을 받는 분위기였다. 당시 볼로냐에는 사회적으로 존경받는 전문인 가운데 「유스티니아누스 법전」을 가르친 이르네리우스(Irnerius, 1055-1125)나 「그라티아누스 교령집」을 완성한 그라티아누스(Gratianus, ?-1158)와 같은 탁월한 법학자가 있었다. 볼로냐 대학에서는 무엇보다 로마법과 교회법에 대한 연구가 활발했는데, 성직자가 아닌 일반인들이 주축이 되어 가르치고 배웠다는 점에서 특이했다.[9]

볼로냐 대학에는 북유럽이나 프랑스, 독일 등지에서 온 유학생들이

---

8) R. Hofstadter and W. Metzger, *The Development of Academic Freedom in the United States*, pp. 3-4.
9) 이석우, 「대학의 역사」, pp. 105-106.

그 지역 출신 학생들보다 숫자적으로 더 많았다. 이들 유학생들은 하숙집을 구하고, 식사를 해결하고, 돈을 융통하는 문제에서 상당한 불편을 겪을 수밖에 없었다. 이들은 점차 그 지역 주민들로부터 자신들의 권리를 보호할 필요를 느꼈다. 또한 다양한 도시에서 모여든 학생들이기에 집단 내부에서 생겨나기 마련인 갈등과 분쟁도 해결해야 할 과제였다. 학생들은 교수들이 아무 때나 대학을 떠나 버림으로써 자신들의 학업계획에 피해가 발생하지 않도록 교수들로부터의 보호 장치도 필요했다.

이런 여러 가지 필요에 의해서 학생들은 출신지역에 따라 '동향단'(nation)을 조직하게 되었다. 학생들은 각 동향의 대표인 동향단장(프록터)을 선출했고, 이들 동향단장들이 모여 대학의 조합장(렉토르)을 선출하였다. 조합장(렉토르)은 오늘날로 말하면 학장이나 총장에 해당되는데, 그에게 대학의 인사권, 재정권, 행정권, 사법권을 부여하였다. 당시 학생조합(동향단)과 교수와의 관계는 마치 고용주와 피고용인의 관계와 같았다. 학생조합이 고용주가 되어서 교수를 고용하고, 교수들의 권리와 의무사항들을 규정했다. 피고용인인 교수들은 결강을 해야 할 경우 미리 학생들의 양해를 얻어야 했고, 강의 중에 제시될 자료나 강의 일정에 대해 사전에 공고하여 학생 측과 합의해야 했다.[10]

물론 교수들도 자신들의 권익을 위해 '교수단'(collegia doctorum)을 조직하기는 했지만, 그 영향력은 동향단에 비하면 제한적이었다. 교수들은 가르치는 일에 대한 의무와 책임만 지녔을 뿐 학교의 운영이나 정책 결정에는 아무런 권한을 행사할 수 없었기 때문이다.

하지만 이처럼 막강한 권한을 지녔던 학생조합도 결국 14세기 중반부터 변화를 겪게 된다. 왜냐하면 도시가 발전하면서 도시민 사이에 형성된 자치조직인 코뮌(commune)에 의해 교수가 임명되고 급료가 지급될 정도로 코뮌의 힘이 학생조합의 힘보다 커졌기 때문이다.

---

10) 이석우, 「대학의 역사」, p. 122.

파리 대학 : 교수 중심의 대학

파리 대학은 볼로냐 대학이나 이후 살피게 될 옥스퍼드 대학과는 달리 프랑스의 중심도시인 파리에서 성장하고 발전한 대학이다. 수도를 파리로 정한 카페(Captiens) 왕조는 지식인들의 발언권이 왕권 신장에 도움이 될 것이라는 판단 아래 대학을 적극적으로 후원하고, 외국 유학생이나 교수의 주거와 이동에 따르는 권익을 보호하는 데 앞장섰다. 당시 파리에는 피에르 아벨라르(Pierre Abelard, 1079-1142), 성 빅토르(St. Victor, 1096-1142), 그리고 성 베르나르(St. Bernard, 1090-1152) 같은 유명한 신학자들이 있어서 선생이나 학교를 선택할 수 있는 폭이 넓고 다양하여 다른 도시의 대학들보다 학생들에게 훨씬 더 매력적인 도시였다. 그래서 우수하고 영향력 있는 유학생들이 전 유럽에서 모여들게 되면서 사람들에게 파리는 '학문의 대명사'처럼 여겨졌다.[11]

당시 파리에는 주교학교(episcopal school), 수도원학교(monastic school), 그리고 사설학교(private school)가 여럿 있었다. 주교학교 가운데 대표적인 것은 노트르담 대성당학교로서, 이곳에서는 주로 신학과목들을 가르쳤다. 수도원학교에서는 수도사 중심의 교육이 이루어졌다. 그리고 사설학교에서는 주로 변증토론, 논리, 문법, 법률, 의학 같은 과목을 가르쳤으나 그중에서 핵심이 되는 과목은 역시 신학이었다. 주교학교나 수도원학교와는 달리 사설학교의 교수들은 학생의 모집 여하에 그들의 생존이 달려있었기 때문에 교수의 지위와 신분이 주교학교나 수도원학교와는 달리 불안정할 수밖에 없었다. 따라서 교수들은 자신들의 권익을 보호하기 위해 교수조합을 결성할 필요성이 생겨났다. 교수들은 조합을 구성하여 임원을 선출하고 집단적으로 학교를 운영했으며, 강의나 교과목과 관련한 학사운영 문제를 공동으로 처리하는 전통을 만들어 갔다.

당시 파리 대학과 교황청과의 관계는 특별했는데, 이는 파리 대학에

---

11) Ibid., p. 132.

는 신학분야의 탁월한 교수들이 많이 있었기 때문이다. 교황청은 파리 대학 교수들의 신학이 자신들의 영향권으로부터 벗어나지 않기를 원했고, 또한 교수들이 나서서 새롭게 등장하는 이단이나 반교황청 태도를 지닌 지식인들에 대해서 신학적으로 대응해 줄 것도 기대했다. 교황청은 그런 의도를 가지고 대학과 교회 혹은 대학과 코뮌 사이에서 갈등이 생길 때마다 대학을 편들었다. 그 결과 대학의 위상과 권한은 자연스럽게 커지게 되었다.

영국 옥스퍼드 대학과 케임브리지 대학 : 칼리지 제도

영국의 옥스퍼드 대학이나 이보다 조금 늦게 세워진 케임브리지 대학은 볼로냐 대학이나 파리 대학과는 달리 대학제도의 중세적 전통을 비교적 오래도록 간직하고 계승해 오고 있다는 점에서 주목할 가치가 있다. 옥스퍼드나 케임브리지의 각 칼리지들은 대학 초기부터 지금까지 독자적인 예배당(채플)과 대학 행사와 관련한 각종 의식(儀式)들을 간직하고 있으며, 학기나 절기의 전통도 그대로 지켜 오고 있다.

비록 옥스퍼드 대학이 파리 대학을 모방하여 설립되었다고는 하지만 둘 사이에는 여러 가지 차이점이 있었다. 파리 대학이 다양한 국적을 가진 교수와 학생들로 구성된 반면에 옥스퍼드 대학은 고립된 섬나라라는 지리적 특성으로 인해서 지역 출신 학생들이 많았고, 따라서 학생들의 조직인 동향단의 활동이 상대적으로 미약할 수밖에 없었다. 그리고 교회의 입장에서 볼 때에도 파리에 비해 옥스퍼드는 신학적 중요성이 덜한 곳이었기 때문에 교황청의 영향력으로부터 상대적으로 자유로울 수 있었다. 이런 이유들로 말미암아 옥스퍼드 대학은 교황이 아니라 군주들이 적극적으로 대학을 지원하고 후원하면서 발전해 갔다. 파리 대학이 교회의 대성당학교를 중심으로 발전한 반면에 옥스퍼드 대학에서는 수도원학교의 역할이 컸다는 점도 둘 사이에 발견되는 차이점이다.[12]

옥스퍼드 대학이 지닌 특이성은 무엇보다 대학이 칼리지들의 연합체로 구성되었다는 점이다. 각각의 칼리지는 독자적인 예산 운영권은 물론 교수 및 학생의 선발권을 가지고 있었으며, 강의실과 기숙사를 겸한 건물에서 교수와 학생이 함께 생활하면서 가르치고 배우는 형태였다.[13]

칼리지가 최초로 시작된 곳은 파리의 소르본(1257)이었으나, 그것이 크게 발전한 곳은 옥스퍼드와 케임브리지였다. 칼리지는 생활이 어려운 학생들에게 숙박처를 제공하기 위해 생겨났으나, 14~15세기에는 우수한 학생을 양성하려는 엘리트 교육적 관심에서 발전했다. 칼리지는 도서관을 갖추고 있고, 기숙사가 있는 건물에 거주하는 교수들에 의해 강의가 개설되었다. 각각의 칼리지들에는 학칙상 자율적, 자치적, 민주적 운영 절차가 규정되어 있었다. 유니버시티보다 좋은 강의와 우수한 교수를 확보하고, 게다가 개인교수(tutor) 제도까지 갖추고 있었기 때문에 더 우수한 교수와 학생들이 칼리지로 모여들었다. 그 결과 칼리지는 '대학 내 교육센터'로 발전하게 되었다. 오늘날에도 작게는 150명, 크게는 400명 정도의 규모를 지닌 옥스퍼드나 케임브리지의 칼리지들은 학사, 재정, 학생선발, 교수임용에 있어서 독자적인 권리를 행사하고 있다.

칼리지의 설립은 두 주체에 의해 이루어진 것으로 알려져 있다. 하나는 수도원에 의해서였고, 다른 하나는 개인적인 희사나 기증에 의한 것이었다. 검은 수도복을 입은 도미니크 교단은 1221년에, 회색 수도복을 입은 프란체스코 교단은 1224년에, 그리고 흰 수도복을 입은 갈멜 수도단은 1256년에 각각 칼리지에 정착하였다.[14]

한편 특수한 종교재단이나 종교적 동기를 강하게 지닌 개인들에 의해 설립된 칼리지에서는 교육 내용도 어쩔 수 없이 짙은 종교적 색채를 띨

---

12) Ibid., pp. 200-201.
13) 우리나라에서는 서울여대가 1992년부터 기숙사 공동체 교육을 위해 '바롬교육 프로그램'을 운영하고 있으며, 최근 연세대는 원주 캠퍼스에서 멘토링을 가미한 레지덴셜 칼리지(Residential College) 제도를 시도하면서 관심을 끌고 있다.
14) 이석우, 「대학의 역사」, pp. 232-233.

수밖에 없었다. 실제로 옥스퍼드 대학의 머튼 칼리지나 밸리올 칼리지 (1266), 유니버시티 칼리지(1280), 오리엘 칼리지(1324) 모두가 신학중심의 고등교육을 목적으로 설립되었다. 1429년에 세워진 링컨 칼리지는 종교개혁가 위클리프(J. Wycliffe)의 주장을 따르는 추종자들에게 대항하기 위해 세워진 가톨릭계 고등교육기관으로서 오늘날 신학교와 비슷한 내용을 교육했으며, 교수에게는 이단에 대항하겠다는 서약까지 받을 정도였다. 그 외에도 올 솔즈 칼리지(1438)나 맥덜린 칼리지(1448) 역시 종교적인 목적으로 설립되었다.

이들 칼리지의 정관을 보면 한결같이 학생들에게는 절제와 근검절약의 생활을 강조하고, 교수들에게는 종교와 학문을 위해 그들의 삶을 전적으로 헌신할 것을 명문화하고 있다. 대학 구성원들에게 매일 예배에 참석하고 끊임없이 기도하는 대학생활을 요구했다는 점에서 마치 오늘날의 신학교에 버금가는 종교적 분위기였음을 짐작할 수 있다.[15]

중세대학의 교과과정과 교육방법의 특징

기독교대학에 대한 연구에서 우리가 중세대학을 살피는 이유는 대학의 원형이 본래 무엇이었나를 알고자 하는 것 외에도 중세대학의 교육과정과 교육방법이 오늘의 기독교대학에 주는 교훈이 적지 않다고 생각하기 때문이다. 먼저 중세대학의 구조를 보게 되면, 교양학부와 교양학부를 졸업한 학생들이 진학하여 공부하는 상급학부로 나뉘어 있음을 알 수 있다. 상급학부는 법학부, 의학부, 그리고 신학부로 구성되어 있었다. 교양학부의 교육내용을 보면 한마디로 자유교양교육(liberal arts education)이라 할 수 있다. 자유교양교육이 무엇인지에 대해서는 이 책 후반부에서 보다 자세히 설명하겠지만, 일반적으로 교양(arts)이란 기술과 지식이

---

15) Ibid., p. 240.

분할되기 이전의 포괄적인 지식을 가리킨다. 수공업자(artisan)와 예술가(artist)를 가리키는 말이 모두 이 교양이란 개념과 관련되어 있다는 사실을 염두에 둔다면 교양의 의미가 무엇인지도 미루어 추측할 수 있을 것이다. 물론 교양 개념에서 정신적인 활동이나 인식 활동이 우선적인 의미를 지니고 있다는 사실은 의심의 여지가 없다. 예를 들면, 고대 그리스에서 자유교양교육이란 노예를 대상으로 한 직업훈련과는 전혀 상관이 없는, 자유인만을 대상으로 하여 지도자로 양성하기 위한 교육을 의미했다. 교육적 특징은 기계적인 학습이나 실용적인 유용성, 그리고 세분된 전문화를 지양하는 대신에 학문 자체의 본질적 가치와 폭넓은 학습을 강조하는 데 있었다.[16]

중세대학의 자유교양교육 내용은 모두 일곱 개의 학과목을 중심으로 이루어졌다. 일곱 개의 학과목에 대한 생각은 고대 그리스인들에 의해서 생겨났지만, 중세에 아우구스티누스에 의해 적극적으로 교회에도 수용되었다. 일곱 개의 자유학과목은 문법, 수사학, 논리학을 가리키는 '3학'(trivium)과 산수, 기하학, 천문학, 음악을 가리키는 '4과'(quadrivium)로 구성된다. 이들 일곱 개의 자유학과목은 학생들이 교양학부를 졸업하고 상급학부에 진학하여 신학을 연구하는 데 있어서 효과적인 학습과정으로 간주되었다.[17]

3학은 중세대학에서 아주 중요하게 다루어지긴 했지만, 시대의 변화에 따라 과목의 위상이 조금씩 달라지기도 했다. 예를 들어, 문법은 신학 공부 방식이 문장을 서술하는 방식에서 문답과 토론 방식으로 바뀜에 따라서 그 중요성도 점차 약화되었다. 교회에서의 가르침 방식이 설득보다는 선포에 강조점이 주어지면서 수사학 과목의 중요성도 점차 줄어들었다. 하지만 논리학만은 신학에서 차지하는 아리스토텔레스 철학의 중요성 때문에 큰 변화 없이 계속해서 강조되었다. 논리학은 학생들의 사고

---

16) 최미리, 「미국과 한국 대학의 교양교육 비교」(서울 : 양서원, 2001), pp. 10-13.
17) 이석우, 「대학의 역사」, pp. 309-319.

력을 기르고, 옳고 그름에 대한 가치관을 확립시키며, 본질에 대한 탐구를 촉진시킨다는 점에서 대학교육에서 항상 중요하게 다루어졌다.

한편 4과인 산수, 기하학, 천문학, 음악은 주판 계산이나 교회력, 그리고 교회의 단선율 성가를 연습하는 데 활용되었다. 그 가운데 음악은 예배에서 음악이 차지하는 비중이 컸기 때문에 매우 중요하게 다루어졌다. 당시 사람들 가운데에는 음악을 가리켜 사람을 기쁘게 할 뿐만 아니라 하나님을 경배하는 '제2의 수학'이라고까지 말하는 사람도 있었다. 아마도 음악을 수학적, 기하학적, 화성적 비율로 이해했기 때문에 생겨난 생각이었을 것이다. 천문학 역시 인기 있는 과목이었는데, 그 이유는 천체에 대한 연구가 소우주(小宇宙)인 인간의 몸에 대한 의학연구에 도움이 될 뿐만 아니라 우주 현상이 종교적 의미를 갖고 있다고 생각했기 때문일 것이다.

중세대학의 교수방법의 특징은 강의와 동시에 강독과 토론이었다.[18] 강의는 주로 잘 알려진 소수의 권위서들을 교재로 삼아 진행되었다. 예를 들어, 문법에서는 「프리스키아누스」, 논리학과 철학에서는 아리스토텔레스의 저서들, 신학에서는 「성서」, 법학에서는 「민법대전」과 「교회법대전」, 그리고 의학에서는 히포크라테스, 갈레노스, 그리고 아랍인들에 의해 쓰여진 의학서적들이 교재로 사용되었다.

세월이 흐르면서 스콜라적 교육방식인 강독과 토론도 활발해졌는데, 이 시간에는 주석이나 토론서, 그리고 질문서 등에 제기된 것들을 비판적으로 평가하고 토론하는 방식으로 진행되었다. 학생들은 교수의 설명을 필기하는 대신에 듣고 토론하는 데 관심을 가졌다. 토론은 학생들의 학습 능력 향상에 기여하는 연습이었을 뿐만 아니라 진리를 발견하는 수단으로서 매우 중요시되었다. 토론은 선생의 지도 아래 학생들 사이에 주로 이루어졌다. 학생들은 토론과정에서 자신들이 암기한 권위 있는 저

---

18) 크리스토퍼 샤를 외, 「대학의 역사」, pp. 49-51.

서를 인용하거나 삼단논법을 통해 자신의 생각과 입장을 주장하도록 훈련되었다.

중세대학이 주는 교훈들

위에서 살펴본 바와 같이 대학은 그 기원에서부터 교육내용에 이르기까지 기독교와 밀접히 관련되어 있었다. 대학은 중세 문화의 산물이었을 뿐만 아니라 동시에 중세 문화를 발전시킨 터전이었다. 물론 중세 후기에 들어서면서 대학에 미치는 교회의 영향력이 약화되고, 그 대신 도시의 코뮌이나 군주들의 영향력이 커지면서 이른바 대학의 '탈(脫)종교화'가 일어난 것도 사실이다. 특히 현대에 들어서면 교회적 배경에 의해 설립된 기독교대학에서마저도 대학교육의 세속화가 빠르게 진행되고 있음을 볼 수 있다. 고등교육의 탈종교화라는 일반적 현상에도 불구하고 오늘날 대학에서 중세대학의 특징인 기독교적 가치와 세계관이 여전히 고등교육에 직간접적으로 영향을 미치고 있음도 부인할 수 없는 사실이다.

추기경 헨리 뉴만(J. H. Newman)이 정곡을 찌른 대로 "교회에 대해서 용감하게 반대 의견을 진술하는 서구인치고 학문상 교회의 은덕을 입지 않은 사람이 없다."[19]고 할 정도로 대학은 기독교와 밀접히 관련되어 있었다. 그런 이유에서 우리는 오늘날 기독교대학이 자신의 교육적 뿌리와 종교적 정체성을 발전시키는 데 필요한 통찰력을 중세대학에 대한 연구를 통해서 얻을 수 있다고 생각한다. 그러한 통찰력 가운데 몇 가지를 아래에 정리해 보도록 하겠다.

첫째, 중세대학은 대학교육의 이념과 내용 면에서 철저하게 기독교적이었다. 당시 대학들의 기독교적 교육이념은 대학의 상징물이나 정관

---

19) 오우성, "기독교대학의 정체성과 제도," 오우성 외, 「기독교 종합대학의 정체성과 제도」(서울 : 이문출판사, 2000), p. 10 재인용.

등에 명확하게 표현되었다. 옥스퍼드 대학의 휘장에는 '주님은 나의 빛' (Dominus Illuminatio Mea)이라는 구절이 새겨 있다. 옥스퍼드 대학을 구성하고 있는 칼리지들 역시 뚜렷한 종교적 교육이념을 목표로 하였다. 예를 들어, 오리엘 칼리지(1324)는 '신학과 변증학을 연구하려는 학생을 위한 칼리지'를 표방하였으며, 퀸즈 칼리지(1341)의 정관에는 "신학의 열매를 많이 맺게 할 뿐만 아니라 하나님의 영광, 교회의 방어, 그리고 영혼의 구제를 일궈 내야 한다."고 기록되어 있다.[20]

둘째, 중세대학은 고등교육의 목적을 전문적인 직업훈련보다는 전인적인 인간교육에 두었다. 물론 세월이 흐르면서 교양교육은 신학이나 의학, 혹은 법학과 같은 보다 전문적인 지식을 학습하기 위한 기초학문적 성격으로 변해 갔다. 하지만 중세대학에서는 상급학부에서 시행된 모든 전문교육이 전인교육을 위한 교양교육의 기초 위에서 이루어졌다는 사실은 주목할 만하다. 심지어 신학수업과 같은 전문지식까지도 '직업적' 신학자를 양성하기 위해서라기보다는 신앙적으로나 인격적으로 훌륭한 성직자를 양성하는 데 목표를 두었다. 그렇다고 중세대학이 직업교육이나 직업훈련을 완전히 도외시하거나 무시한 것은 아니었다.

교양학부에서 5~7년에 걸쳐 일곱 개의 자유학과목 수업을 마친 후에는 학생들이 법률이나 의학, 혹은 신학 분야의 상급학교에 진학해서 보다 전문적 교육을 받도록 함으로써 교양교육과 직업교육의 조화를 이루도록 했다. 중세대학이 중점을 두었던 자유교양교육은 엄밀하게 추론하는 방법, 텍스트를 세밀하게 분석하는 기술, 그리고 일관된 세계관을 제공함으로써 당시 서유럽에 이른바 '지식인'이라는 새로운 사회적 존재가 태어나게 하는 계기를 만들었다.[21]

셋째, 중세대학은 캠퍼스의 분위기와 기풍(ethos)에서도 매우 종교적이었다. 중세대학의 건축을 보면, 옥스퍼드의 뉴 칼리지를 비롯한 대부

---

20) 이석우, 「대학의 역사」, p. 237.
21) 크리스토퍼 샤를 외, 「대학의 역사」, p. 43.

분의 칼리지들 건물이 수도원을 연상시키는 건축형태임을 알 수 있다. 칼리지들은 종교적 경건함을 느낄 수 있도록 예배당(채플)을 건축하여, 그곳에서 채플은 물론 입학식이나 졸업식과 같은 학교의 공식행사를 치렀다. 옥스퍼드 학생들의 경우에는 탁발 수도승들의 승복과 비슷한 교복을 입고 다녔다. 퀸즈 칼리지는 대학의 성직자와 교수들이 그리스도의 피 흘리심을 기념한다는 의미에서 붉은 색 옷을 입었고, 식당에서 식사할 때에는 마치 예수님의 최후의 만찬을 연상하도록 단상 위에는 학장이 자리를 잡고, 단하에는 학생들이 자리를 잡는 모양새를 갖추었다고 한다.[22] 중세대학이 강의실에서만이 아니라 대학 건물의 공간배치나 시각적 효과를 통해서도 기독교적 분위기를 느낄 수 있도록 배려했다는 사실은 오늘날 기독교대학이 왜 대학문화에도 관심을 가져야 하는지 잘 보여주고 있다.

넷째, 중세대학의 조직은 자율적이었으며, 구성원들은 진리를 향한 열망과 그것을 성취하기 위한 학문의 자유에 깊은 관심을 기울였다. 중세대학은 학생조합이든 아니면 교수조합이든 조합의 형태로 출발했으며, 따라서 자율성이 강조되었다. 한편 교수와 학생들은 진리를 자유롭게 연구하고 가르치기 위해 때로는 교황과 맞서고, 때로는 군주들과 맞서면서 학문의 자유를 지키기 위해 투쟁했다. 그 결과 대학은 교회나 국가에 예속되지 않은 채 오래도록 자율적이고 독립적인 사회기관으로 오늘날까지 유지될 수 있었다.

하지만 우리나라 고등교육 역사를 뒤돌아보면 고등교육의 자율성과 대학의 자치권이 적지 않게 왜곡된 것을 알 수 있다. 일제시대에는 제국주의자들에 의해서, 유신독재시대에는 군사정권에 의해서, 그리고 오늘날에는 교육당국의 각종 규제로 인해서 대학의 자율성이 제한되거나 훼손되고 있다. 중세대학인의 대학의 자율성과 학문의 자유에 대한 열정과

---

22) 이석우, 「대학의 역사」, pp. 231, 233, 237.

헌신을 염두에 둘 때, 기독교대학에서 진리에 대한 열망과 학문의 자유를 수호하려는 의지가 얼마나 되는지 대학 구성원들의 자기반성이 요청된다.

마지막으로 중세대학은 진리 탐구에 대한 학문적 열정만이 아니라, 그 결과물을 공동선(共同善)을 위해 사용하는 데 있어서도 현대 학자들보다 훨씬 더 투철한 소명의식을 가지고 있었다.[23] 중세대학에서 학문이란 '신이 내린 선물'로 인식되었기 때문에, 그것을 하나의 상품처럼 사고팔고 한다는 것은 상상할 수 없는 일이었다.

그들은 하나님께서 지식을 선물로 주신 이유가 기독교 사회의 질서를 유지하며 영혼을 구원하는 데 봉사하기 위함이라고 굳게 믿었다.[24] 따라서 중세대학의 교수들은 가르침에 대한 마땅한 보상을 기대하기는 했어도 터무니없이 높은 가격을 요구하거나 기대하지는 않았다. "……거저 받았으니 거저 주라"(마 10 : 8)는 성경의 교훈을 교회에서만이 아니라 대학 안에서도 실천하려고 노력했다. 지식에 대한 이러한 비영리적 사고와 공공적 태도는 오늘날 자유주의 시장경제논리에 따라 점점 시장화(市場化)되고 있는 대학사회가 자신을 반성하고 비판하는 데 도움을 주고 있다.

회고와 전망

우리가 역사를 공부하고 과거를 이해하려고 노력하는 이유는 현재를 파악하고, 미래를 전망하고 구상하는 데 필요한 통찰력을 얻을 수 있기 때문이다. 위에서 살펴본 대로 중세대학은 그 기원과 교육이념, 교육내용, 그리고 교육방법에 이르기까지 기독교와 밀접히 관련되어 있었다.

---

23) 신득렬, 「위대한 대화 : R. M. Hutchins 연구」(대구 : 계명대학교 출판부, 2002), p. 283.
24) 크리스토퍼 샤를 외, 「대학의 역사」, p. 42.

모든 대학은 교회에 의해 세워졌으며, 교육이념은 교회나 사회에 필요한 성직자와 지도자를 양성하는 데 있었으며, 교육내용은 기독교 세계관에 기초한 학문연구와 성품교육이었고, 교육방법은 교수와 학생 사이의 인격적 관계를 전제한 대화와 토론이었다. 그런 의미에서 중세대학은 오늘날 모든 기독교대학이 지향하는 '기독교적' 고등교육기관의 원형이라고 말할 수 있다.

오늘날 대학 환경은 급변하고 있다. 인구학적으로 볼 때 대학 학령인구가 줄어드는 가운데 대학시장의 개방과 대학 간 경쟁의 심화는 대학의 생존을 위태롭게 만들고 있다. 기독교대학이 탈종교화의 위협과 대학 간 경쟁의 위기 요소들을 극복하고, 기독교대학으로서 정체성을 유지하고 발전시킬 수 있는 길은 무엇인가? 단순한 생존이 아니라 '의미 있는' 생존과 '이유 있는' 생존을 위해 기독교대학은 무엇을 해야 할 것인가?

이러한 물음에 대한 답은 대학의 본질로 돌아가려는 노력에서 찾아야 할 것이다. 이런 이유에서 중세대학에 대한 연구가 의미 있는 생존을 추구하는 기독교대학들에게 주는 교훈이 적지 않아 보인다. 물론 대학이라는 사회제도는 중세에 출현했으나 시대가 흐르면서 끊임없이 발전하고 변화해 갔다. 그런 점에서 기독교대학의 정체성을 발전시키려면 최초의 대학인 중세대학에 대한 연구에 머물지 말고, 더 나아가 근대대학과 현대대학에 대한 연구로까지 나아가야 할 것이다.

2 미국 기독교대학의 역사와 교훈

　우리나라 기독교대학을 주제로 한 연구에서 미국 기독교대학에 대한 이해가 필요한 것은 두 가지 이유 때문이다. 하나는 '기독교대학'이라는 용어가 미국교회와 관련해 역사 속에 나타난 특수한 대학유형을 가리키기 때문이다. 기독교문화권인 유럽에서는 굳이 기독교대학이란 용어를 사용할 필요가 없었던 반면에, 정교분리를 원칙으로 하는 미국에서는 교회와 관련된 대학을 구별하기 위해 기독교대학이란 개념을 사용했다.
　다른 하나는 우리나라 고등교육의 역사는 미국 선교사들에 의해 세워진 기독교대학들로부터 시작되었는데, 선교사들이 교육선교의 방편으로 기독교 고등교육기관을 구상했을 때 모델이 된 것이 바로 미국의 기독교대학들이었기 때문이다. 일제가 물러가면서 시작된 미군정 기간에는 미국식 교육제도가 고등교육만이 아니라 모든 교육기관으로 확대되었다. 게다가 미국식 고등교육을 받고 귀국한 우리나라 지식인들이 교수나 사회지도자가 되면서 자연스럽게 미국 고등교육제도나 교육방식은 우리나라 고등교육에 깊이 영향을 미치게 되었다.
　이런 여러 가지 이유에서 미국 기독교대학을 이해하는 것은 우리나라의 기독교대학들의 현실을 이해하는 데 중요한 자료가 될 뿐만 아니라 미래를 전망하고 통찰하는 데에도 도움이 될 것이다. 거의 400년의 역사를 지닌 미국 기독교대학의 역사와 정체성 상실 과정을 살피다 보면, 미국의 대학을 모델로 생겨난 우리나라 기독교대학의 미래도 어느 정도 가늠해 볼 수 있으리라 생각한다.

미국 사회에서 기독교대학의 중요성

북아메리카 대륙의 식민지에 필요한 성직자와 기독교 교양을 지닌 사회지도자를 양성하기 위한 목적으로 1636년 하버드 대학이 세워진 이래 미국 기독교대학의 역사는 거의 400여 년에 이른다. 미국 기독교대학의 역사는 단순히 기독교 고등교육기관의 역사라는 의미만이 아니라 미국의 사회·문화·정치·경제적으로도 대단히 중요한 의미를 지닌다. 미국 사회에서 대학은 교회나 국가와 더불어 초기 미국 사회를 떠받치는 핵심 기둥 가운데 하나였기 때문이다.[1]

미국 기독교 지성사를 연구한 마크 놀(M. A. Noll)의 주장대로라면, 기독교대학은 그 후원자들이 대부분 유럽에서 온 이민자들이었다는 점에서 '민족사적'으로, 기독교대학이 미국의 교계에서 중요한 역할을 했다는 점에서 '교회사적'으로, 기독교대학에서 직업의 소명과 경제적 의의, 그리고 직업의 전문성 등을 배웠다는 점에서 '사회사적'으로, 그리고 고등교육과 정치적 선호도의 상관성을 엿볼 수 있다는 점에서 '정치사적'으로 중요하다.[2] 상황이 이러한데 미국의 기독교대학을 연구하지 않고서 미국

---

1) D. Sloan, *Faith and Knowledge : Mainline Protestantism and American Higher Education*(Louisville : Westminster John Knox Press, 1994), p. 1.
2) M. Noll, "Christian Colleges, Christian Worldviews and an Invitation to Research," in : W. Ringenberg, *The Christian College : A History of Protestant Higher Education in America*(Grand Rapids : Eerdmanns, 1984), p. 2.

교회나 미국 사회를 이해하기란 쉽지 않을 것이다.[3]

특별히 식민지 시대부터 19세기 중반에 이르기까지의 미국 고등교육의 역사는 미국 개신교의 역사와 궤적을 같이한다. 당시 미국의 개신교는 미국 고등교육기관들의 설립과 행정, 그리고 교육에서 중추적인 역할을 했다. 거의 모든 대학은 개신교 주요 교단들에 의해 세워졌고, 총장은 성직자가 맡았으며, 이사회원은 거의 전부가 교회관련자들이었다. 대학에서는 채플과 기독교 과목이 의무적으로 교육되었다. 교수들도 교회 목사나 신학교 교수 못지않게 종교적 소명이 분명한 사람들이었다. 식민지 기간에 세워진 대부분의 대학은 말할 것도 없고, 그 이후 주 정부에 의해 세워진 주립대학들 가운데 상당수도 기독교적 교육이념을 공개적으로 표방하는 분위기였다. 한 연구보고서를 보면 1966년에 존재했던 1,189개의 사립대학들 가운데 817개가 교회와 관련된 대학이었다.[4]

그러나 20세기 전반에 들어서 기독교대학들은 채플 건물을 제외하면 이렇다 할 기독교적 특성이 남지 않게 된다. 학문 활동을 하는 데 있어서 종교적 신앙이 방해가 된다는 학문적 분위기가 대학사회에 팽배해졌고, 대학 안에서 비록 종교에 대해 공개적으로 반대하지는 않지만 채플이나 기독교과목들이 필수에서 선택과목으로 점차 바뀌었다.

대학의 이사회나 교수단 구성도 초기의 성직자 중심에서 평신도 중심으로 바뀌고, 교수를 임용하는 데 있어서도 공식적인 신앙고백 요구가 사라지게 되었다. 그 결과 대학과 교회와의 관계가 점점 소원해졌다. 기독교대학의 정체성을 유지하기 위해 교회와 대학 양측의 다양한 노력과 시도들이 없지 않았지만 그럼에도 불구하고 기독교대학의 탈종교화 경향을 막기에는 역부족이었다. 그런 배경에서 찰스 도너반(C. F. Donovan)

---

3) E. Trueblood, *The Idea of a College*(N. Y : Harper & Brothers, 1959), pp. 15-16.
4) W. Ringenberg, *The Christian College : A History of Protestant Higher Education in America*(Grand Rapids : Eerdmans, 1984), p. 141.

은 미국 기독교대학의 역사에 대해 다음과 같이 표현하였다. "미국 고등교육의 역사는 종교적 고등교육기관의 신앙 상실에 관한 슬픈 이야기이다. 이 나라의 너무나 많은 곳에서 처음에는 종교적인 열정과 사도적인 동기에 의해 고무되어 설립된 고등교육기관들이 세속화되고 비종교적이 되고, 심지어 반종교적인 기관들이 되었다고 하는 현실은 신앙과 지성이 결코 양립할 수 없다고 하는 실증주의자들의 주장을 거의 경험적으로 증명해 주고 있는 것같이 보인다."[5]

역사학자 조지 마스덴(G. Marsden) 역시 미국 기독교대학에 대한 방대한 연구서에서 미국 기독교대학의 역사가 한편에서는 대학에서 종교의 해체에 대한 이야기이며, 다른 편에서는 기독교대학의 세속화에 대한 이야기라고 표현했다.[6]

이처럼 미국 고등교육기관의 탈종교화 문제가 교회적으로 심각한 문제로 인식되면서 미국 기독교대학의 역사와 현실에 대한 학문적 연구도 활발해지고 있다.[7] 그 이유는 기독교대학에 대한 연구가 단순히 종교 관련 고등교육기관에 대한 연구가 아니라 미국의 기독교 지성사회 전반에 대한 연구이며, 그것이 미치는 사회적 연관성에 대한 연구라고 판단했기 때문일 것이다. 그만큼 미국사회에서 기독교대학이 가지는 의미가 중요했던 것이다.

---

5) J. B. Hulst, "기독교대학의 세속화," 통합연구학회, 「통합연구」 13(1991), p. 65 재인용.
6) G. Marsden, *The Soul of the American University. From Protestant Establishment to Established Nonbelief*(N. Y : Oxford University Press, 1994), p. 6.
7) G. M. Marsden and B. J. Longfield(ed), *The Secularization of the Academy*(N. Y Oxford : Oxford University Press, 1992) ; G. Marsden, *The Soul of the American University : From Protestant Establishment to Established Nonbelief*(N. Y : Oxford Unviersity Press, 1994) ; J. T. Burtchaell, *The Dying of the Light : The Disengament of Colleges and Universities from their Christian Churches*(Grand Rapids : Eerdmans, 1998).

식민지 시대의 기독교대학

　식민지 시대의 미국 사회와 지성계에 기독교가 미친 영향은 거의 절대적이라 할 수 있다. 미국 교회는 목회자와 기독교적 교양을 지닌 사회 지도자 양성을 위해 고등교육기관을 세우기 시작했다. 하버드 대학(1636), 윌리엄스버그 대학(1693), 예일 대학(1701)이 이런 배경에서 세워졌다. 1730~1740년대에 걸쳐 제1차 대각성운동이 일어나면서 기독교인 숫자가 폭발적으로 늘어나자 목회자의 수요가 증가하였고, 기독교 고등교육기관을 증설할 필요성이 대두되었다. 그래서 프린스턴 대학(1746), 컬럼비아 대학(1754), 브라운 대학(1765), 러트거 대학(1766), 그리고 다트머스 대학(1769)이 새롭게 설립되었다.

　식민지 시대 미국 기독교대학의 교육은 철저하게 기독교적 이념에 기초하여 수행되었다. 하버드 대학의 교육목적을 보면, "하나님과 영생이신 예수 그리스도(요 17 : 3)를 앎으로써 예수 그리스도를 모든 건전한 지식과 배움의 유일한 토대로 삼기 위함."이라고 밝히고 있다. 예일 대학 역시 "학생들에게 공부의 주된 목적이 예수 그리스도 안에 계신 하나님을 알며, 그것에 따라 거룩하고 건실한 삶을 살아가는 데 있음을 알게 하는 데 있다."고 했다.[8]

　식민지 시대 기독교대학의 형태는 케임브리지 대학이나 옥스퍼드 대학과 같은 영국의 칼리지 제도를 본뜬 것이었다. 철저하게 종교적 분위기 속에서 소수 엘리트 중심의 교육목표를 갖고 인격형성을 위한 교육기능을 강조했다. 대학에서 배우는 내용들은 전통적인 유럽 대학의 경우처럼 라틴어, 히브리어, 헬라어와 같은 고전어와 수사학, 논리학 등이었다. 하지만 18세기에 들어서면 계몽주의의 영향을 받아서 고전어 대신에 현대어, 종교학 대신에 사회과학, 그리고 형이상학 대신에 자연과학이 대학교육에서 새롭게 강조되었다.[9]

---

8) W. Ringenberg, *The Christian College*, p. 38 재인용.

식민지 시대의 교육목표가 목회자와 기독교 교양을 지닌 사회지도자 양성에 있었기 때문에 대학 교수는 연구자나 학자이기에 앞서 교육자(pedagogues)여야 했다. 교수들은 열악한 생활환경에도 불구하고 학생들과 함께 기숙사에서 생활하면서 학생들의 인격과 신앙을 지도했을 뿐만 아니라 다양한 교양과목을 통해 그들의 지성을 훈련시켰다.

독립전쟁 시대의 기독교대학

독립전쟁(1775-1783)을 전후하여 미국의 지성사회는 급격한 변화를 경험하게 된다. 전통, 역사, 서열과 같은 가치 대신에 혁신, 미래, 평등과 같은 가치가 새롭게 강조되기 시작했다. 에드문드 모간(E. S. Morgan)은 당시 미국 지성사회의 변화를 이렇게 요약하고 있다. "1740년에 미국의 지적 사회를 주도한 인물은 성직자였고, 지도이념은 신학사상이었다. 하지만 1790년이 되면 지성사회의 주도권이 정치인과 정치사상으로 넘어가게 된다."[10] 이제 대학 졸업생들은 목회자가 되기 위해 신학을 공부하는 대신에 법학이나 경영학, 그리고 공공봉사와 관련된 전문학과를 선호하게 된다. 프린스턴 대학을 예로 들면, 1748~1775년 사이에 졸업생의 47퍼센트가 목회를 지망했으나, 1776~1806년에 이르면 그 비율은 13퍼센트로 현저하게 줄어드는 것을 볼 수 있다.

독립전쟁 이후 미국 지성계에는 스코틀랜드 상식철학(philosophy of common sense)이 학문 방법으로 광범위하게 수용된다. 상식철학자들은 자명한 근본진리를 인식할 수 있는 인류의 보편적이고 공통적인 상식에 호소함으로써 계몽주의가 지닌 회의주의를 극복할 수 있다고 생각했다.

---

9) Ibid., p. 47.
10) M. Noll, "Christian Colleges, Christian Worldviews and an Invitation to Research," p. 10 재인용.

교회는 성서에 기초한 지식의 확실성을 통해서 신앙과 도덕성의 확실성까지 획득할 수 있다고 믿었다.

프린스턴 대학의 총장이었던 존 위더스푼(J. Witherspoon)이나 예일 대학의 총장이었던 티모티 드와이트(T. Dwight) 같은 교육자들은 상식철학이야말로 전통적 기독교의 도덕성과 진리를 지탱하는 데 도움이 된다는 판단 아래 상식철학을 대학의 교육철학으로 적극 수용했다. 그 결과 도덕철학이나 정신과학 같은 과목들이 기독교대학의 중요한 커리큘럼으로 자리 잡게 되었다.

제2차 대각성운동과 기독교대학

18세기 후반부터 미국의 지성계에는 회의주의와 무신론이 점점 확산되어 갔다. 하지만 제2차 대각성운동(1800 - 1835)의 영향으로 캠퍼스에 영적 부흥이 일어나면서 수많은 학생들이 기독교로 개종하게 된다. 교회적으로는 교인 수가 늘어나면서 자연스럽게 목회자의 수요도 증가하게 되었다. 목회자 양성이라는 교회의 요청 이외에도 대학 유치를 통해 지역 경제와 지역 사회의 위상을 향상시키고자 하는 정치적 이유로 인해 지역마다 새로운 대학들이 속속 설립되기에 이르렀다. 1830년 이전에 단지 29개의 대학만 존재하고 있었지만, 그 이후 숫자가 점점 늘어나 시민전쟁(1861 - 1865)이 발발하기 이전이 되면 벌써 49개의 장로교 대학, 25개의 감리교 대학, 그리고 21개의 회중교회 대학이 생겨나게 된다.[11]

19세기 중반까지만 해도 미국 기독교대학들의 교육목표는 명백하게 종교적이었다. 한 예로, 리폰 대학의 1864년 카탈로그를 보면 "교육은 기독교적 원리에 의해 이루어져야 하며, 가르치는 사람의 목적은 학생들을 아주 튼튼하고 건강한, 도덕적이고 종교적인 영향력을 통해 그러한 목적

---

11) W. Ringenberg, *The Christian College*, p. 57.

을 설득하는 데 있다."고 밝히고 있다.[12] 이러한 기독교적 교육이념과 교육목적에 따라 교과과정은 성서나 고전을 읽는 데 도움이 되는 헬라어와 라틴어, 지적 훈련을 위한 수학 관련 과목들, 기독교 변증과 논리학, 윤리학 같은 과목들로 짜여졌다.

도덕철학 과목들은 여전히 무신론적 회의주의를 극복하고 하나님의 존재를 변증하는 데 유익할 뿐만 아니라 학생들의 도덕성 함양을 통해 건전한 미국 시민을 양성하는 데에도 도움이 된다는 이유에서 특별히 강조되었다.[13] 당시의 대학생들에게는 지역교회의 주일예배에 참석하는 것이 강조되었고, 교수들은 성직자이거나 헌신된 그리스도인이 대부분이었다. 대학의 영적 부흥에 따라 대학선교만이 아니라 해외선교에 대한 관심도 높아졌으며, 캠퍼스에는 기독 학생의 비율이 현저하게 증가하였다.

신학교와 주립대학의 등장

제2차 대각성운동의 영향으로 목회자의 수요가 증가함에 따라 전문적인 신학교(seminary)가 생겨나게 되었다. 국가로부터 독립해 있으면서 교단의 직접적 통제를 받는 신학교제도는 미국의 독특한 고등교육제도 가운데 하나이다. 1808년에 앤도버 신학교를 시작으로 1812에는 프린스턴 신학교가 설립되었다. 신학교들은 교회의 시대적 요구에 부응할 뿐만 아니라 대학원 교육의 성공적인 모델로 발전해 갔다. 당시 신학교에서 발행되는 학술지는 전문 학술지 가운데 하나로서 미국 지성계에서 최고의 학문적 권위를 누리고 있었다.

하지만 신학교가 발전해 가면서 점차 기독교대학의 위상과 역할에 문

---

12) Ibid., p. 66.
13) M. Noll, "Christian Colleges, Christian Worldviews, and an Invitation to Research," p. 19.

제가 생겨나기 시작했다. 신학교가 독립적 교육기관이 되고, 신학 과목이 더욱 전문화되면서 신학 전문가들과 일반학문에 종사하는 기독 학자들 사이의 관계가 멀어지기 시작했기 때문이다. 각 학문 분야가 전문화될수록 신학자와 기독 학자들 사이의 거리는 점점 멀어지게 되었다. 신학교(Seminary), 기독교 자유교양대학(liberal arts college), 그리고 연구중심의 종합대학(University)이 각자 자기의 길을 걷게 됨으로써 미국 기독교 지성계에서 학문적 분절 현상은 더욱 심화되고, 마침내 신앙과 학문의 사이가 단절되기에 이르렀다.[14]

한편 1785년에 세워진 조지아 대학을 필두로 주립대학 설립 붐이 일어나 시민전쟁이 일어나기 전까지 벌써 22개의 주요 주립대학이 새로 세워지게 된다. 비록 예외적인 현상이기는 하지만 1819년에 버지니아 대학을 세운 토마스 제퍼슨(T. Jefferson)은 일체의 종교적 영향력이 배제된 순수한 공공 대학을 표방하면서, 공식적인 채플이나 주일예배 참석을 대학교육으로부터 배제시켰다.

하지만 대부분의 주립대학은 여전히 기독교적 교육이념을 표방했다. 1840년 기준으로 전체 주립대학의 67퍼센트 대학에서 총장은 여전히 성직자였으며, 대학들에는 채플이 실시되었고, 종교 관련 과목들이 가르쳐졌으며, 학생들의 자발적 기독교 단체 활동이 강조되었다.[15] 하지만 시간이 흐르면서 주립대학에서 교육의 공공성이 부각되면서 종교적 영향력은 필연적으로 약해질 수밖에 없는 운명이었다.

산업혁명기의 기독교대학

시민전쟁 후인 1865~1900년 사이에 미국에서는 산업의 급격한 발전

---

14) Ibid., p. 23.
15) W. Ringenberg, *The Christian College*, pp. 79-81.

과 더불어 고등교육에도 혁명이라 할 정도의 급격한 변화들이 생겨나게 되었다.

첫째, 산업발전 덕분에 생겨난 재산가들에 의해서 존스 홉킨스 대학, 코넬 대학, 시카고 대학, 스탠포드 대학, 클라크 대학 등이 설립되게 된다. 주목할 점은 새로운 대학 설립자들은 과거 대학을 세웠던 기독교 교단들과는 달리 대학교육에서 더 이상 엄격한 종교성을 요구하지 않았다는 사실이다. 예를 들면, 시카고 대학에서는 기독교 신앙을 강조하기는 했어도 의무화하지는 않았다. 스탠포드 대학 역시 종교교육을 장려하기는 했지만 일체의 종파적 교육은 금지했다. 존스 홉킨스 대학에서는 일체의 공식행사에서 종교적 영향력을 배제하려고 노력했는데, 그 예로 1876년 개교기념식에서는 기도 순서가 아예 없었다.

한편 이 시기에는 예일 대학, 프린스턴 대학, 콜롬비아 대학 같은 칼리지들이 종합대학(university)으로 개편되고, 미시간 대학이나 위스콘신 대학 같은 주립대학이 크게 발전하게 된다. 그런데 문제는 이 같은 대학의 변화 과정에 필요한 재정을 교회가 아니라 연방정부나 기업체에 의존하게 됨으로써 점차 대학에서 기독교적 영향력이 줄어들 수밖에 없었다는 사실이다. 이사진의 구성에도 변화가 일어나 사업가나 법률가 비율이 높아졌다. 한 보고서를 보면, 이사회에 법률가와 사업가가 많아지면서 성직자 비율이 1860년에 39퍼센트에서 1900년에는 23퍼센트, 그리고 1930년에 이르면 7퍼센트로 점점 줄어드는 것을 볼 수 있다.[16]

둘째, 산업이 발전해 가면서 미국 대학들은 독일 대학을 본받아 고등교육에서 전문성과 대학의 연구기능을 강조하게 된다. 1876년에 설립된 존스 홉킨스 대학은 미국 내 최초의 연구 중심 대학으로서 전통적인 학부교육과 교양교육 중심의 미국 대학체제에 커다란 변화를 가져왔다. 정부 교육정책의 변화에 따라 대학들은 앞 다투어 연구 중심 대학으로의 전환

---

16) Ibid., p. 127.

을 시도하였고, 그 결과 대학에서 가르치는 일보다 연구하고 출판하는 일이 더 중요시되었다.

독일에 유학했던 학자들이 귀국하여 대학 강단에 서면서부터 독일 대학의 전통이었던 학문의 자유가 미국대학에서도 강조되었다. 그 영향으로 1869년 찰스 엘리엇(C. Eliot)의 주도 아래 하버드 대학에서 시작된 과목선택제도가 얼마 후에는 대부분의 대학으로 확산되었다. 한편 독일식 교육모델의 영향으로 학문의 전문성이 강조되면서 여러 개의 대학원이 새로 생기게 된다. 1870년 이전에는 예일 대학과 하버드 대학에서만 대학원교육이 시행되었지만, 1890년이 되면 25개의 대학들에 대학원 과정이 새로 개설되게 된다.

대학원 재학생 숫자도 지속적으로 늘어나 1910년이 되면 그 숫자가 6천여 명에 이르게 된다.[17] 이처럼 대학원교육이 강조되면서 그에 따라 학부교육이 약화되었고, 그 결과 학부교육의 기초였던 종교교육의 중요성이 점점 약화되게 되었다. 교수직에 대한 정체성에도 변화가 일어나 학생의 인격형성을 위한 교육자보다는 연구자로서의 정체성이 훨씬 중요하게 되었다.

마지막으로 이 시기에 소개된 찰스 다윈(C. Darwin)의 진화론이 미국 대학사회를 포함하여 지성사회 전체의 학문방법론과 세계관에 지대한 영향을 주게 된다. 다윈의 사상은 하나의 생물학 이론에 머물지 않고, 과학방법론인 동시에 세계관으로 기능했다. 다윈의 사상이 확산되어 가면서, 당시까지 기독교 세계관에 기초했던 학문 활동이 이제는 기독교 신앙으로부터 벗어나게 된다. 동시에 도덕철학의 자리를 심리학, 정치학, 사회학, 문화인류학 같은 사회과학이 차지하게 된다. 마침내 대학의 지적 풍토는 기독교 세계관 대신에 자연주의나 실용주의가 주도하게 되었다.

---

17) Ibid., p. 105.

정부의 역할증대와 정교분리 원칙의 오용

식민지 시대까지만 해도 미국에서는 아직 교회와 국가의 구분이 분명하지 않은 데다가 '종교적 가치에 기초한 미국의 건설'이라는 국가적 목표에 따라 대학들은 공공적이며 동시에 기독교적(public-christian)인 기관으로 인식되었다.[18] 그러나 점차 대학에 대한 국가의 역할이 증대하면서 대학과 교회와의 관련성은 약화되고, 그 대신에 대학에 대한 국가의 통제가 강화되었다. 특별히 정부가 농과대학과 공과대학에 기금을 지원하는 '모릴법'(Morill Act, 1862)을 통과시키고, 독일의 대학정책들을 고등교육정책에 반영하면서 대학에 대한 국가의 영향력은 더욱 확대되었다.

소련이 우주개발 분야에서 미국에 앞서 우주선 스퓨트닉을 발사하자 이에 충격을 받은 미국 정부는 1958년에 국가방어교육법(The National Defense Education Act)을 제정하여 수십 억 달러의 연방기금을 대학의 수학, 과학, 외국어교육에 투자하게 된다. 이는 대학교육의 변화를 통해 미국의 산업과 경제, 그리고 국방력을 확대하고자 하는 의도였다. 1965년에 제정된 고등교육법(The Higher Education Act) 역시 대학교육에 대한 정부의 영향력을 확대시키는 데 기여했다. 이러한 일련의 정책들을 통해서 대학에 대한 정부의 역할이 증대됨에 따라서 대학에 대한 교회의 영향력은 점점 제한을 받을 수밖에 없게 되었다.

한편 미국은 다양한 민족들과 종교들로 구성된 국가이기 때문에 공공기관의 종교적 중립이 중요한 사회 정치적 과제였다. 그래서 미국은 초창기의 헌법에서부터 이미 국가와 종교의 분리를 명확히 선언하고 있다. 1787년 헌법에서는 어떤 국교도 허용될 수 없으며, 연방정부가 자유로운 종교행사에 간여해서도 안 된다고 규정했다. 수정헌법 제1조에 명시된 국가종교를 금지한다는 조항은 미국 역사의 초기에는 국가가 국교(國敎)

---

18) J. B. Hulst, "기독교대학의 세속화," p. 60.

를 가져서는 안 된다는 협소한 의미로 해석되었으나, 세월이 흐르면서 공공생활에서 종교의 역할을 제한할 수 있다는 의미로 변질되었다. 20세기 중반에 미국 정부는 가톨릭 계통의 교구학교에 대한 정부의 보조금을 중단하고, 공립학교에서의 성경 읽기나 기도와 같은 종교행사도 제한하는 조치를 취했다.

1971년 리먼 테스트(The Lemon Test)로 알려진 지침서를 통해서 미국 정부는 공공기관이 종교를 진흥시키는 데 도움을 주거나 종교문제에 과도하게 연루되는 것을 금지했다. 그 결과 국가로부터 재정 지원을 받는 교육기관에서 가르치는 사람이 강의실에서 자신의 종교적 신념을 언급하거나 종교적 색채를 띠는 것은 부적절하다는 분위기가 널리 퍼지게 되었다.[19] 이런 분위기 속에서 오레곤 대학에서는 철학과 안에 종교학 전공 교수 자리를 만들려는 시도가 교육기관의 종교적 중립 원칙에 위배될 수 있다는 이유로 이사회에서 부결되는 일까지 발생했다.[20] 정교분리에 대한 생각은 기독교대학의 채플마저도 종교적 강제를 받지 않을 인간의 기본권을 침해할 수 있다는 해석으로까지 발전했다. 다행스럽게도 1963년 쉠프(Schemp) 사건으로 알려진 대법원 판결을 통해서 종교학 과목과 관련해서 공공기관에서의 종교교육에 대한 제한규정이 해제됨으로써, 주립대학에서도 종교학 과목을 자유롭게 개설하거나 가르칠 수 있게 바뀌었다.[21]

조지 마스덴(G. Marsden)은 정교분리의 원칙이 미국 사회현실에서는 기독교에 대한 역차별로 기능할 수 있다는 점을 우려한다.[22] 그 이유로 그는 오늘날 미국의 현실에서 어떤 교회도 공공영역에서 과거와 같은 법률적 특혜를 받고 있지 않으며, 어떠한 타 종교도 기독교에 의해 불이익을 받지 않다는 사실을 제시한다. 그 외에도 어떤 교육기관에서도 기독

---

19) G. Marsden, 조호연 역, 「기독교적 학문연구 @ 현대 학문세계」(서울 : IVP, 2000), p. 62.
20) W. Ringenberg, *The Christian College*, p. 132.
21) D. Sloan, *Faith and Knowledge*, p. 87.
22) G. Marsden, 「기독교적 학문연구 @ 현대 학문세계」, p. 67.

교가 학문의 자유를 억압하거나 침해하는 일이 없다는 점도 언급한다. 따라서 국가종교가 된 특정 종교가 타 종교의 자유를 침해할 것을 우려해서 생겨난 정교분리라는 패러다임은 마땅히 재검토되어야 한다고 주장한다. 마스덴은 여기서 더 나아가 학자들의 종교적 관점도 하나의 학문적 관점으로서 유물론적 관점이나 인문주의적 관점과 동등한 표현의 권리를 갖고 있음을 인정해야 한다고 역설한다. 그는 기독 학자들이 자신의 신앙 견해를 공개적으로 표현할 수 있을 때라야 비로소 교육 분야에서 기독교에 대한 역차별이 해소될 수 있다고 본다.

대학교육의 대중화

엘리트 교육을 지향했던 미국의 고등교육은 시간이 흐름에 따라 점점 더 대중화되었다. 1870~1900년 사이에 미국 인구가 4천만 명에서 7천 6백만 명으로 두 배 정도 늘어나는 사이에 대학생 숫자는 거의 5배나 늘었다.[23] 칼리지 등록학생 수가 1900년에 25만 명이 채 못 되었는데, 1940년에는 150만 명 정도로 늘어났다.[24] 1949년에 270만 명의 대학 등록생 숫자가 10년 후인 1959년에는 320만 명으로 늘고, 1970년이 되면 8백 10만 명으로 폭증하게 된다.[25] 대학생 숫자가 폭발적으로 증가하면서 어쩔 수 없이 대학교육이 소수 엘리트 중심에서 대중교육 중심으로 바뀌게 되었다.

또 하나 고등교육의 양적 팽창과정에서 주목할 사실은 1950년대에는 4년제 사립대학 등록생 숫자가 국공립대학보다 조금 많았던 반면에, 1970년대에 들어오면 국공립대학 등록생 숫자가 사립대학에 비해 거의

---

23) M. Noll, 이승학 역, 「복음주의 지성의 스캔들」(서울 : 도서출판 엠마오, 1996), p. 164.
24) 크리스토퍼 샤를 외, 김정인 역, 「대학의 역사」(서울 : 한길사, 1999), p. 145.
25) D. Sloan, *Faith and Knowledge*, p. 73.

두 배나 되었다는 점이다.[26] 그것과 비례해서 칼리지 형태로 운영되었던 기독교대학의 재학생 수는 점점 감소하게 되었다. 1900년을 기준으로 학부생의 80퍼센트가 교회와 관련된 기독교대학에 다니고 있었지만, 40년이 지난 시점에서는 그 숫자가 40퍼센트로 줄어든다.[27]

이처럼 대학교육의 대중화 현상은 한편으로 기독교대학들의 독점적 위상을 약화시켰고, 다른 한편으로 기독교대학들로 하여금 신설되는 국공립대학들과 힘겨운 경쟁을 하도록 내몰았다. 게다가 대학 구성원이 늘어나면서 기독교대학에서조차 늘어나는 비기독인 학생들로 인해 기독교적 분위기를 유지하기가 점점 더 힘들게 되었다.

대학교육의 전문화

식민지 시대의 미국 대학들 대부분은 영국 대학을 모방한 칼리지 형태였다. 소수 엘리트 양성에 목표를 두고, 학생과 교수가 함께 기숙사에 기거하며 인격교육에 목표를 두었다. 강의내용도 주로 문학과 종교를 중심으로 하는 교양교육이었다. 이처럼 미국 대학의 형태는 자유교양대학이 주류를 이루었는데, 이러한 대학제도는 프로테스탄트 신앙인의 지적 풍토를 반영한 것으로써 학생들이 교양교육을 받은 뒤 전문적 학술 연구를 위해 상급학부인 일반대학원이나 신학전문대학원에 진학하도록 만든 제도였다. 1861년에야 비로소 예일 대학에서 최초로 박사학위가 수여될 정도로 당시까지 미국 대학교육의 중심은 학부교육에 있었다.[28]

일반적으로 학부 중심의 교육체계에서는 교수들이 새로운 지식의 연구보다는 지식의 전수와 학생들의 인격형성을 위한 가르침 기능에 더 많

---

26) G. Marsden, *The Soul of the American University*, p. 419.
27) D. Sloan, *Faith and Knowledge*, p. 24.
28) 크리스토퍼 샤를 외, 「대학의 역사」, p. 132.

은 관심을 기울인다. 하지만 1900년대에 들어서 산업기술이 발전하고 산업현장에서 전문가의 양성이 필요해지면서, 대학교육에서도 변화가 일어나 인문교육이나 교양교육 대신에 학문적 연구와 전문성 교육이 강조되었다. 그 결과 1881년에 이르면 펜실베니아 대학에 워튼 금융대학원이, 1908년에는 하버드 대학에 경영대학원이 각각 생겨나게 된다. 대학의 전문교육이 강조되면서 교수직의 정체성도 가르치는 사람에서 전문직(profession)으로 바뀌게 되었다.

한편 대학교육의 전문화는 학부교육의 약화만이 아니라 교과과정의 변화도 가져왔다. 말하자면, 교과과정에서 교양과목 대신에 실용과목이 확대되었다. 대학에서 직업교육과 전문교육이 강조되면서 직업선택에 필요한 과목들에 대한 수요가 증가했고, 산업화의 발전에 따른 다양한 분야의 기술 과목들이 속속 교과목으로 포함되게 되었다. 그 결과, 전체 교과과정에서 종교교양 과목들이 차지하는 비중은 점점 줄어들거나 위축될 수밖에 없었다. 대학이 표방하는 교육이념이 교과과정을 통해 구체화된다고 할 때, 종교과목들의 비중 축소는 결국 대학의 기독교적 교육이념의 후퇴를 의미한다고 해석할 수 있을 것이다.

대학형태의 변화

제2차세계대전 후에 일어난 미국 대학의 변화 가운데 중요한 한 가지는 연구 중심 대학이 미국 고등교육의 주도권을 잡게 되었다는 사실이다. 1876년에 존스 홉킨스 대학이 연구 중심 대학의 모델로 설립된 이후 캘리포니아의 스탠퍼드 대학이나 뉴욕의 코넬 대학이 뒤를 이었다. 한편 예일 대학이나 프린스턴 대학 같은 오래된 기독교 사립대학들도 연구 중심 대학으로 변화를 시도했다. 정부와 각종 기업체로부터 엄청난 연구기금을 받을 수 있는 연구 중심 대학은 모든 대학들이 추구하는 대학발전의 목표요, 본받고자 하는 대학의 모델로 부각되었기 때문이다.

그런데 연구 중심 대학으로의 전환은 전통적 기독교대학들에 여러 가지 영향을 끼쳤다. 먼저 대학에서 학부교육이 약화되면서 학부에서 강조되었던 기독교적 인성교육이 경시되었다는 사실이다.[29] 연구 중심 대학은 말 그대로 교육보다는 연구를 강조하고, 교수들의 연구와 출판을 강조하는 대학체제이다.

그러다 보니 연구 중심 대학에서는 교수와 학생 사이가 멀어지고, 학생들의 인격형성에 대한 교육적 관심은 뒷전으로 밀려나게 된다. 정부나 기업이 제공하는 대부분의 연구기금이 현실적 요구를 반영하기 때문에 교수나 학생의 학문적 관심도 자연히 인문학보다는 실용적 주제들로 바뀌게 된다. 인문과학에 대한 연구비조차도 새로운 지식의 생산을 위한 것이었지, 강의의 질을 개선하거나 문화적 차원을 심화시키기 위한 것이 아니었으므로 점점 더 학문성만 강조하는 쪽으로 흘러갔다.[30] 그리고 대학이 정부나 기업의 연구비에 의존하면 할수록 대학은 그만큼 더 교육적 자율성을 상실할 수밖에 없게 되었다.

한편 연구 중심 대학으로의 변화는 교수직의 정체성에도 변화를 가져왔다.[31] 즉, 교수들이 학문적 업적을 신앙적 소명보다 우선순위에 놓게 되었다. 임용과 승진을 위한 심사기준에서 연구업적이 가장 중요한 요소가 되었기 때문이다. 한편 연구중심대학에서는 전공이 세분화되면서 점점 대학의 학문적 분절성이 깊어지고 있다. 같은 학과 안에서도 동료 교수가 무엇을 연구하는지 이해할 수 없을 정도가 되었다. 그리고 연구 중심 대학에서는 개인의 연구업적과 이력이 중시되면서 교수들은 자신의 연구 이력을 대학공동체보다 더 중요하게 생각한다. 교수들은 대학공동체보다는 자신이 속한 전문 학술단체에 더 충성하게 된다. 그 결과 공동

---

29) M. Schwehn, *Exiles from Eden : Religion and the Academic Vocation in America*(N. Y : Oxford Univ. Press, 1993), 제1장.
30) D. Sloan, *Faith and Knowledge*, pp. 102-103.
31) J. T. Burtchaell, *The Dying of the Light, the Disengagement of Colleges and Universities from their Christian Churches*, p. 829.

체 형성을 통한 인격교육이라는 기독교대학의 교육이념은 점점 더 실현하기 어려운 꿈으로 변하고 말았다.

20세기 후반에 나타난 또다른 변화는 멀티버시티(multiversity)의 등장이다.[32] 이 개념을 처음 사용한 클라크 커(C. Kerr)는 중세의 대학이 성직자가 있는 조그마한 촌락에 비유될 수 있다면, 현대의 대학은 소수의 지식인이 다스리는 산업타운이며, 미래의 대학은 무한한 다양성을 내장하고 있는 거대한 도시, 즉 멀티버시티로 발전해 갈 것이라 보았다. 멀티버시티의 가장 큰 특징은 대학교육의 통일성(university)보다 다양성을 강조한다는 점이다.

멀티버시티라는 개념은 통일된 교육목적과 응집력을 상실한 대학이라는 부정적 의미만이 아니라 대학의 구심력과 통일성의 결여가 오히려 대학으로 하여금 다양한 사회적 욕구에 부응할 수 있게 만들 수 있다는 긍정적 의미도 포함하고 있다. 멀티버시티의 특징은 거대한 캠퍼스 규모 외에도 산업화에 필요한 다양한 과학기술 분야를 중심으로 철저하게 분화되고 전문화된 엄청난 양의 교과목에 있다. 예를 들어, 캘리포니아 대학에는 공학부에 드라이클리닝 공학을 포함해서 253개의 교과목이 개설되어 있고, 교육학부에는 자동차운전교육을 포함해서 218개의 교과목이 개설되어 있을 정도라고 한다.[33]

하지만 멀티버시티에 대한 비판도 적지 않다. 첫째, 지나친 학문의 분화가 학문 간 그리고 연구자 간의 소외 현상을 낳을 뿐만 아니라 기술이 인간과 사회를 지배하도록 허용할 위험이 높다는 지적이다. 말하자면 전문화 사회는 사회적 효용성과 효율성을 중시하는 테크노크라트(technocrat)가 지배하는 사회로서 필연적으로 비인간화를 불러온다는 것이다.[34] 둘째, 멀티버시티에서는 대학교육의 목적과 기능이 워낙 다양

---

32) C. Kerr, 이형행 역, 「대학의 효용」(서울 : 학지사, 2000).
33) 이광주, "'대학의 이념'을 위하여," 대학사연구회, 「전환의 시대 대학은 무엇인가」(서울 : 한길사, 2000), pp. 445-446.

하기 때문에 대학 전체를 통합할 수 있는 핵심 가치를 발견하기가 점점 어렵게 된다는 점이다. 기독교 세계관에 기초한 통일적 교육이념을 추구하는 기독교대학으로서는 점점 더 어려운 상황에 놓이게 될 것으로 전망된다.

마지막으로 멀티버시티가 대학의 사회적 기능성만을 강조함으로써 대학을 사회와 국가 발전을 위한 수단으로 삼는다는 점도 비판의 대상이 된다. 멀티버시티는 대학의 여러 기능 가운데에서 사회에 대한 봉사의 기능, 즉 산업사회와 정부를 위한 지식 생산과 지식 응용에 우선적으로 관심하는 대학형태이기 때문이다.

대학가의 반문화운동

1960년대 미국의 대학들은 정치 문화적으로 극심한 혼란을 경험하게 된다. 캠퍼스에는 권위에 대한 불신과 도전이 확산되고, 마약문제나 성해방, 그리고 동양종교에 대한 호기심이 급격히 확산되었다. 특히 급진주의적 사고방식을 가진 학생들에 의한 폭력적이고 파괴적인 행동은 때로 대학의 기능을 마비시키고, 대학의 휴교 사태로까지 몰고 갔다.[35] 당시 학생들의 정치운동의 직접적인 배경이 된 것은 흑인들의 시민권 투쟁과 베트남 반전(反戰)운동이었다. 정치지향적인 학생들은 대학이 지니는 교육기관으로서의 특수성보다는 대학기관의 사회적 역할을 중시했다. 그들은 대학 역시 여타의 사회기관과 마찬가지로 자기이익을 추구하는 하나의 이익집단에 불과하며, 대학이 추구하는 지식조차도 권력에 대한 추구일 뿐이라고 보았다. 좀더 과격한 학생들 가운데에는 자신을 혁명의 주체로 생각하고, 대학을 사회혁명의 전진기지로 생각하는 학생까지 생

---

34) Ibid., p. 447.
35) 박덕원, 「대학과 학문의 자유」(부산 : 부산외국어대학교 출판부, 2000), p. 170.

겨났다.[36]

당시 대학사회에서 일어난 반문화운동은 종교와도 밀접히 관련된 것이었다. 왜냐하면 이 운동은 대학생 자신들의 삶의 의미 추구와 밀접히 관련되어 있었기 때문이다. 급변하는 사회현실 속에서 대학에서의 인격교육마저 붕괴된 결과 학생들이 정체성의 혼란에 빠져 있었던 것이다. 그리고 대학의 반문화운동은 미국 기독교가 가지고 있었던 도덕적 수월성과 이상주의적 태도에 대한 비판이기도 했다.

역사학자 월터 메츠거(W. Metzger)는 당시의 학생소요가 교수들에게도 어느 정도 그 책임이 있다고 주장했다. 그의 분석에 따르면, 당시 대학 교수들은 초창기의 대학 교수들과는 달리 학생들과 가까운 관계가 아니었으며, 학생들에 대한 인격적 책임감도 느끼지 않았다. 대학 교수가 집을 떠나 캠퍼스에 온 학생들에 대하여 더 이상 부모역할을 하지 못하고 있었다. 그 결과 대학에서 학생들을 통제할 만한 교수의 권위는 사라졌고, 학생들에게 설득력 있게 복음을 전할 능력도 잃고 있었다. 말하자면, 당시 대학생들의 과격한 비판과 저항의 심리 속에는 자신들이 대학으로부터 마땅히 받아야 할 지적, 목회적 돌봄을 받지 못한 데서 오는 불만이 작동했다는 것이다. 이러한 심리적 박탈감이 대학생들로 하여금 자신들을 소외 계층이었던 흑인이나 빈민들과 동일시하게 만들고, 그들로 하여금 사회 정치운동에 뛰어들게 만들었다는 분석이다.[37]

한편 대학생들의 반문화운동은 서양문명, 서양의 가치들, 그리고 기독교에 대한 정치 문화적 비판이기도 했다. 기성종교인 기독교에 불만족한 학생들은 새로운 종교운동으로서 동양의 종교들, 인도의 그루, 북아메리카 원주민의 샤머니즘, 그리고 다양한 종류의 비의종교들(occults)과 같은 신비주의 종교운동에 빠져들기 시작했다. 캠퍼스의 기독학생운동마저 정치화되거나 위축되면서 1970년대에 이르러 대학 안에 기독 학생

---

36) D. Sloan, *Faith and Knowledge*, p. 156.
37) Ibid., p. 156.

들의 숫자는 현저히 줄어들고, 마침내 기독교는 지성사회의 중심에서 완전히 밀려나 주변화되었다.

회고와 전망

미국 고등교육의 역사는 기독교대학의 역사라 해도 틀린 말이 아니다. 식민지 시대에 필요한 목회자 양성과 기독교 세계관을 지닌 사회지도자 양성을 목표로 세워지기 시작한 대학들은 교육이념은 물론 대학 구성원의 종교성, 그리고 대학문화에 이르기까지 철저한 기독교대학이었다. 그러나 세월이 흐르면서 외적 환경의 변화와 대학 내부의 여러 요인들로 말미암아 대학은 점차 기독교적 정체성을 상실해 갔다. 최초의 대학인 하버드 대학이 세속화되었다고 해서 예일 대학과 프린스턴 대학이 새로 세워졌지만, 그 대학들 역시 세속화되어 갔다.

그러자 1950년대 들어서면서 대학에서 기독교의 영향력을 되찾으려는 다양한 시도들이 있었다. 대학 밖에서는 각종 기독 학생 운동단체나 기독교수회(Faculty Christian Fellowship), 그리고 미국종교학회(American Academy of Religion)가 결성되고, 기독교 서적의 출판 활동도 활발해졌다. 대학 내에서는 채플이 강조되고, 종교학과가 신설되었으며, 신학부가 강화되었다. 이 기간에 전체 주립대학의 60퍼센트의 대학에서 학생들에게 종교과목이나 윤리과목의 학점을 이수하도록 요구하였다.

1960년대 중반이 되면 공공교육기관의 90퍼센트 정도가 종교 관련 과목을 개설하고, 30퍼센트 정도는 대학 안에 종교학과를 설립하게 된다. 1960~1964년 사이에 종교 관련 과목 수강생 숫자가 사립대학에서는 약 45퍼센트나 증가하고, 국공립대학에서는 150퍼센트나 증가했다는 자료가 있을 정도이다.[38] 동시에 대학에서는 종교학의 학문적 발전이 이루

---

38) Ibid., pp. 86–88.

어지기도 했는데, 여기에는 신정통주의 신학자들의 공헌이 컸다. 리처드 니버(R. Niebuhr)의 종교사회학적 연구나 라인홀드 니버(R. Niebuhr)의 사회윤리학적 통찰, 그리고 폴 틸리히(P. Tillich)의 문화신학은 종교의 영역을 일반학문 영역인 문학, 예술, 철학, 역사, 사회과학 등과 관련시키는 계기를 만들었다. 1953년에 미국교회협의회 산하 고등교육위원회에 의해서 창간된 「크리스찬 스칼라」(The Christian Scholar)는 당시의 낙관적인 분위기를 이렇게 소개하고 있다. "위대한 신학적 부흥이 마침내 도래하고 있다는 징후들이 축적되었다. 바야흐로 20세기는 13세기 이래 가장 위대한 신학의 시대라고 자신 있게 말할 수 있다."[39] 그러나 15년 후 이런 낙관적 전망을 내놓았던 「크리스찬 스칼라」지의 폐간에서도 알 수 있듯이, 한 세대가 채 안 되어서 미국 대학의 기독교적 정체성에 대한 비관적 전망이 다시 지배적 분위기로 바뀌고 말았다.

이런 비관적 분위기 가운데에서도 상당수 기독교대학들에서 시도된 신앙적, 학문적 갱신운동은 기독교대학의 정체성을 유지하고 발전시키려는 우리나라 현실에 신선한 도전과 자극이 되고 있다. 많은 모범적 사례들을 들 수 있지만, 그 가운데 교단별로 한 개씩 예를 들면 개혁교회 전통의 칼빈 대학교, 복음주의 계열의 휘튼 대학교, 침례교의 베일러 대학교, 루터교의 세인트 올라프 대학교, 메노파 교단의 고쉔 대학교, 감리교의 메시아 대학교, 그리고 가톨릭의 노틀담 대학교를 들 수 있겠다.[40] 이들 대학은 비교적 대학의 규모가 작지만 교단적 정체성이 분명하다는 점 이외에도 학문적 수월성에서 널리 인정을 받고 있다는 점에서 주목할 만하다.

---

39) Ibid., vii 재인용.
40) R. T. Huges and W. B. Adrian(ed), *Models for Christian Higher Education : Strategies for Success in the Twenty-First Century*(Grand Rapids : Eerdmans, 1997) : R. Benne, *Quality with Soul. How Six Premier Colleges and Universities Keep Faith with their Religious Traditions*(Grand Rapids : Eerdmans, 2001). 한남대기독교문화연구소 편, 「미국 기독교대학의 도전과 교훈」(대전 : 한남대학교 출판부, 2005).

3 대학의 일반적 이념과 기능

　　기독교대학은 설립과 교육이념이 교회와 직간접적으로 관련을 맺고 있지만 교회는 아니며, 성경과 관련한 과목들을 가르치지만 신학교도 아니다. 오히려 기독교대학은 고등교육기관의 하나로서 일반대학과 더 닮은 점이 많다. 흔히 사람들 가운데에는 기독교대학을 교회와 비교하는 경우가 있다. 주로 대학 설립자나 대학 구성원 가운데 신앙적 열심이 지나칠 정도로 뜨거운 사람들에게 나타나는 현상이다. 그들은 기독교대학이 세속화되었다고 걱정하면서 더 종교적이 되어야 한다고 외친다. 그런데 이런 사람들이 잊고 있는 사실이 하나 있다. 그것은 바로 교회와 기독교대학은 둘 다 신앙에 기초하고 있다는 점에서는 공통점을 갖지만, 서로 다른 목적과 기능을 가진 공동체라는 점에서는 구별되어야 한다는 사실이다. 교회가 신자들이 자발적으로 모여 하나님을 예배하기 위한 '예배공동체'라면, 기독교대학은 신자와 비신자들이 함께 모여 진리를 탐구하고 배우는 '학문공동체'이다.

　　굳이 비교의 대상을 찾으려면, 학문공동체로서 기독교대학은 신앙공동체인 교회가 아니라 동일한 학문공동체인 일반대학과 비교되어야 한다. 왜냐하면 기독교대학이 특수한 기독교적 교육이념을 내세우고 그에 따라 개성적인 교과과정을 운영한다고 해도 모든 일반대학들이 지니고 있는 교육제도나 특징들을 공유하고 있기 때문이다. 역사적인 관점에서 보더라도 기독교대학은 중세 유럽에서 시작된 대학이라는 사회제도의 발전 과정 속에 비교적 최근에 생겨난 대학의 한 형태일 뿐이기 때문이다. 보다 더 정확히 말하자면, 오늘날 우리가 논의하고 있는 기독교대학이란 개념은 대학의 역사 속에서 비교적 뒤늦게 미국에서 교회 교단에 의해 세워진 대학들을 가리킨다. 그런 배경에서 기독교대학을 보다 더 잘 이해하기 위해서는 유구한 대학의 역사 속에 흘러온 대학의 일반적 이념과 기능을 살펴볼 필요가 있다.

대학의 일반적 이념

대학은 무엇이며, 왜 존재하는가? 이러한 물음은 곧 대학의 정체성과 이념에 대한 물음이다. 오늘날 대학이 위기 가운데 있다고들 하는데 그 원인을 표면적으로 보면, 학생 수의 감소나 재정적 어려움에서 오는 생존의 문제로 볼 수 있다. 하지만 이보다 더 근본적인 문제는 대학의 생존 그 자체가 아니라 무엇을 위한 생존인지를 잊어 가고 있다는 사실이다. 대학이 존재의 의미를 상실한다면 생존한들 무슨 의미가 있을까? 대학이라고 해서 없어져서는 안 될 이유라도 있는가? 의미 있고 이유 있는 생존을 위해 대학은 자신의 정체성과 이념 문제를 고민해야만 한다.

여기에는 다음과 같은 질문들이 포함된다. 대학이 어떤 교육 내용을 통해서 어떤 모습을 지닌 학생을 길러 내려는 것인가? 대학교육의 목적은 무엇이며, 그러한 목적을 구체화하기 위한 전략은 무엇인가? 고등교육인 대학교육이 중등교육과 다른 점은 무엇인가? 대학에서 수행하는 연구가 국가나 기업체 연구소에서 수행하는 연구와 다른 점은 무엇이며, 대학에서 시행하는 직업교육이 산업체에서 시행하는 직업교육과는 어떻게 다른가?

대학의 이념이란 대학이 교육을 통해 궁극적으로 도달하고자 하는 이상(理想), 곧 대학이 지향하는 목적을 가리킨다. 칼 야스퍼스(K. Jaspers)의 표현을 빌리자면, 이념이란 우리가 도달하려는 목표로서 우리의 내부에서 우리에게 행동의 동기를 부여해 주며, 우리를 오라고 손짓하는 그 무엇이다.[1]

우리나라 교육법 제1조를 보면, 교육은 홍익인간(弘益人間)의 이념 아래 모든 국민으로 하여금 인격을 완성하고, 자주적 생활 능력과 공민으로서의 자질을 갖추게 함으로써 민주국가 발전에 봉사하며, 인류공영의 이상 실현에 기여하게 하는 데 그 목적을 둔다고 했다. 고등교육법 제28조는 대학교육의 목적을 좀더 구체적으로 서술한다. "대학은 인격을 도야하고, 국가와 인류사회의 발전에 필요한 학술의 심오한 이론과 그 응용방법을 교수, 연구하며, 국가와 인류사회에 공헌함을 목적으로 한다." 요약하자면 대학교육의 이념은 학문에 대한 연구 활동과 교육 활동을 통해 국가와 인류사회에 공헌하려는 데 있다.

기독교대학은 종교적 목적을 가지고 설립된 사립대학이라는 점에서 특수한 교육이념을 표방할 수 있다. 물론 특수한 종교적 교육이념이라 하더라도 위에 서술된 보편적이고, 일반적이며, 상식적인 내용들과 충돌하거나 갈등관계에 있어서는 안 될 것이다. 말하자면 기독교대학의 특수한 교육이념이라 하더라도 대학이 인류의 지적 전통을 보전하고, 계승하고, 발전시킴으로써 국가와 인류사회에 이바지해야 한다는 보편적 교육이념과 관련되어 있어야 한다는 말이다. 실제로 역사 속에서 기독교대학들은 교회의 발전만이 아니라 인간성(humanity)을 수호하고, 인류의 사회문화를 발전시키는 데에도 크게 기여했기 때문에 지금까지 사회로부터 존재가치를 인정받을 수 있었다.

역사 속에서 고등교육 이념이 어떻게 발전하고 변해 왔는지 간략하게

---

1) K. Jaspers, *The Idea of the University*, trans. by H. A. T. Reiche and H. F. Vanderschimdt(Boston : Beacon Press, 1959), p. 28.

나마 살피는 것은 오늘날 기독교대학이 지향해야 할 교육이념을 모색하는 데에도 도움이 될 것이다.

먼저 고대 그리스인에게 있어서 교육이란 인격의 완성을 의미했다. 고대 그리스 사회에서는 교육의 대상이 자유인에게 한정되어 있었다는 한계를 지니고 있기는 하지만, 인간의 신체적, 지적, 윤리적 차원을 전부 포괄하는 전인(全人)교육을 지향했다는 점에서 매우 의미가 있다. 전인교육에 도달하는 수단으로 자유교양교육이 실시되었다. 말하자면, 고대 그리스의 교육은 진리탐구 그 자체와 전인적 인간형성을 위한 것이었지 결코 사회적 유용성만을 위한 것은 아니었다.

중세대학의 교육이념 역시 앞장에서 살펴본 대로 전인교육을 위한 교양교육을 강조했다. 교양교육을 받은 사람들만이 상급학부에 진학하여 신학이나 의학, 법학과 같은 전문교육을 받을 수 있었다. 교육의 목적은 직업적 신학자나 의학자, 혹은 법학자가 아니라 인격과 교양을 갖춘 성직자와 의료인, 그리고 법률가를 양성하는 데 있었다. 이러한 교육목적에 도달하기 위해 대학교육은 기독교 세계관에 기초하여 성서나 고전을 중심 내용으로 삼았고, 교육방식은 교수와 학생들의 인격적 관계에 기초한 대화와 토론이었다.

근대에 들어서 영국의 칼리지들이나 독일의 베를린 대학은 고대 그리스인들이 이상형으로 생각했던 지성인, 곧 비판적으로 사고하며, 윤리적으로 책임질 수 있는 사람을 목표로 새롭게 인문교육을 시도했다. 영국의 칼리지에서는 교수와 학생이 함께 캠퍼스에 기거하면서 지식만이 아니라 인격형성을 위한 교육을 시행했다. 베를린 대학에서는 학문 그 자체를 위한 순수한 학술적 기능을 강조했고, 이를 실현하기 위해 교수의 연구의 자유와 학생의 학습의 자유를 철저하게 보장하였다.

그러다가 19세기 말에 이르면, 교육의 관심사가 지식 그 자체를 위한 추구에서 벗어나 연구의 결과로서 얻게 되는 사회경제적 유용성으로 바뀌게 된다. 산업사회가 더욱 발전하고 사회가 전문화되면서부터는 교양인보다는 사회가 필요로 하는 다양한 기능인과 전문 직업인의 양성이 더 중요한 대학교육의 목적으로 자리 잡게 된다. 특별히 미국에서 실용주의 철학이 발전하면서 대학교육에서도 대학의 사회봉사 기능과 전문성 교육이 점차 강조되었다.

대학의 이념에 대한 견해들

대학의 이념에 대해서는 학자들마다 각기 다양한 견해를 지니고 있다. 아래에서 우리는 대학의 이념에 대해 연구했던 몇몇 사상가들을 통해 대학의 일반적 이념이 무엇인지 살피도록 하겠다. 먼저 로버트 볼프(R. P. Wolff)는 대학의 이념을 다섯 가지의 대학유형을 통해서 설명하고자 했다.[2]

첫째, 전통적인 대학 모델로서 대학이 사회와 결별한 채, 캠퍼스 안에서 문헌이나 읽고 연구하는 학자들의 '상아탑으로서 대학'이다. 둘째, 목사나 의사, 법률가와 같은 전문인 양성을 위한 '직업 훈련소로서 대학'이다. 셋째, 사회가 필요로 하는 다양한 요구에 부응한다는 대전제 아래 교육과 연구, 그리고 봉사를 목적으로 하는 '사회봉사 기관으로서 대학'이다. 넷째, 유사 마르크스주의자들의 이론처럼 소비자(학생)가 필요로 하는 상품(지식) 생산을 위해 노동자(교수)가 지식노동을 하는 자본주의적 '지식 생산공장으로서 대학'이다.

볼프는 이러한 대학유형들이 지닌 한계를 각각 지적하면서 그 대안으로 '학문공동체로서 대학'을 제시한다. 학문공동체로서 대학이란 진리를 추구하고, 인간의 지적 능력을 계발하며, 지식을 보존하고 발전시키는 데 노력하는 공동체를 가리킨다. 그런데 이 공동체는 두 가지 점에서 다른 공동체와 구분된다. 하나는 개인주의적인 방식이 아니라 집단적인 방

---

2) R. P. Wolff, *The Ideal of the University*(Boston : Beacon Press, 1969), pp. 3-57.

식으로 공동체의 목표에 도달하고자 한다는 점이고, 다른 하나는 이 공동체가 제도이기에 앞서 공동의 이념과 목표를 지닌 인격체들의 모임이라는 점이다.[3]

스페인의 사상가 오르테가 이 가세트(Ortega y Gasset)는 대학의 이념을 인문교육 안에서 찾는다. 그는 중세대학들이 연구 활동이나 직업교육에는 별로 관심을 가지지 않은 대신에 일반문화(general culture), 즉 신학과 철학, 그리고 예술에 관심을 가졌다는 점을 주목한다. 물론 그가 사용하는 일반문화라는 개념은 지성의 장식품이라기보다는 사상과 이념 체계, 그리고 세계와 인간에 대한 관심을 가리키는 폭넓은 개념이다. 그는 현대의 대학들이 문화형성이나 전달 기능을 포기하고 지나치게 전문적인 연구와 직업교육에만 매달린 결과, 특정분야의 전문지식은 습득하고 있는지 몰라도 문화적으로는 아주 미개한 인간들을 만들어 내고 있다고 비판한다.[4]

영국성공회 추기경 헨리 뉴만(J. H. Newman)은 중세대학의 이념을 계승하면서, 대학이란 '지성의 고장'으로서 자유교육을 통한 교양인을 양성하는 데 그 목표가 있다고 주장했다. 그가 생각하는 자유교육이란 지식인의 수련을 위한 것인데, 그것은 다름 아니라 지적 수월성을 추구하는 것이다.[5] 대학의 자유교육이 목표로 하는 것은 피교육자를 종교인으로 개종시키는 데 있는 것이 아니라, 교양 있고 예절 바르며 공평무사한 지성을 갖춘 '신사'(gentleman)를 만드는 데 있다. 신사란 공공심을 계발하며, 국가의 기풍을 순화시키고, 일반 대중이 열광하고 열망하는 것들에 대한 참된 원칙을 제공하며, 성인들의 이념을 확장하고, 생활의 절제를 가져다주며, 정치적 참여를 촉진시키며, 개인 생활의 관계들을 보다

---

3) Ibid., pp. 127-128.
4) Ortega y Gasset, *Mission of the University*, tr. by H. L. Nostrand(N. Y : W. Norton and Company, 1944), pp. 37-38.
5) J. H. Newman, *The Idea of a University*, ed. by F. M. Turner(New Haven : Yale University Press, 1996), pp. 89-90.

세련되게 하는 데 도움을 주는 지성인을 가리킨다.

독일의 칼 야스퍼스(K. Jaspers)는 대학을 교회와 국가로부터 독립된 '진리를 탐구하는 일에 종사하는 학자와 학생들의 공동체'로 규정한다. 대학이란 과학적인 방법으로 진리를 탐구하고 전수하는 데 헌신한 사람들을 하나의 공동체로 결합시켜 주는 제도이다. 학문공동체로서 대학의 일차적 관심은 진리 탐구에 있으며, 이차적 관심은 그렇게 탐구해서 발견된 진리를 전수하는 것이다. 대학교육의 목적은 학생들로 하여금 무엇을 알아야 하는지, 또 어떤 존재가 되어야 하는지 발견하도록 돕는 데 있다. 대학이 추구하는 지적 성숙이란, 단지 지식의 확산만이 아니라 인격의 성숙까지 포함한다. 따라서 대학에서 가르치고 연구하는 것은 단순한 사실이나 기술들을 전달하는 것 이상으로, 전인(全人)형성을 목표로 해야 한다.[6] 야스퍼스는 그러한 대전제 아래 대학의 과제를 세 가지로 제시하는데, 즉 연구, 학문의 전달, 그리고 문화로의 교육이다.[7]

시카고 대학 총장을 역임했던 로버트 허친스(R. M. Hutchins)는 대학을 '사고의 공동체'이며,[8] '독립적 사고와 비판의 센터'라고 규정했다.[9] 그는 대학교육의 목적이 산업현장에서 당장 필요로 하는 직업인을 위한 전문교육이 아니라 자유롭게 사고하고 비판할 수 있는 책임 있는 시민의 양성에 있다고 보았다. 그는 대학 안에 있는 전문대학원마저도 그 사명이 전문직을 훈련시키는 데 있기보다는 전문직을 비판하는 데 있어야 한다고 주장할 정도로 인문교육의 중요성을 역설했다. 이런 관점에서 보면, 대학이 정부나 사회의 요구에 무조건 부응하거나 순응하는 것은 옳은 일이 아니다. 대학은 학문적 자유와 자율성을 지닐 때라야 비로소 진정한

---

6) K. Jaspers, *The Idea of the University*, pp. 1-3.
7) Ibid., pp. 39-61.
8) R. M. Hutchins, 조희성 역, 「대학이란 무엇이며, 무엇을 위한 대학교육인가?」 (서울 : 학지사, 1997), p. 85.
9) 신득렬, 「위대한 대화 : R. M. Hutchins 연구」(대구 : 계명대학교 출판부, 2002), p. 312.

학문공동체가 될 수 있기 때문이다.

위에서 대강 살펴본 것처럼 대학의 이념은 단지 전문인이나 직업인을 양성하여 당장의 사회적 요구에 부응하는 데 있기보다는 보다 더 근본적이고 궁극적인 데 있다. 즉, 진리를 탐구하고 교육하며, 문화를 형성하고 전달하며, 학생들로 하여금 자유롭게 사고하고 비판할 줄 아는 책임적인 인격으로 양성하는 데 그 목적이 있다. 비록 오늘날 대부분의 대학들이, 심지어 기독교대학들조차 생존경쟁에서 살아남기 위해 어쩔 수 없이 사회적 요구에 순응하고 직업인 양성으로 기울고 있지만, 그것이 대학의 본래적 이념일 수는 없을 것이다. 오히려 대학의 이념은 전인형성을 통해 보다 더 인간다운 사회를 만들어 가는 데 있다고 하겠다. 그런 관점에서 본다면, 교육을 통해 하나님의 온전한 형상을 회복함으로써 이 땅에 하나님의 나라를 이루려고 하는 기독교대학의 이념이야말로 대학의 본질적 이념에 가까운 것이 아닌가 생각된다.

대학의 기능

전통적으로 대학의 기능은 연구와 교육, 그리고 사회봉사로 이해된다. 대학의 연구 활동이란 진리에 대해 탐구하고 새로운 지식을 생산하는 지식의 창조행위를 가리킨다. 대학의 교육 활동이란 발견된 지식을 전수하고 확산시킴으로써 인류의 문화발전에 이바지하고 학생들을 전인적 존재로 형성하는 일을 가리킨다. 마지막으로 대학의 사회봉사 활동이란 지식의 응용을 통해 사회와 국가, 나아가 인류사회에 직간접적으로 공헌하는 것을 가리킨다.

1915년에 발표된 미국대학교수연합회(AAUP)는 대학의 일반적 기능을 첫째, 연구를 촉진하고 인간 지식의 총량을 증진시키는 일, 둘째 학생들에게 일반적인 가르침(general instruction)을 제공하는 일, 셋째 공공서비스의 다양한 분야에서 필요로 하는 전문가를 양성하는 일이라고 규정하고 있다.[10] 일찍이 미국대학교수연합회 설립에 주도적인 역할을 담당했던 존 듀이(J. Dewey)는 대학의 기능이 진리를 탐구하고, 사실을 비판적으로 검증하여 얻은 진리를 학생들에게 전달하고, 생활 속에서 학생 자신이 직면해야 할 사건이나 문제들을 올바로 해석할 수 있는 진리기능(truth-function)에 있다고 말했다.[11]

하지만 논쟁이 되는 것은 대학이 이러한 다양한 기능들을 어떻게 동시에 성취할 수 있는가 하는 점이다. 현실적으로 이 세 가지 기능들은 조화를 이루기보다는 갈등관계에 놓이는 경우가 많다. 교수들의 강의부담이 많으면 연구에 집중하기 어렵고, 지나친 연구업적을 강조하다 보면 학생들에 대한 교육적 기능이 약화되기 마련이다. 교수가 사회 활동이 많으면 자연히 연구와 교육이 부실해질 수밖에 없다. 이런 현실적 어려움에도 불구하고 대학의 세 가지 기능 가운데 어느 것 하나 소홀히 해서는 안 된다는 것도 틀림없는 사실이다. 아래에서 우리는 대학이 지니고 있는 이 세 가지 기능에 대해 좀더 자세히 살펴보게 될 것이다.

연구 활동

대학의 첫 번째 기능은 진리를 탐구하고 연구하여 새로운 지식을 창출하는 데 있다. 이미 만들어진 지식을 전수하는 데 주로 관심을 가지는 초등교육이나 중등교육과는 달리 고등교육은 학술연구를 통해 새로운 지식을 창출하는 데 관심을 가진다. 물론 대학이 지식창출의 유일한 기관이라고 할 수는 없다. 왜냐하면 과거와는 달리 오늘날 국가의 공공연구기관이나 기업의 연구소들은 실용적인 기술개발에 있어서는 대학보다 훨

---

10) AAUP, Appendix A. "The 1915 Declaration of Principles," L. Joughin(ed.), *Academic Freedom and Tenure. A Handbook of the AAUP*(Madison : The University of Wisconsin Press, 1967), pp. 163-164.
11) 박덕원, 「대학과 학문의 자유」(부산 : 부산외국어대학교 출판부, 2000), p. 103.

씬 더 앞서 가고 있음이 사실이기 때문이다. 대학의 실험실 장비들은 국가연구기관이나 기업의 연구소에 비교할 때 질적인 면에서 뒤떨어져 있다. 그래서 학자들 가운데에는 미래사회에서는 전문적인 학술연구의 기능이 캠퍼스 바깥의 전문연구기관으로 넘어갈 것이라고 예측하는 사람도 있다.[12]

그럼에도 불구하고 대학은 과거나 현재는 물론 미래에도 새로운 지식을 창출하는 연구기관으로서 중요한 역할을 수행할 것이 틀림없다. 왜냐하면 대학은 사회의 어떤 연구기관보다 학문적 열정이 크고 헌신도가 높은 학자들이 모인 순수한 학문공동체이기 때문이다. 21세기 사회를 지식기반사회라고 할 때, 창의적이고 전문적인 지식의 창출을 위해 대학에 거는 사회적 기대는 더욱 커질 전망이다. 최근 우리나라 교육당국이 추진하고 있는 연구중심대학으로의 대학 개편 정책도 결국은 대학에 대한 이러한 사회적 기대가 반영된 것으로 보인다.

대학의 역사에서 보면 순수한 학술연구 기능은 근대 독일 대학에서 두드러지게 강조되었다. 1810년 설립된 베를린 대학의 교육이념이 자유와 고독을 전제로 한 학문탐구였다는 사실에서도 알 수 있듯이, 독일의 대학들은 학문탐구를 대학의 핵심 기능으로 보았다. 그래서 미국의 대학들조차 20세기 이전까지는 학술연구를 위해 독일 대학으로 학생들을 유학 보내야 했다.

아브라함 프렉스너(A. Flexner)는 대학의 기능 가운데 특히 연구의 기능을 강조한 사람 가운데 한 사람이다.[13] 그는 대학의 본업이 직업교육이나 대중교육에 있는 것이 아니라 물리적 세계 현상과 사회적 세계 현상에 대한 심층적인 탐구에 있다고 보았다. 그런 이유에서 그는 실용주의적 사고에 사로잡혀서 사회의 현실적 요구에만 관심을 가지던 1930년대 이전

---

12) 이성호, 「한국의 대학교수」(서울 : 학지사, 1992), p. 57.
13) A. Flexner, *Universities, American English German*(N. Y : Oxford University Press, 1930), pp. 3-36.

의 미국 대학들을 비판했다. 그 대신에 그는 순수하게 학문 그 자체를 위한 연구에만 충실했던 19세기의 독일 대학을 바람직한 대학의 모델로 간주했다.

교육 활동

대학의 두 번째 기능은 교육기능으로서 대학이 역사 속에 처음 등장했을 때부터 줄곧 강조되어 온 기능이다. 학자들은 교육 활동을 통해 과거로부터 전수되어 온 지식은 물론 새롭게 발견한 지식을 학생들에게 전수한다. 대학의 교육 활동을 통해 인류의 지적 유산과 전통이 후대에 전달됨으로써 인류사회는 더욱 발전할 수 있었다. 물론 현대사회에 이르러 교육 활동에서 교양교육과 직업교육 중에서 어디에 더 무게를 둘 것인지를 둘러싸고 논쟁이 진행되고 있지만, 어떤 형태의 교육이든 상관없이 교육 활동이 대학의 중요한 기능 가운데 하나라는 사실만은 부인할 수 없을 것이다.

대학의 교육기능에는 단지 전문적인 지식의 전수만이 아니라 학생들을 인격적 교양인으로 양성하는 가르침도 포함한다. 오늘날 대학에서 학생의 인격지도가 실현하기 어려운 비현실적인 꿈이 되어 버렸지만, 그럼에도 불구하고 참다운 의미의 교육이란 지식을 사고파는 행위가 아니라 인격형성에 있다는 사실을 부인할 수 없다. 가르치는 사람으로서 대학 교수의 바람직한 모델은 지식의 장사꾼이 아니라 스승이나 멘토(mentor)라 하겠다.

하지만 최근 들어 대학들이 연구 중심 대학으로 변화를 강요받고, 대학당국이 교수들의 연구업적을 강조하면서 대학의 교육기능이 뚜렷하게 약화되고 있는 것이 사실이다. 교수 자신들조차도 보상체계가 분명하지 않고 성과도 금방 나타나지 않는 교육보다는 금전적, 행정적 보상체계가 분명하고 성과도 금방 나타날 수 있는 연구와 출판에 더 많이 관심을 두고 있다. 그런데 대학의 연구기능이 아무리 중요하다 하더라도 그 때문에 대학의 교육기능이 무시되거나 약화되어선 안 될 것이다. 사실 연구란 대학이 아닌 국가나 기업의 전문연구소에서도 얼마든지 할 수 있는 일이다. 게다가 대학에서의 연구 활동은 그 자체가 교육과 밀접히 연계되어 있는 학문 활동이다. 달리 말하면 대학에서의 연구는 잘 가르치기 위한 것이지 연구하기 위해 학생들을 임시변통으로 가르치는 것은 아니기 때문이다.[14] 그러므로 대학의 연구 활동은 어디까지나 교육과 관련해서 이해되어야 한다.

오래전에 칼 야스퍼스도 주장했듯이 교육기관과 연구기관, 응용과학과 순수과학, 그리고 전문적 직업훈련과 일반 교양교육을 분리하는 것은 대학의 이념에 부합하는 것도 아니다. 왜냐하면 대학에서 연구와 가르침은 따로 존재하는 것이 아니라 상호 밀접히 관련되어 있고, 그럴 때라야 비로소 진정한 지적 생활이 가능해지기 때문이다.[15] 대학에서 연구와 교육을 대립적으로 이해할 것이 아니라 상호 연관된 것으로 이해해야 한다는 주장은 실제 경험을 통해서도 입증되고 있다. 학생들의 강의평가를 보면 대부분의 경우 최고의 학자가 곧 최고의 교육자임을 알 수 있기 때문이다.[16]

사회봉사 활동

대학은 진리를 탐구하며 새로운 지식을 만들어 낼 뿐만 아니라 그것을 가르치고 확산시키는 기능도 한다. 전통적으로 영국의 대학들이 교육기능을 강조했다면, 19세기 독일의 대학들은 연구기능을 강조했다. 그러

---

14) 한준상,「생각하는 학교 꿈꾸는 아이들」(서울 : 학지사, 1997), p. 173.
15) K. Jaspers, *The Idea of the University*, p. 78.
16) 제임스 두데스탯, 이철우 외 역,「대학혁명」(서울 : 성균관대학교 출판부, 2004), p. 140.

다가 20세기에 들어서서 미국의 대학을 중심으로 연구와 교육 이외에 사회에 대한 봉사기능이 추가되었다. 즉, 대학의 주요 기능이 지식의 응용을 통해서 사회에 대해 공공서비스를 제공하고 시민사회의 발전에 기여하는 데 있다는 것이다. 이러한 생각은 공익기관으로서의 대학과 후원자로서의 사회 사이에 일종의 암묵적인 사회계약이 존재한다는 사실로부터 발생한다.[17]

말하자면 공공사회는 대학에 재정을 지원하고, 대학의 전문가적 판단을 수용하며, 대학의 자율성과 학문의 자유를 인정할 책임이 있는 반면에 대학은 공정한 연구를 수행하고, 고도의 전문가적 양심으로 학생을 양성하여 사회에 배출하고, 사회의 서비스 수요에 민감해야 할 책임이 있다는 것이다.

대학의 사회봉사기능을 강조하는 사람들은 대학이 상아탑으로 머무는 것을 비판한다. 우선 정치 개혁가들 가운데에는 대학이 사회정치적으로 중립적 입장을 견지하거나 무관심한 태도를 보임으로써 결국 현실사회를 정당화(status quo)한다는 이유에서 대학의 정치적 중립을 비판한다. 대학의 사회 변혁적 기능은 특별히 제2차세계대전 이후 제3세계 국가나 저개발국가들이 대학에 대해 기대했던 기능 가운데 하나였다. 그러나 학문공동체로서 대학은 정치적 결사체가 아니며 특정한 이익집단도 아니기 때문에, 대학이 비록 현실 정치에 관여할 필요나 의무가 있다 하더라도 그 참여 방식은 일반 정치단체와는 달라야 할 것이다. 말하자면 대학의 현실참여는 대학 본연의 학술 활동과 관련된 범위 안에서 실행되어야 한다.

한편 기업가들은 대학이 기업과 산업현장에서 당장 써먹을 수 있는 기능인을 양성하지 못한다는 이유에서 대학교육을 비판한다. 물론 대학이 오늘날 한국사회 현실에서 보는 것같이 고등실업자를 대량으로 양성

---

17) Ibid., p. 216.

해 내는 곳이어서는 곤란하다. 그렇다고 해서 대학이 산업현장이나 기업현장에서 필요로 하는 기능인을 만들어 내는 직업훈련소로 전락해서도 안 된다.

대학에서의 직업교육이란 졸업하자마자 특정한 현장에서 당장 써먹을 수 있는 기능인을 양성하는 것이라기보다는 급변하는 사회현실과 다양한 산업현장 어디에나 적응할 수 있는 능력과 소양을 갖춘 사회인을 양성하는 것이다. 산업체가 잘 훈련된 기능인을 대학에 요구하고, 기업이 잘 훈련된 직업인을 대학에 기대하고, 국가가 경제성장을 위한 산업역군을 대학에서 양성해 주기를 요청하지만, 대학이 그같이 다양한 사회적 요구를 무비판적으로 수용하게 될 때 대학은 교육기관이 아닌 기업이나 국가의 서비스 기관으로 전락하고 말 것이다.

일찍이 로버트 허친스는 대학의 사회봉사기능을 인정하면서도 그 방법은 '직접적'이라기보다는 '간접적' 방식이어야 한다고 주장했다.[18] 말하자면 대학은 교육 받은 사람을 사회에 배출함으로써 사회에 기여하는 것이지, 직접적인 기여 방식을 택하려고 할 때 대학은 교육기관으로서의 기능을 상실하게 될 것이라고 우려했다.

대학의 사회봉사란 사회에 대해 즉각적으로 봉사하는 데 있는 것이라기보다는 대학이 포함되어 있는 보다 큰 학습사회에 봉사하고, 동시대 사람들이 아니라 미래 세대를 위한 봉사를 지향한다.[19] 대학은 사회가 생각하는 것보다 훨씬 더 다양한 방식으로 사회에 봉사한다. 예를 들면, 젊은이들을 교육시키고, 문화유산을 보전하고, 안보와 안녕에 필요한 기초적인 연구를 제공하고, 전문가들을 훈련시키고, 사회 변화를 자극하는 활동을 통해 사회에 봉사한다.[20]

---

18) 신득렬, 「위대한 대화」, p. 324.
19) H. Steele, "담쟁이로 뒤덮인 대학은 필요한가," D. Riesman 외, 강윤중 역, 「대학의 의미」 교육신서 211(서울 : 배영사, 1996), p. 201.
20) 제임스 두데스탯, 「대학혁명」, p. 45.

기독교대학의 이념과 기능

기독교대학은 비록 신앙적 배경에 의해 설립되고 운영되는 특수한 고등교육 기관이라 하더라도 학문공동체가 가지는 일반적 특징을 공유한다. 학문공동체로서 기독교대학은 다른 고등교육기관들처럼 새로운 지식을 연구하고 발견한 지식을 전수함으로써 사회에 봉사할 의무가 있다. 중세에 대학이 시작된 이래 줄곧 기독교가 고등교육에 미친 영향 가운데 하나는 대학으로 하여금 바로 이 세 가지 기능을 부정하기보다는 오히려 독특한 방식으로 수행하게 만든 데 있었다. 즉, 고등교육을 통해 기독교는 교육적인 면에서 학생들의 성품과 인격형성에 공헌했고, 연구라는 측면에서 신앙과 학문을 통합하는 데 노력했으며, 사회봉사를 위한 준비로써 자유교육을 실행했던 것이다.[21]

이처럼 학문공동체로서 기독교대학이 다른 일반대학들과 비슷한 교육이념이나 기능을 갖는다고 하더라도 그것에 임하는 동기와 태도는 확연히 다를 수밖에 없다. 기독교대학에서 진리에 대한 연구는 단순한 지적 호기심이나 금전적 목적, 혹은 사회적 명예에 있지 않고 하나님께 영광을 돌리기 위한 동기에서 출발한다. 기독 학자에게 진리는 하나님의 진리를 가리키는데, 이는 하나님이 모든 진리의 근원이요, 그분 안에서 모든 진리가 통합된다고 믿기 때문이다.

한편 기독교대학의 교육적 관심은 중세대학의 시작부터 고등교육이 줄곧 지향했던 자유인의 형성에 있다. 자유인은 무지로부터 해방되어 비판적으로 사고하며, 윤리적 책임을 질 수 있는 존재이다. 참다운 교육이란 기능인을 만드는 것이 아니라 비판적으로 사고하고 도덕적으로 행동할 수 있는 자유인, 즉 온전한 하나님의 형상을 목적으로 한다.

---

21) A. Holmes, "Integrating Faith and Learning in a Christian Liberal Arts Institutuion," D. S. Dockery & D. P. Gushee, *The Future of Christian Higher Education*(Nashville : Broadman & Halman Publishers, 1990), p. 155.

마지막으로 기독교대학에서 봉사란 지식의 응용을 통해 이웃과 사회를 섬기는 신앙적 행위가 된다. 예수님은 자신의 존재 이유가 섬김과 봉사에 있다고 말씀하셨다. "인자가 온 것은 섬김을 받으려 함이 아니라 도리어 섬기려 하고 자기 목숨을 많은 사람의 대속물로 주려 함이니라"(막 10 : 45).

일찍이 위대한 교육사상가 가운데 한 사람인 존 아모스 코메니우스(J. A. Comenius, 1592-1670)는 당시의 대학교육에서 교육과 연구가 분리되는 문제점을 지적하면서, 교육과 연구의 통합은 물론 전문직업의 교육과 훈련 사이에서도 상호연관성을 가질 수 있는 대학교육을 강조했다.[22]

우선 그는 대학의 교육기능과 관련하여 범지학(汎知學, pansophia) 교육을 통해 다양하게 분화된 단편적 지식들을 성서적 원리에 기초해서 종합하려고 시도했다. 그는 모든 피조물이 내면적으로 관계를 맺고 있으며 체계적으로 연결되어 있기 때문에, 사물 각각에 대한 단편적인 지식들이 사물 전체의 공통적인 지식으로 수렴될 수 있다고 보았다. 그리고 그는 지성적 학문(erditio), 다른 사람과 조화로운 관계를 이룰 수 있는 덕성(virtus), 그리고 하나님과의 영적 관계인 경건(dietus)이라는 세 요소가 통합된 종합적 교육을 추구했다.

한편 코메니우스는 대학의 연구기능과 관련해서 17세기에 태동된 과학 연구에 깊은 관심을 가지면서, 모든 과학적 탐구가 창조세계를 분석하고 하나님을 발견하는 일에 궁극적 목적을 두어야 한다고 말했다. 그는 대학의 전문 직업훈련의 기능도 강조했는데, 특히 개인 및 사회생활과 밀접한 관련이 있는 신학, 철학, 의학, 법학 분야의 체계적 직업훈련을 염두에 두었다. 그 외에도 일상생활에 필요한 기술의 전문적 훈련과 활용법에 대한 교육의 필요성도 강조했는데, 이 모든 교육내용은 오늘날로 말하면 지식의 응용과 관련된 대학의 사회봉사에 해당된다고 할 수

---

22) 이숙종, 「기독교대학과 교육」(서울 : 예영커뮤니케이션, 2007), pp. 42-45.

있겠다.

　기독교대학을 포함하여 오늘날 우리나라 대학들은 정부의 교육정책에 따라 연구 중심 대학으로 변화를 꾀하고 있다. 교수들도 어쩔 수 없이 가르치는 일보다는 연구와 출판에 더 관심을 가지도록 강요되고 있다. 그러나 본래 연구와 교육은 서로 분리해서는 안 될 대학의 두 가지 핵심 사명이다. 한편 사회봉사는 대학의 공공성이 강화될수록 더욱 요청되는 대학의 기능이다. 하지만 학문공동체로서 대학의 일차적 의무는 연구와 교육이라는 학술 활동에 있기 때문에 비록 사회봉사 활동이 중요하다고 해도 연구와 교육을 방해하거나 소홀히 하지 않는 범위 내에서 이루어져야 할 것이다.

　요약하면 대학의 연구, 교육, 사회봉사의 기능은 어느 것 하나 소홀히 할 수 없는 대학의 기능들이다. 다만 시대와 환경에 따라 세 가지 기능 가운데 더 강조되는 기능이 있을 수 있고, 덜 강조되는 기능이 있을 수는 있다. 오늘날 기독교대학들이 이 세 가지 대학의 기능 중에서 어떤 기능을 보다 더 강조할 것인가 하는 것은 각 대학의 교육이념이나 역사적 전통, 그리고 현실 상황을 고려한 종합적 판단을 통해 결정되어야 할 것이다.

II

우리나라 기독교대학의 역사

1. 우리나라 기독교대학의 시작과 발전
2. 초창기 우리나라 기독교대학의 특징

1 우리나라 기독교대학의 시작과 발전

　우리나라 기독교대학의 설립은 종교적으로만이 아니라 사회문화적으로도 중요한 의의를 지닌다. 선교사들에 의해 세워진 기독교대학은 종교적 목적을 가지고 선교의 방편으로 세워졌지만, 그것이 미친 영향력은 단지 종교에 머물지 않고 사회 전체로 확대되었기 때문이다. 기독교대학은 서구문화를 소개하고, 민주적 시민의식을 교육하며, 실용교육을 통해서 유교적 봉건사회인 조선사회가 근대적 시민사회로 발전하는 데 크게 기여했다. 학생들에게 독립정신을 불어넣고, 수많은 애국지사를 양성함으로써 독립운동에도 공헌했다. 특히 일제가 식민지를 공고히 하기 위해 조선인들에게 고등교육과 고등기술의 전수를 일체 금지하는 우민(愚民)교육을 실시하던 기간에도 기독교대학들은 꾸준히 인재를 양성해 냄으로써 해방 후 한국사회 발전에 필요한 지도력을 제공할 수 있었다.

　그리고 우리나라 기독교대학이 교회에 미친 영향은 아무리 강조해도 지나치지 않을 것이다. 기독교대학은 믿지 않는 학생들을 전도하고 성경을 가르쳐 양육할 뿐만 아니라 수많은 목회자와 평신도 지도자를 양성하여 배출함으로써 한국교회 성장에 지대한 공헌을 했다. 기독 대학생이나 교수들은 방학이 되면 시골교회를 찾아 봉사 활동을 했고, 지역교회에서는 교회학교 교사나 성가대로 봉사하였다. 기독교대학을 졸업한 학생 가운데 상당수가 목사가 되거나 교회 지도자가 됨으로써 교회성장에 도움을 주었다.

우리나라 고등교육의 효시로서 기독교대학

우리나라에서 현대적 의미의 고등교육 역사는 기독교대학의 역사와 함께 시작되었다고 해도 틀린 말이 아닐 것이다. 현대적 의미의 고등교육이 우리나라에서 언제 시작되었느냐는 물음은 아직도 논쟁 중이다. 고종황제가 선교사이며 의사였던 알렌(H. N. Allen)에게 하사했던 광혜원에서 발전한 제중원이 1886년부터 의학교육을 시작했다는 점에서 제중원을 고등교육의 효시라 볼 수도 있다.[1] 1895년에 선교사 아펜젤러(H. G. Appenzeller)에 의해 세워진 배재학당에 고등교육과정이 설치된 것을 고등교육의 시작으로 볼 수도 있다. 하지만 일반적으로는 1906년 대한제국과 조선총독부로부터 공식적인 인가를 받은 숭실대학(Union Christian College)을 우리나라 고등교육의 효시로 보는 데 큰 무리는 없을 듯하다.[2]

숭실대학의 설립에 뒤이어 1909년에는 배재대학이 생겨났고, 1910년에는 이화학당에 고등과(高等科)가 설립되었다. 그 가운데 이화학당의 고등교육 역사는 곧 '한국 여성교육의 역사요, 한국 여성운동의 역사'라 해도 크게 틀린 말이 아닐 것이다.[3] 1915년에는 경신학교 대학부와 배재학

---

1) 최재건, "한국 근대 기독교대학의 설립과 이념에 관한 연구," 「백석저널」 창간호 (2002), p. 109.
2) 유영렬, "최초의 근대대학 : 숭실대학," 대학사연구회 편, 「전환의 시대 대학은 무엇인가」(서울 : 한길사, 2000), pp. 78-82.
3) 이태영, "한국 여성과 고등교육," 「한국의 여성 고등교육과 미래의 세계」, 이화창

당 대학부가 연합한 조선기독교대학(Chosen Christian College)이 장로교와 감리교 연합대학의 형태로 설립되어 이후 연희대학으로 발전하게 된다. 위에서 본 것처럼 우리나라 기독교대학들의 설립은 조선총독부가 식민통치를 위해 1923년에 세운 경성제국대학의 설립보다 최소 10년에서 최대 20년이나 앞서 있었다.

구한말 및 일제시대의 기독교대학

선교사들이 기독교대학을 세운 것은 한국사회에 복음을 전하기 위한 선교적 방편이었다. 대원군의 쇄국정책과 유교의 폐쇄성 속에서 가톨릭의 박해를 목도한 개신교 선교사들은 복음을 직접적으로 전하는 것보다는 교육기관이나 의료시설의 설립을 통한 간접적인 선교방법이 낫다고 판단했다. 이런 선교전략적 이유에서 세워진 대학이었기 때문에 비록 시간이 지남에 따라서 변화가 생기긴 했지만, 기독교대학이 우선적으로 관심을 두었던 것은 종교적 교화였다.[4] 그렇다고 해서 기독교대학이 선교에만 관심을 두었던 것은 결코 아니었다. 민주적 시민의식을 지닌 사회지도자의 양성에도 똑같이 관심을 기울였다.

대학의 교육목표가 기독교 정신에 기초한 전인교육에 있었기 때문에 당시 기독교대학에서는 농사개량법이나 기술교육 같은 실용교육은 물론 다양한 교양교육을 실시했다. 성경이나 기독교 사상만이 아니라 시민의식 형성에 필요한 자유, 평등, 민주주의 이념들도 중요한 교육내용이었다. 대학에서는 자연스럽게 관존민비, 계층차별, 남녀차별과 같은 사회문제가 비판의 대상이 되었다. 한편 성서에 기초한 민족의식 교육은 자

립100주년기념 학술대회(서울 : 이화여자대학교 출판부, 1987), p. 16.
4) 성기산, "구한말 기독교학교의 성립과 의의," 동서문화연구소 편, 「서양인의 한국문화 이해와 그 영향」(대전 : 한남대학교 출판부, 1989), p. 103.

연스럽게 독립운동에 영향을 미쳤다. 그 결과 수많은 애국지사와 독립운동가들이 기독교대학을 통해 배출되었다. 한 예로써, 숭실대학은 설립 이후 1938년 신사참배문제로 자진 폐교할 때까지 대학부 졸업생 152명과 전문학교 졸업생 291명을 배출하였는데, 그 가운데 상당수가 독립운동가로 활동했다는 자료들이 있다. 숭실대학 최초의 졸업생인 변인서와 김두화는 105인 사건(1911)의 주동자였으며, 3·1운동 민족대표 33인 가운데 박희도와 김창준도 숭실 출신으로 알려져 있다. 당시 일본인 담당자들은 숭실대학을 '불온사상이 가득한 학교'로 규정하고 감시했을 정도였다.[5]

조선총독부는 한국인의 우민화(愚民化)를 목표로 한국에서의 고등교육 무용론(無用論)을 펼치며 기독교 고등교육기관들을 탄압했다. 1915년 3월에 공포한 '개정사립학교규칙'을 통해서 일정한 요건을 갖추지 못한 기독교 사립학교를 '각종학교'로 격하시키고 성경, 지리, 역사 과목을 교과과정에 포함시킬 수 없게 만들었다. 이 법으로 말미암아 연희전문학교와 세브란스의학전문학교를 제외한 대부분의 기독교 고등교육기관들이 각종 학교로 그 위상이 격하됨으로써 졸업생들이 상급학교에 진학하거나 사회에 진출하는 데 있어서 불이익을 받게 되었다.

한편 1922년 2월에 일본제국주의는 '신교육령'을 반포하여 경성제국대학 이외의 어느 대학도 정규 대학으로 인정하지 않음으로써 결국 숭실대학과 이화학당, 그리고 경신학교 대학부가 더 이상 '대학'이란 명칭을 쓰지 못한 채 그보다는 격이 떨어지는 '전문학교'로 개편될 수밖에 없었다.[6] 그리고 1920년대 초반에는 기독교 내부에서 연희전문학교, 세브란스의학전문학교, 그리고 협성신학교를 통합하여 보다 완전한 형태의 종합대학을 설립하고자 하는 계획이 추진되었으나, 이미 경성제국대학의 설립을 추진하고 있던 조선총독부의 반대로 좌절되고 말았다.[7]

---

5) 유영렬, "최초의 근대 대학 : 숭실대학," pp. 95-99.
6) Ibid., pp. 90-91.

일본제국주의의 기독교 고등교육기관 탄압은 여기서 그치지 않았다. 1938년에 발표한 '제3차 조선교육령'을 통해 우리 민족을 황국신민화(皇國臣民化)하려는 목적으로 신사참배를 강요하고, 학생들을 강제로 징집하며, 대학의 교육이념 및 교육과정을 철저하게 통제하였다. 기독교대학에서의 수업연한을 4년에서 3년으로 축소시킴으로써 대학의 위상도 약화시켰다. 이런 상황에서 기독교 교육이념을 현실적으로 실현하기 어렵다고 판단한 숭실대학은 1938년 스스로 폐교하는 길을 택했다.

6·25전쟁 전후의 기독교대학

해방 이후 초대 대한민국 정부가 수립될 당시 남한에는 단지 네 개의 고등교육기관만 존재하고 있었다. 국립서울대학과 사립고려대학을 빼면 나머지 둘이 기독교대학인 연희대학과 이화여자대학이었다. 비록 우리나라 고등교육 역사의 초기에 가졌던 절대적 위상에는 못 미칠지언정 기독교대학이 지니는 사회문화적 위상은 아직 줄어들지 않았다.

미군정 당국(1945－1948)은 우리나라 고등교육의 질적 향상과 국가재정의 효율성을 위한다는 명목으로 1946년에 '국립서울대학교설립에 관한 법령'을 발표하였다. 기존의 경성대학과 서울 근교에 있는 아홉 개의 관립 전문학교를 통합해서 하나의 국립대학을 만든다는 계획이었다. 이 안을 둘러싸고 대학 구성원들은 물론 좌우익 간의 갈등이 심화되어 정치·사회적 혼란이 발생했다. 수많은 지식인의 반대에도 불구하고 미군정 당국은 계획을 진행시켰고, 이후로 줄곧 우리나라 고등교육은 정부에 의한 중앙집권적 통제 아래 놓이게 되었다.

6·25전쟁을 전후한 시기는 우리나라 고등교육이 양적으로 팽창하기

---

7) 이길상, "고등교육," 안귀덕 외, 「한국 근현대 교육사」(경기 : 한국정신문화연구원, 1995), p. 326.

시작한 시기이다. 새로운 국가건설과 사회적 필요에 따라 여러 개의 국립대학들과 사립대학들이 새로 생겨나게 되었다. 초급대학, 야간대학, 별과생제도 및 청강생제도, 제대군인의 초과모집 허용과 같은 새로운 교육제도 덕분에 대학생의 숫자도 늘어났다. 물론 고등교육의 급격한 양적 팽창이 여러 가지 문제를 유발한 것이 사실이지만, 고등교육의 양적 팽창 덕분에 한국사회의 높은 교육열이 어느 정도 수용되었고, 국가 발전에 필요한 인재들도 양성될 수 있었다.[8]

1960년대에는 '경제개발5개년계획'의 성공적 수행을 위해 산업기술인력의 확보가 시급한 국가적 과제로 부각되었다. 이를 위해 이공계통에 대한 정부의 지원이 확대됨에 따라서 새로운 국공립대학들이 신설되었다. 그리고 대학설립 기준이 점차 완화되면서 새로운 사립대학들도 생겨나게 되었다. 일반 사립대학 숫자가 늘어나고, 등록금이 상대적으로 저렴한 국공립대학들이 등장하면서 이전까지 기독교대학들이 독점적으로 누렸던 사회적 위상은 점차 흔들릴 수밖에 없게 되었다.

그리고 기독교대학 내부적으로는 대학생 수가 늘어났지만, 기독교인 학생의 수는 소수가 되면서 대학에서 종교적 분위기를 유지하기가 어려워졌다. 고등교육의 급격한 양적 팽창에 따라 필요한 교수자원 확보를 위해 교수 임용과정에서 신앙이나 성품 같은 요소들이 무시되면서 기독교 교육이념에 무관심한 교수들도 늘어났다. 이런 일련의 요소들로 말미암아 기독교대학의 정체성은 점차 약화되거나 상실되기 시작했다.

군사정권 아래의 기독교대학

1961년 군사정권의 등장은 비록 경제적 번영의 기초를 놓기는 했지

---

8) 이문원, "해방 후 한국 고등교육정책의 역사적 평가," 「한국교육사학」 14(1992), p. 104.

만, 사회 문화적으로는 갈등을 일으키고 깊은 상처를 남겼다. 사고와 행동의 자유를 가장 많이 누려야 할 대학이 군사정권의 간섭과 통제, 그리고 감시 아래 놓이게 됨으로써 대학은 왜곡된 형태로 발전하게 되었다. 군사정권은 쿠데타의 정당성을 경제성장에서 찾았고, 경제성장을 가속화하기 위해 이른바 '경제개발5개년계획'을 추진하게 되었다. 군사정권은 경제건설에 필요한 '생산적 인간'과 반공정신에 투철한 '승공(勝共)적 인간'을 육성하여 북한을 제압할 수 있는 인재를 양성하는 데 교육의 목표를 두었다.[9] 정부는 생산적 인간의 육성을 위해 고등교육에서 이공계 교육을 강조했으며, 승공적 인간의 육성을 위해서는 국민윤리 과목을 필수 교양과목으로 제도화했다. 1971년 신학기부터 대학교련을 필수과목으로 지정하여 4년간 7학점이나 이수하도록 함으로써 대학을 병영화(兵營化)화하려고 시도했다.

군사정권은 학문의 자유를 외치는 대학 교수나 대학생들의 비판과 저항을 억압하기 위해서 대학운영에 개입하기도 했다. 이를 위해 국가 비상사태나 긴박한 상황에서 대학의 휴업이나 휴교를 명령할 수 있는 법적 권한을 제도화했다. 그리고 정부에 비판적인 반체제 교수를 효과적으로 제재하기 위해 1975년에 교수재임용제도를 도입하기도 했다. 정보부원들이 학생단체의 활동은 말할 것도 없고 심지어 교수의 강의나 연구 활동까지 사찰(査察) 대상으로 삼았다. 기독교대학의 채플도 예외가 아니었다. 1975년 4월 베트남이 공산화되자 이를 구실로 군사정권은 총학생회를 폐지하고 학도호국단을 설치하여 운영하도록 했다. 그 외에도 새마을운동연구소처럼 정권 홍보를 목적으로 한 어용연구소를 대학 안에 설치하도록 강제하기도 했다. 심지어 대학생이 읽어서는 안 될 금서목록을 작성하여 하달함으로써 대학의 지성 활동은 극도로 제한되었다.

이런 어두운 상황 속에서도 기독교대학들은 독재에 항거하고 민주주

---

9) 이규환, 「한국교육의 비판적 이해」(서울 : 한울아카데미, 1993), p. 223.

의를 위해 투쟁했다. 기독 학생들의 민주화운동과 반독재투쟁은 비록 많은 희생자를 내긴 했지만, 사회정치적 발전에 커다란 족적을 남겼다.

물론 당시 기독교대학의 학생들 모두가 이념적으로 진보적이고, 성향적으로 정치적인 것은 아니었다. 1960년대를 전후하여 우리나라 대학가에는 여러 대학생 선교단체가 외국에서 들어오거나 자생적으로 생겨나기 시작한다. 1950년대에 학생신앙운동(SFC), 한국기독학생회(IVF), 대학생선교회(CCC)와 죠이선교회(JOY), 그리고 1960년대에는 십대선교회(YFC), 대학생성경읽기선교회(UBF), 네비게이토선교회(Navigator), 그리고 1973년에는 예수전도단(YWAM)이 각각 캠퍼스에 등장했다. 이들은 정치적이라기보다는 종교적이었으며, 사회의 제도나 구조보다는 개인의 회심을 통해 사회 변화를 추구한다는 공통된 특징을 지니고 있었다.

한국 기독교 역사를 살펴볼 때, 이들 대학생 선교단체들의 활동은 캠퍼스 복음화라는 의미를 넘어서 한국교회의 성장과 발전, 그리고 해외선교에도 커다란 공헌을 하였음을 알 수 있다. 이들 대학생 선교단체들은 캠퍼스 안에서 전도와 성경공부를 통해 수많은 학생들을 개종시켰고, 양육과 제자훈련을 통해 학생들을 목회자나 선교사로 헌신하게 만들었다. 이들을 통해 이루어진 다양한 기도, 성경공부, 교제, 찬양 모임은 지역교회의 신앙문화 형성에도 영향을 미쳤다. 게다가 이들은 적게는 수십 명에서 많게는 수백 명까지 독자적으로 선교사를 해외에 파송함으로써 80년대 이후 한국교회로 하여금 해외선교에 대한 관심을 갖도록 하는 데 공헌했다.

1980년대 학원민주화운동 속의 기독교대학

군사독재정권을 수립했던 박정희 대통령의 시해사건 이후 1980년대는 정치 사회적 격동의 시대였다. 군사독재정권 아래 억눌렸던 다양한 사회계층의 정치 사회적 욕구들이 한꺼번에 분출되고, 대학가에서는 학원민주화운동이 거세게 일어나 대학이 내부적으로 극도의 혼란상황에 빠졌다. 군사정권에 의해 강제되었던 학도호국단제가 1983년에 폐지되고 총학생회가 부활함으로써 학생운동이 가열되었다. 대학생들의 잦은 시위와 동맹휴업으로 말미암아 대학의 면학 분위기는 극도로 훼손되었으며, 학교는 무규범적 상황으로 치닫곤 했다.

학생운동이 우리나라의 정치와 사회 발전에 상당하게 공헌했다는 사실은 아무도 부정할 수 없다. 특히 1987년 박종철 학생과 이한열 학생의 죽음이 도화선이 되었던 6월 민주화 항쟁에 끼친 학생운동의 영향은 아무리 강조해도 모자랄 것이다. 그러나 대학의 본질적 목표가 정치운동인지는 좀더 논의가 필요해 보인다. 왜냐하면 대학은 어디까지나 학문공동체로서 학문의 연구와 교육에 존재 이유가 있기 때문이다. 이러한 사실을 간과할 경우, 대학은 자칫 정치선전의 장(場)이 되거나 정치 이데올로기의 투쟁 장소로 변하고 말 것이다.

같은 이유에서 대학이 정치에 참여하는 방식도 일반 사회단체나 운동단체와는 달라야 한다. 대학은 학문공동체이기 때문에 연구와 가르침을 통해서 정치의 본질을 밝히고, 문제를 폭로하며, 대안을 제시하는 방식을 취할 필요가 있다. 야스퍼스(K. Jaspers)는 대학이 사회현실에 민감해야 하지만, 대학과 사회를 연결하는 것은 행동이 아니라 지식이라고 했다.[10] 대학이 정치 문제와 이데올로기 투쟁에 지나치게 깊이 개입될 때, 자칫 대학에서 학문의 자유가 위태로워질 수 있기 때문이다.

당시 학생들의 시위는 국가와 정부만을 대상으로 한 것은 아니었다. 일부 사립대학에서는 재단의 비리 척결과 무능 교수 및 어용 교수의 퇴진 등을 요구하는 학생시위가 연일 계속되었다. 이른바 '학원자율화운동' 혹은 '학원민주화운동'으로 인해 대학당국의 권위는 실추되었고, 교수와 학생 사이의 관계도 소원해지기 시작했다. 대학 안에 이데올로기

---

10) K. Jaspers, *The Idea of the University*, trans. by H. A. T. Reiche and H. F. Vanderschimdt(Boston : Beacon Press, 1959), p. 121.

논쟁과 정치 논쟁이 치열해진 상황에서 교수들은 자신들이 탐구한 진리를 자유롭게 표현할 권리를 침해당했다. 자칫하면 어용 교수라는 비난을 피할 수 없었기 때문이다. 그리고 학생들이 학교행정에 간여하면서 기독교대학에서는 채플의 의무조항에 대해서 문제를 제기하는 일까지 발생했다.

한 예로써 1991년 숭실대 법학과에 입학했던 한 학생이 6학기 채플 중 4학기만 이수하여 졸업이 유보되자 종교의 자유를 침해당했다고 소송하는 사건이 벌어졌다. 1998년 11월 10일 대법원에서는 학교 측의 손을 들어 주기는 했지만 기독교대학의 정체성 유지가 얼마나 험난할 것인지를 예고하는 중요한 사건이었다.

한편 1980년대에는 우리나라에 대학교육의 대중화가 빠른 속도로 이루어졌다. 대학생 숫자가 급속하게 팽창하면서 대학교육의 질적 저하가 나타났으며, 사회적으로는 고학력 실업자가 양산되는 문제도 생겨났다. 대학 규모가 무계획적으로 확장되면서 대학교육에 대한 일관되고 통일성 있는 교육철학을 유지하기도 어려워졌다. 기독교대학을 포함하여 대부분의 대학들이 대학의 건학이념과 상관없이 직업현장에서 필요로 하는 학과를 끊임없이 신설하였다. 하지만 백화점만큼이나 다양한 학과들을 통합할 어떠한 통일된 교육이념도 존재하지 않았기 때문에 대학공동체는 점차 표류할 수밖에 없게 되었다.

양적 팽창과 대학 간의 경쟁이 심해지는 상황에서 재정적으로 취약한 기독교대학들도 대학운영을 위해 어쩔 수 없이 학생 수를 늘리고, 대학의 규모를 확대했다. 심지어 신학대학들마저도 종합대학으로 체제 개편을 단행했다. 1976년에는 중앙신학교가 강남사회복지대를 거쳐 강남대학으로, 1980년에는 한국신학대학이 한신대로, 1990년에는 대한신학교가 대신대학을 거쳐 안양대학으로, 1992년에는 피어선신학대학이 피어선대학을 거쳐 평택대학으로, 1994년에는 협성신학대학이 협성대학으로, 그리고 1998년에는 전주한일신학교가 한일장신대학으로 각각 대학체제를 변경하였다.

이러한 대학체제의 개편은 필연적으로 대학의 기독교적 정체성에 혼란을 야기할 수밖에 없었다. 왜냐하면 대학 내에 새로 생기는 학과들과 기존의 기독교 관련 학과 사이의 상관성이 약해지면서 전체 학과들을 통합할 수 있는 통일적 교육이념인 기독교 정신이 희미해졌기 때문이다. 게다가 신학대학 시절과 달리 비기독교학생이 증가하여 숫자적으로 다수가 됨으로써 대학에서 기독교적 분위기나 기독교적 문화를 유지하는 일이 어려워졌기 때문이다.

1990년대 대학환경의 변화

1980년대가 대학 내부적 요인에 의해 생겨난 급격한 변화의 시대였다면, 1990년대는 대학 외부적 요인들로 말미암는 급격한 변화의 시대라 할 수 있다. 1990년대 들어 문민정부가 등장함으로써 국내 정치적으로는 민주주의가 신장되었으며, 국제적으로는 신자유주의 이념에 기초한 세계화의 도전에 직면하게 되었다. 1995년 교육개혁위원회가 발표한 '5·31 교육개혁안'은 세계화와 정보화의 변화 추세에 적응하기 위한 신자유주의적 교육정책에 기반을 둔 것이었다. 우리는 신자유주의적 교육정책의 특징을 다음과 같이 요약할 수 있다.

첫째, 대학교육의 시장화로서 지식을 상품화하며, 교육의 생산성을 중시하는 정책이다. 이 정책은 지금까지의 대학교육이 비경쟁적이어서 효율성과 생산성이 떨어지고 교육의 질도 낮아졌다는 진단 아래, 그 대안으로 대학교육에 경쟁원리를 도입하는 것을 골자로 한다. 대학교육시장을 보다 경쟁적으로 만들기 위한 수단으로 대학시장을 외국에 개방하고, 대학설립을 허가제에서 신고제로 전환했다. 하지만 우리나라처럼 대학시장이 완전경쟁을 하기가 불가능한 서열화된 구조라는 사실을 부정할 수 없다면, 과연 이런 시장주의자들의 시도가 어느 정도 성공할 수 있을

지 의문스럽다. 특별히 재정적으로 취약한 기독교대학들은 더 어려운 경쟁상황에 내몰릴 것이 불을 보듯 훤하다.

둘째, 소비자 중심 교육체제로서 학생들의 과목선택의 자유를 확대하는 정책이다. 이 정책은 학생들이 과목을 선택할 수 있는 자유를 확대함으로 학생들의 학습동기와 관심을 유발하고, 선택의 자유를 통해 학문의 자유가 신장되며, 학생들로 하여금 능동적으로 자신의 학습과 미래에 대한 로드맵을 그려 보게 할 수 있다는 낙관적 가정에 기초하고 있다. 하지만 실제 운용에서 발생하는 문제는 수요자인 학생들이 학점을 따기 쉬운 과목이나 자신들의 취업에 당장 필요한 현실적인 과목에만 치중하게 만든다는 점이다. 그 결과 취업에 직접적인 관련이 없는 인문과목이나 기초과학들은 크게 위축되어 인문학의 위기가 발생하게 되었다. 말하자면 소비자 중심 교육체제는 학생들의 편의주의와 기회주의를 확산시킬 위험성이 있는 것으로 판명되었다. 기독교대학의 경우 선택과목이 늘어나면서 어쩔 수 없이 기독교 관련 교양과목의 숫자나 시간수도 줄어들게 되었다. 게다가 필수과목으로 운영되던 기독교 과목들도 점차 선택과목으로 변경하라는 내부적 압력에 직면하게 되었다.

셋째, 대학원 중심 교육체제로의 전환이다. 대학의 양적 팽창에 따른 질적 저하의 문제와 교육의 전문성 확보를 위해 교육당국은 대학체제를 연구 중심 대학으로 바꾸려 하고 있다. 그 과정에서 교수들은 교육보다는 연구와 출판에 더 많은 관심을 기울이도록 강요받고 있다. 그 결과 학생들의 인격적, 도덕적, 신앙적 형성에 대한 교수들의 관심이 줄어들고 있다. 교수들은 학생들의 인격 지도보다는 자신의 학문적 연구업적에 더 많이 신경 써야 하기 때문이다. 이런 현상은 학생들의 전인형성에 목적을 두고 대학의 가르치는 기능을 강조해야 할 기독교대학의 교육정책에 커다란 도전이 되고 있다.

넷째, 대학의 변화를 유도하기 위해 정부는 각종 형태의 대학평가제도를 도입하고, 그것을 재정지원과 연계시키고 있다. 하지만 획일적 기준으로 시행되는 대학종합평가나 교육개혁평가는 기독교적 특수성을 추구해야 하는 기독교대학을 곤란에 빠뜨리고 있다. 대학평가에서 높은 점수를 받기 위해 대학당국은 어쩔 수 없이 교육당국이 제시한 획일적 기준에 맞출 수밖에 없기 때문이다.

우리나라 고등교육의 역사에서 대학과 국가의 관계

우리나라 고등교육 역사의 특징 가운데 하나는 대학의 자율성이 국가권력의 획일적인 통제로 말미암아 크게 침해되었다는 사실이다. 전통적으로 대학은 국가와 종교기관으로부터 자율적이어서 '나라 안의 작은 나라'로 표현되기까지 한다. 그런데 우리나라의 대학은 '나라 안의 작은 나라'가 아니라 '나라 안의 작은 식민지'에 해당한다.[11] 역사적으로 살펴볼 때, 우리나라의 대학은 일제시대에는 조선총독부에 의해, 해방 후에는 미군정에 의해, 그리고 군사독재 기간에는 군사정권에 의해 통제의 대상이 되었다. 1980년대 들어 전두환 정권 때에는 교육개혁심의회(1985)가, 노태우 정권 때에는 교육정책자문회의(1989)가, 김영삼 정권 때에는 교육개혁위원회(1994)가 대학교육을 주도함으로써 대학의 자율성이 크게 침해될 수밖에 없었다.

우리나라에서 기독교대학은 설립주체가 기독교인이나 교단이라는 점을 제외한다면 자율성이라는 측면에서 볼 때 국공립대학과 차이가 별로 없다. 이는 신입생 선발과 전형방법, 학사업무, 교과과정 운영, 학위수여에 관한 사항을 비롯한 대학 운영사항 대부분이 교육당국의 통제 아래에 있기 때문이다. 예를 들면, 1969년에 대학입학 예비고사제가 도입되면서 대학의 학생 선발권이 크게 제한되었다. 1973년 실시된 실험대학정책과 이듬해에 도입된 대학특성화정책은 정부가 대학에 대한 재정 보조를 미

---

11) 이길상, "고등교육," p. 305.

끼로 강제적으로 시행한 개혁정책으로서 대학의 자율성을 제한했다. 특히 1980년대 실험대학이나 1990년대 말부터 논의된 학부제는 기독교대학에서조차 기독교 관련 교양과목 숫자를 줄이도록 영향을 미쳤다. 이처럼 국가에 의한 교육정책의 잦은 변동과 과도한 대학 규제는 기독교대학으로 하여금 일관된 교육정책을 수립하는 데 있어서 장애 요인이 될 뿐만 아니라 기독교적 특성화를 위한 노력도 어렵게 만들고 있다.

일찍이 야스퍼스(K. Jaspers)는 국가가 대학을 다룰 때 마치 원예사가 귀중한 식물을 다루는 것과 마찬가지로 조심스러운 태도를 지녀야 한다고 강조했다.[12] 우리나라처럼 사립대학교가 전체 고등교육기관에서 차지하는 비율이 높은 현실에서 사립대학의 발전 없이는 고등교육의 선진화를 기대할 수 없다. 그런 이유에서라도 사립대학의 발전을 위해 국가는 대학에 대한 통제와 규제를 최소한으로 줄이고 대신에 자율성을 보장하면서도 행정 및 재정적으로 지원해야 할 필요가 있다. 물론 정부가 사립대학에 대해 지원만 하고 관리와 감독을 소홀히 한다면 자칫 사학재단의 전횡이나 비리, 그리고 대학의 사기업화 같은 부작용도 생겨날 수 있다. 기독교대학이 도덕적 탁월성을 상실하고, 교육의 공공적 기능을 무시하게 될 때 국가나 사회로부터 비난을 받고 자율성을 인정받기 어렵게 될 것이다. 그럼에도 불구하고 대학의 특성상 자율성을 최대한 존중해 주며, 대학 스스로가 자정 능력을 발휘하게 하는 것이 외부적 통제보다 더 효과적인 고등교육의 발전 방안이라는 것은 역사가 증명하는 사실이다.

---

12) K. Jaspers, *The Idea of the University*, p. 125.

2 초창기 우리나라 기독교대학의 특징

　기독교대학들이 우리나라의 고등교육과 사회문화, 그리고 교회성장에 끼친 영향은 아무리 강조해도 지나치지 않을 것이다. 특별히 초창기 기독교대학들은 학문만이 아니라 도덕의 탁월성을 통해 사회로부터 좋은 평판과 높은 위상을 지닐 수 있었다. 당시에 '기독교대학생이 된다'는 것은 곧 앞서가는 지식인, 문화적 선구자, 그리고 애국자가 된다는 것을 의미했다. 기독교대학은 중등학교를 졸업하는 학생들은 물론 모든 사회 구성원으로부터 선망의 대상이 되었다. 이와 같이 좋은 사회 이미지 덕분에 기독교대학은 자연스럽게 사회에 좋은 지도력을 행사할 수 있었다.
　하지만 최초의 기독교대학이 세워지고 100여 년의 세월이 흐른 지금, 명문으로 불리는 기독교대학의 숫자가 손가락으로 꼽을 정도이며, 도덕성이나 문화적 측면에서 일반대학과 차별성을 보이는 기독교대학은 거의 없어 보인다. 많은 수의 기독교대학이 수많은 대학들 가운데 그저 그런 하나의 대학으로 변해 가고 있다. 심지어 기독교대학에서 저질러지는 여러 가지 비리와 비윤리적 행위들로 인하여 사회로부터 비난의 대상이 되는 경우조차 있다.

기독교대학의 이러한 현실은 미래의 한국사회와 교회에 어두운 그림자를 드리운다. 왜냐하면 기독교대학은 미래 사회와 미래 교회를 이끌어갈 지도자를 양성하는 곳이기 때문이다. 오늘 대학에 재학 중인 학생들이 결국 내일의 우리 사회와 교회의 운명을 결정지을 것이기 때문이다. 이런 배경에서 우리는 초창기 우리나라 기독교대학의 자랑스러운 역사를 살핌으로써 우리 시대 기독교대학의 자기반성의 계기로 삼을 뿐만 아니라 미래를 위한 교훈으로 삼고자 한다.

대학의 정체성과 탁월성

기독교대학의 정체성은 무엇보다 대학의 '탁월성'을 통해 강화되고 발전한다. 비록 채플과 기독교 교양과목을 운영한다 하더라도 탁월성을 성취하지 못하면 기독교대학은 경쟁력을 상실하게 될 것이다. 아무리 좋은 기독교 교육이념을 가지고 있더라도 우수한 교수진과 탁월한 학생이 없으면, 그 좋은 이념은 공허한 구호로 전락하고 말 것이다. 그런 이유에서 대학교육의 탁월성이야말로 기독교대학이 추구해야 하는 중요한 생존전략이며, 교육목표라 하겠다. '기독교적'이라는 말은 결코 열등함을 의미하는 것이어서는 안 되기 때문이다. 오히려 예수님은 제자들에게 탁월함을 요청하지 않으셨던가? "……너희 의가 서기관과 바리새인보다 더 낫지 못하면 결코 천국에 들어가지 못하리라"(마 5 : 20).

물론 기독교대학이 이른바 명문대학의 반열에 오른다 하여 저절로 좋은 기독교대학이 되는 것은 아니다. 왜냐하면 기독교대학은 일반대학과 다른 교육이념을 가지고 있어서 탁월성의 판단기준도 다를 수밖에 없기 때문이다. 일반대학에서 탁월성을 판단하는 기준은 교수의 연구업적, 신입생의 학업성적, 그리고 졸업생 취업률과 같은 요소들이다. 그렇다면 기독교대학의 탁월성을 판단하는 기준은 무엇일까? 여기에는 학문적 성취도는 물론 대학인의 도덕성이나 문화적 차원까지 포함해야 할 것이다.

왜냐하면 기독교대학에서 양성하고자 하는 학생상은 공부만 잘하는 학생이 아니라 교회와 국가, 그리고 세계를 위해 헌신하고 희생할 수 있는 인격자이기 때문이다.

역사적으로 살펴보면 우리나라 초창기 기독교대학들은 학문과 도덕, 그리고 문화적 차원에서 다른 대학들과 구분되는 뚜렷한 탁월성을 지니고 있었다. 최초의 고등교육기관인 숭실대학에 대한 조선총독부 학무국의 한 보고서의 평가만(1920) 보더라도 이러한 사실을 확인할 수 있다. "종교 관계자들은 숭실을 조선 최고의 학부로 생각하고, 본교의 졸업자에 대해 무상의 영예를 얻은 자로서 이를 존경하는 풍조가 있다."[1] 기독교대학은 '최고'로 인식되었고, 사람들에게 존경과 흠모의 대상이 될 수 있었다. 이처럼 높은 사회적 위상과 평판이 기독교대학으로 하여금 자연스럽게 사회적 지도력을 갖게 하였다. 예수님께서 제자들에게 요청하신 말씀을 실천했던 것이다. "이같이 너희 빛이 사람 앞에 비치게 하여 그들로 너희 착한 행실을 보고 하늘에 계신 너희 아버지께 영광을 돌리게 하라"(마 5 : 16).

기독교 교육이념의 철저성

초창기 기독교대학이 일반대학과 다른 가장 큰 차이점은 다름 아니라 철저한 기독교적 교육이념이었다. 기독교대학은 예수 그리스도를 학문활동에 있어서 유일한 진리의 토대로 삼고 예수께서 보여 주신 섬김과 봉사의 정신을 교육의 원리로 삼았다. 기독교대학의 교육목적은 첫째, 교육선교를 통해 한국사회를 복음화하며 둘째, 기독교적 세계관을 지닌 인재를 양성하여 교회는 물론 사회와 국가에 봉사하게 하는 것이었다.

---

1) 유영렬, "최초의 근대대학 : 숭실대학," 대학사연구회 편, 「전환의 시대 대학은 무엇인가」(서울 : 한길사, 2000), p. 99 재인용.

이러한 교육목적을 달성하기 위해 모든 교직원은 반드시 기독교적 교육이념에 헌신된 기독교인이어야 했고, 심지어 학생들도 기독교인을 우선적으로 선발하는 데 관심을 두었다.

당시의 대학은 기독교 교육이념을 채플이나 기독교 과목 같은 제도만이 아니라 다양한 봉사 중심의 대학문화를 통해서도 구현하려고 노력했다. 기독교 교육이념에 대한 의지가 얼마나 확고했는지는 일제가 신사참배를 강요하여 기독교 교육이념의 유지가 불가능하다고 판단되자, 숭실대학이 1938년에 자진하여 폐교를 결정한 데서도 확인할 수 있다.[2]

하지만 오늘날 기독교대학들이 교육이념 면에서 얼마나 철저하게 기독교적인지는 상당히 의심스럽다. 물론 기독교대학들마다 홍보책자나 홈페이지에 기독교 교육이념을 표방하고 있지만, 그것을 강의실이나 연구실, 그리고 행정 현장에서 구현하는 데에는 모자람이 많아 보인다. 오히려 우리는 많은 기독교대학에서 교육이념의 탈기독교화 현상을 목격할 수 있다. 우리는 기독교대학의 대학명(名)의 변화에서 그 예를 찾을 수 있다.

연합기독교대학(Union Christian College)이 숭실대학으로, 조선기독교대학(Chosen Christian University)이 연세대학으로, 그리고 계명기독교대학이 계명대학으로 개명(改名)하면서, 각각 '기독교'라는 명칭을 삭제한 것을 알 수 있다. 교명만이 아니라 학과명의 변경에서도 탈기독교화가 진행되었다. 한 예로, 1947년 우리나라 최초로 이화여대에 생긴 기독교사회사업학과라는 이름은 1958년에 사회사업학과로 개명되면서 '기독교' 명칭이 사라지고 말았다.

---

2) 이밖에도 중등학교 가운데 미국남장로교선교회가 운영하는 사립학교인 광주의 숭일중학, 수피아여학교, 목포의 영흥중학과 정명여학교, 순천의 매산학교, 전주의 신흥학교와 기전여학교, 그리고 군산의 영명학교 등이 일제의 신사참배 강요에 맞서 자진 폐교했다. 김양선, 「한국기독교사연구」(서울 : 기독교문사, 1971), p. 184.

대학의 교육목표와 관련해서도 우리나라 기독교대학의 탈기독교화 현상을 살필 수 있다. 계명대학을 예로 보면, 초창기에는 '그리스도와 그의 나라를 위해'라고 기독교적 교육목표를 명확히 언급했지만, 1970년대 후반에 이르면 '진리, 정의, 그리고 사랑의 나라를 위해'라고 바꿈으로써 '기독교'나 '하나님의 나라'와 같이 특수하게 종교적인 개념들이 사라지고 말았다.[3]

우리는 기독교대학의 교과과정의 변화에서도 기독교 교육이념의 후퇴를 관찰할 수 있다. 모든 기독교대학에서 예외 없이 채플 시간 수는 줄어들었고, 기독교 관련 교과목의 학점 수는 축소되고, 과목의 운영방식도 필수에서 선택으로 변경되고 있다. 하지만 초창기 기독교대학의 역사를 보면 대부분의 대학에서 매일 채플시간이 있었음을 알 수 있다. 한 예로 1895년 배재대학에서는 매일 아침 9시에 예배를 드리고 정상수업에 임했다고 한다. 그 결과 배재대학에 들어와서 사흘이 지나면 비기독교 학생이라도 이런 분위기에 휩싸여 변화되지 않을 수 없었다고 전해진다.[4]

학문적 수월성

초창기 우리나라 기독교대학들은 신학문의 요람이었으며, 서구문명을 소개하고 전달하는 중요한 통로였다. 그래서 사회발전과 나라의 독립을 염원하는 우수한 젊은 인재들이 기독교대학의 문을 두드렸다. 일제는 조선을 식민지화하고, 나아가 조선을 일본에 동화시켜 조선민족을 말살하려고 했다. 제국의 충직한 신민(臣民)으로 만들기 위해 일제는 우리 국

---

3) Park, So-Young, "Keimyung University and Catholic University of Daegu : Development of Their Higher Christian Education," *Paper for the International Conference on Christian Higher Education in Asia*(Feb. 2006), p. 3.
4) 「배재백년사」(1885-1985)(서울 : 배재학당, 1989), pp. 49-50.

민에게 보통교육과 실업교육만을 실시하고 고등교육은 허락하지 않았다. 사립대학의 설립조건을 까다롭게 했으며, 이미 설립된 대학에서조차 연구 활동보다는 교육 활동에만 치중하게 했다. 이런 어려운 상황 속에서도 기독교대학들은 우수한 교수진을 통해 근대적 학문들과 서구문화를 소개함으로써 학문의 발전을 꾀할 수 있었다.

한 예로 우리나라 최초의 천문학 강의는 배재학당에서 이루어졌다. 1897~1898년 사이에 윤치호가 배재학당에서 과학이론과 천문학을 가르침으로써 학생들이 한반도라는 좁은 땅덩어리를 넘어 세계와 우주를 바라볼 수 있는 폭넓은 시야를 얻게 되었다.[5] 한글의 학문적 발전에 지대한 공헌을 한 주시경도 배재학생이었다. 그는 우리글의 우수성과 유용성 및 편리성에 대하여 연구했다. 1896년 국문동식회(國文同式會)를 조직하여 맞춤법을 연구하고, 사전을 편찬하고, 국어문법을 연구함으로써 국문학의 학문적 발전에 토대를 놓기도 했다.[6]

또다른 예로, 연희전문은 경성제대를 중심으로 일본인에 의해 수행되던 조선학 연구에 맞서 독자적인 조선학 연구를 수행함으로써 민족주의적 학문을 발전시켜 나갔다. 당대의 석학으로 알려진 정인보, 최현배, 손진태, 이인영, 백낙준 등이 이곳에서 강의를 담당했으며, 이후 우리나라 국학운동의 중심지가 되었다. 당시 연희전문의 학문적 탁월성은 졸업생의 절반 이상이 미국으로 유학을 가서 이후 한국 지성계에 공헌한 것을 보아도 알 수 있다. 연희전문 문과의 경우, 1940년 기준으로 총 졸업생 268명 가운데 69명이 해외대학으로 유학을 갔을 정도이다.[7]

기독교대학의 학문적 수월성은 비교적 뒤늦게 설립된 기독교대학에서도 예외가 아니었다. 1956년에 설립된 한남대학의 경우, 설립자 인돈

---

5) Ibid., p. 68.
6) Ibid., pp. 126-128.
7) 연세의 발전과 한국사회 편찬위원회, 「연세의 발전과 한국사회」(서울 : 연세대학교 출판부, 2005), pp. 45-51.

(W. A. Linton) 박사는 강의를 정시에 시작하여 정시에 마치고, 매 시간마다 과제를 부여하며, 교수와 학생은 결강하지 않는다는 엄격한 학사원칙을 강조했다. 학생들은 적당히 공부하고 학점을 따는 것을 기대할 수 없는 분위기였으며, 성적 평가는 소수점 이하까지 엄격하고 정확했다. 이런 철저한 학사원칙 덕분에 1962년 1월 정부가 주관하는 대학졸업학사고시에 전국 대학 가운데에서는 유일하게 전 학생이 100% 합격하는 영예를 안기도 했다.

도덕적 탁월성

초창기 우리나라 기독교대학들은 학문성에서만이 아니라 도덕성 면에서도 탁월성을 보여 일반사회로부터 좋은 평판을 얻을 수 있게 되었다. 지금부터 100년 전 영국의 유명한 수필가요, 여행가였던 이사벨라 비숍(I. B. Bishop) 여사는 1897년에 쓴 글에서 당시의 배재학당 학생의 도덕적 탁월성에 대해 다음과 같이 증언하고 있다. "분명히 조선에 있어서 가장 강력한 교육적, 도덕적, 지적 영향을 미쳐 왔고 또 현재까지도 미치고 있는 기관은 배재대학(유용한 사람들을 양성하는 학교)이다. …… 이 대학은 분명히 결정적인 인상을 (사회에) 주고 있으며, 자유주의 교육 이외에도 그 넓은 지성관과 조선의 구원을 확증하는 심화된 도덕관념을 가지고 있다."[8]

당시의 기독교대학들은 학생들의 도덕성 함양을 위해 엄격한 기율을 강조했으며, 캠퍼스 내에서 흡연은 물론 음주나 도박, 그리고 음란서적을 금지했다. 이러한 엄격한 도덕주의는 당시 선교사인 교수들의 청교도적 신앙배경에도 이유가 있었을 것이다. 1890년에 발표된 배재학당 학칙에는 이러한 도덕적 엄격성이 잘 나타나 있다.[9]

---

8) 「배재백년사」, p. 70 재인용.

"제8조 : 학생은 반드시 줏대가 있어야 하고, 모든 일에 예(禮)를 지키며, 국법을 범한 자는 법관에게 넘긴다. 제9조 : 학교의 건물이나 용기(用器)를 더럽히거나 파상(破傷)하면 손해를 배상한다. 제10조 : 학교의 책이나 기물(器物)이나 자기의 것이 아니면 일체 가지지 말고 맡은 이에게 돌리어 본 곳으로 돌아가게 하고, 하루나 이틀이 지나면 맡은 이는 그 값을 문토(問討)한다. 제11조 : 병(病) 핑계하고서 결석하지 말며, 술과 노름과 못된 말과 음란한 책을 읽음을 금한다."

기독 학생의 도덕적 탁월성은 낙후된 지역사회를 위한 봉사 활동에서도 잘 나타나 있다. 상당수의 기독 학생들은 자발적으로 도시빈민구제와 농촌봉사 활동, 그리고 야학 지도를 하면서 그들이 대학에서 배운 예수 그리스도의 섬김과 봉사의 정신을 실천하려 노력했다.

1920~1930년대 연세대학 학생회는 빈민구제 활동을 위해 필요한 자금마련을 목적으로 세브란스의학전문학과 학생회와 공동으로 자선음악대회를 개최하기도 했다. 1934년 여름에 남부지방의 수해민을 돕기 위해 봉사대를 파송했다는 기록도 있다.[10] 기독교대학생들의 이런 봉사 활동의 사례는 이루 다 셀 수 없을 정도이다.

이와 같은 사회봉사의 전통에 힘입어 우리나라 최초의 전문 사회사업 교육을 시작한 곳은 기독교대학인 이화여대였다. 이화여대에 우리나라 최초로 기독교사회사업학과(1947)가 설립되었다. 1950년대 말에는 우리나라에 모두 네 개의 사회사업학과가 설치되어 있었는데, 서울대학을 제외하면 나머지 세 개가 기독교대학에 개설되어 있었다는 점은 주목할 만하다.

현재에도 70여 개 대학교의 사회복지학과 중 절반 이상이 기독교대학에 개설되어 있는 사실을 보더라도 기독교대학의 봉사정신이 얼마나 강했는지 미루어 짐작할 수 있다.[11]

---

9) Ibid., pp. 51-52.
10) 연세의 발전과 한국사회 편찬위원회, 「연세의 발전과 한국사회」, pp. 278-281.

문화적 차별성

초창기 우리나라 기독교대학은 학문성이나 도덕성에서만이 아니라 대학문화 면에 있어서도 일반대학과는 뚜렷하게 구별되었다. 대만 신학자 송(C. S. Song)이 지적한 대로 원시적이고, 폐쇄적이며, 정태적인 아시아에 있어서 기독교대학의 등장은 '복음의 사자'(heralds)일 뿐만 아니라 '문화의 전달자'였다.[12] 기독교대학은 새로운 문화가 만들어지는 진원지였으며, 기독 학생들은 새로운 문화의 창조자였다. 예를 들면, 배재학당 학생들이 초기에는 일정한 제복이 없이 평소에 입던 도포에 큰 갓을 쓰고 다녔으나 1897년부터는 제복과 제모를 만들었는데, 이 모습은 당시 개화청년의 상징이 되었고, 서울 장안의 명물이 되었다고 한다.[13]

또다른 예로, 숭실대학의 문화적 탁월성에 대하여 당시의 잡지「조광」은 이렇게 서술하고 있다. "조선에서 최고학부이었든 숭실대학에서 공부하는 그 당시의 학도들은 참말 인격에 있어서나 학식에 있어 조선의 지도자 됨에 조금도 부끄러움이 없었고 조선 문화의 연원지가 되어 있었든 것이다. 따라서 사회적 또는 정치적 여러 가지 문제도 숭실대학을 중심으로 하여 시작되었든 것도 사실이오. 학술용어, 웅변술, '스포츠'를 비롯하여 심지어 의복의 '맵시'까지도 숭실대학에서 모범을 보여 왔든 것이다. 이리하여 중등학교를 졸업하는 학생들의 동경하는 엄연한 목표가 되어 왔고, 서양 사람들에게도 '유니온 크리스찬 칼레이지'라면 아는 사람이 퍽 많게 되었든 것이다."[14]

비록 주관적 판단이 작용한 평가라고 볼 수도 있지만 당시 일반사회

---

11) 박종삼, "신앙의 눈으로 본 사회사업학과 교육," 숭실대 신앙과학문연구회, 「신앙의 눈으로 본 학문 교육 봉사」(서울 : 숭실대학교 출판부, 1999), p. 58.
12) 이계준, "기독교대학의 정체성과 미래의 과제," 대학선교학회, 「대학과선교」2(2000), p. 10.
13) 「배재백년사」, pp. 67-68.
14) 유영렬, "최초의 근대 대학 : 숭실대학," p. 92 재인용.

가 기독교대학을 어떻게 보고 있었는지 알 수 있는 대목이다. 기독교대학 학생들은 새로운 문화의 창조자들이었고, 중등학생들이 닮고자 하는 모범이었다. 기독교대학이 세속문화의 희생자나 아류(亞流)가 아니라 세속문화를 변혁시킬 수 있는 힘을 지닌 문화 변혁자임을 보여 준 의미 있는 사례라 하겠다.

신앙적 탁월성

초기 우리나라 기독교대학이 한국교회의 발전과 성장에 끼친 긍정적 영향도 결코 간과되어서는 안 된다. 기독교대학은 교회성장에 필요한 수많은 목회자와 선교사, 그리고 평신도 지도자들을 양성함으로써 한국교회의 발전에 지대하게 공헌했다. 숭실대학의 경우, 1907년까지 총 33명의 졸업생 중에서 신학을 공부하고 목사가 된 사람이 다섯 명이나 되었고, 전도사가 한 명이었다. 그 외에도 졸업생 대부분이 장로나 집사로 교회의 중직을 맡아 한국교회의 발전을 위한 밑거름이 되었다.[15]

당시 기독교대학의 신앙적 탁월성은 지역교회와 지역사회를 위한 희생적 신앙 활동 및 봉사 활동에 잘 나타났다. 지역교회를 위한 신앙 활동과 관련하여, 배재학생의 경우 1890년에 노방전도대를 만들어 서울의 종로거리를 비롯한 골목에서 열성적으로 전도했다. 1922년에는 종교부와 음악부가 합동으로 지방순회전도대를 조직하여 지방을 순회하면서 여러 개의 교회를 개척하였고, 농촌교회들을 부흥시키는 데 공헌했다. 이들에 의해 서울에는 이태원교회(1922)와 홍제동교회(1922)가 각각 건립되었다. 방학이 되면 학생들은 농촌으로 내려가 농촌교회를 집중적으로 지원하였다.[16] 숭실대학의 경우에는 1900년에 학생전도대가 조직되어 전도

---

15)「숭실대학교 90년사」(서울 : 숭실대학교 출판부, 1987), p. 97.
16)「배재백년사」, pp. 246-248.

활동을 활발하게 했는데, 나중에는 제주도와 중국의 산동성에 선교사를 파송할 정도로 활성화되었다.[17] 연세대학에서는 세브란스를 졸업한 김윤식을 1919년 조선선교회 의료선교사로 중국 산동지역에 파송하여 소외된 사람들을 섬기게 했다.[18]

사회지도력

초기 우리나라 기독교대학 구성원의 사회정치 활동은 기독교대학의 사회적 영향력을 확대하는 데 크게 기여했다. 기독교대학은 설립초기부터 근대적 시민교육과 신학문의 보급을 통해 유교적 봉건사회 체제를 문제 삼고, 비판했다. 남녀차별이나 관존민비와 같은 봉건사회의 문제를 극복할 수 있도록 자유와 평등 같은 시민적이고 민주주의적인 가치관을 교육했다. 여성의 지위 향상에도 관심을 가졌는데, 우리나라 최초의 여성교육이 이화학당을 통해 이루어졌다. 당시만 해도 유교의 가부장적 이데올로기 아래에서 여성은 남성의 예속물에 지나지 않았다. 이화학당의 설립은 교육에 있어서 남녀평등의 실현은 물론 한국사회의 여성지도력 향상에도 결정적인 영향을 끼쳤다.

그리고 기독교대학은 과학과 기술, 농업과 상업 같은 실사구시(實事求是)의 학문 연구와 교육을 통해 우리나라의 과학기술과 산업발전에도 기여하였다. 숭실대학은 농촌사회의 발전을 위해 1931년 농과(農科)를 설치하였는데, 당시 동아일보는 "농과전문설립, 공헌이 많기를 기대"라는 제목의 사설에서 "평양숭실 전문학교가 농과를 신설하여 당국의 인가를 얻은 것은 시의에 적한 일로 앞으로 조선사회를 위하여 다대한 공헌이 있을 것을 믿는다."고 기대감을 표현하였다. 조선일보 역시 "숭실 농과전

---

17) 「숭실대학교 90년사」, p. 69.
18) 연세의 발전과 한국사회 편찬위원회, 「연세의 발전과 한국사회」, p. 282.

문의 설립 - 주목할 만한 종교교육"이란 제목 아래 숭실대학이 종교교육 기관으로서 조선의 문화와 산업향상에 크게 공헌했음을 인정하고, 계속적으로 기여해 줄 것을 기대한다고 밝히고 있다.[19] 이런 사회적 기대에 부응하여 숭실대학 농학과는 「농민생활」이란 잡지를 만들어 과학적 영농법을 보급시킴으로써 농촌의 소득향상에 기여했다.[20] 그 외에도 연희전문의 전신인 조선기독교대학이 설립 당시부터 상과(商科)를 설치한 것은 사회경제적으로 의미가 있는 사건이었다. 왜냐하면 당시의 한국사회는 유교적 전통에 따라 사농공상(士農工商)의 신분질서가 뚜렷해서 상인들이 멸시와 천대를 받고 있었기 때문이다.

한편 초창기 기독교대학은 수많은 애국지사와 독립운동가들을 배출하고, 기독 학생들은 각종 단체를 통해 독립운동에 참여함으로써 민족의 독립에도 커다란 기여를 했다. 우리나라 최초의 근대 민주적 민중정치운동이며, 자주적 독립운동이라 할 수 있는 독립협회가 서재필과 윤치호, 전덕기 같은 기독교 지도자들을 중심으로 배재학당과 이화학당의 학생들이 대거 참여함으로써 가능했다는 사실은 잘 알려져 있다. 105인 사건에 연루된 사람들 가운데에 변인서, 차이성, 선우혁, 김두화, 길진형, 윤원삼, 안세환 등은 숭실학생으로 알려져 있다. 3·1운동 당시에도 민족대표 33인 가운데 포함된 박희도와 김창준 역시 숭실학생이었다.

1929년 11월 광주학생운동이 있은 다음 해 숭실전문학생과 숭실중학생 600여 명의 만세시위가 있었는데, 그때 검거된 학생 173명 중 숭실전문학생이 67명이나 되었다고 한다.[21] 한편 3·1독립만세시위 때 구속된 김원벽, 김상덕, 하태홍, 김한영, 최평집, 이병주, 서광진, 최치완, 박태화, 윤기성, 윤대진, 강우석, 송기주 등은 연희전문학생이었다.[22] 이날

---

19) 「숭실대학교 90년사」, pp. 136-137.
20) Ibid., p. 69.
21) 유영렬, "최초의 근대 대학 : 숭실대학," pp. 93-100.
22) 연세의 발전과 한국사회 편찬위원회, 「연세의 발전과 한국사회」, p. 116.

Ⅱ. 우리나라 기독교대학의 역사 97

시위에 배재학생 18명도 체포되어 고문을 받았다고 한다.[23] 당시 일본 헌병대의 보고서를 보면, 기독 대학생의 사회의식과 민족의식이 얼마나 철저했는지를 충분히 미루어 짐작할 수 있다. "학생 및 기독교인들과 같은 외래사상에 접촉한 자들은 그들의 머릿속에 독립사상이 너무 깊이 박혀 있으므로 평생 동안 그것을 빼어 버릴 수 없으며, 장차 이들을 동화시켜 선량한 신민(臣民)으로 만드는 것을 기대하는 것은 아마 불가능할 것이다."[24]

당시 기독 학생의 사회참여는 다양한 학생단체를 통해 조직적으로 이루어졌다. 독립협회의 외곽단체로 중요한 역할을 했던 협성회는 우리나라 최초의 학생자치단체로서, 그 설립목적이 학생들의 애국심을 기르고, 전국학생들과의 친목을 도모하며, 학생신분으로서 학구열과 학문 활동에 정진하며, 전국 동포를 계몽하는 데 있었다.[25] 한편 기독 학생이 중심이 되었던 YMCA는 독립운동은 물론 야학이나 농촌운동을 통해 우리나라 계몽운동의 주축이었다.[26]

1920년 5월 9일, 연희전문 학생을 중심으로 약 1천여 명의 학생이 정동교회에서 조선학생대회를 개최했는데, 후에 이 단체는 전국에 약 2만여 명의 회원을 지닌 조직으로 발전하였고, 학생의 친목과 단결은 물론 조선물산장려나 지방열(地方熱) 타파 등을 통해서 사회발전에 적지 않은 공헌을 하였다.[27]

---

23) 「배재백년사」, p. 236.
24) 「배재백년사」, p. 237 재인용.
25) Ibid., pp. 84–85.
26) 배재학당의 기독학생회는 1901년 YMCA 국제위원회의 파송으로 한국에 와 있던 질레트(P. L. Gillet)에 의해 생겨났으며, 1916년에는 숭실대학과 연희전문대학에도 YMCA가 조직되었고, 1917년에는 배재대학에서 개편 조직되었고, 1920년대에 들어서면 여학생 단체인 YWCA도 전국적인 조직을 갖추게 된다. 김광률, "한국 학생 기독교 활동의 동향," 이계준 편, 「기독교대학과 학원 선교」, pp. 325–326.
27) 연세의 발전과 한국사회 편찬위원회, 「연세의 발전과 한국사회」, p. 119.

자랑스런 과거와 부끄러운 현실

위에서 우리는 초기 우리나라 기독교대학이 신앙적으로만이 아니라 학문적으로나 도덕적으로도 얼마나 탁월한 고등교육기관이었는지를 살펴보았다. 물론 주관적 판단이 작용한 자화자찬일 수도 있으며, 기독교대학에 비교될 만한 사립대학이나 국공립대학이 당시에 존재하지 않아서 그럴 수도 있다. 하지만 당시 기독교대학이 일반사회에 미친 영향력이나 해방 이후 한국사회와 지성계, 그리고 교회에 미친 지도력을 염두에 둘 때, 이 같은 평가가 지나친 과장은 아닐 것으로 판단된다. 우리가 지나간 기독교대학의 역사를 뒤돌아보는 이유는 자기만족적 나르시시즘에 빠지기 위함이 아니다. 자랑스러운 과거를 통해 부끄러운 현재를 반성하고 미래를 기약하고자 함이다.

오늘날 기독교대학의 현실이 어떠한가? 기독교적 정체성을 대학의 홍보자료에서만이 아니라 교수의 연구실과 강의실, 직원들의 행정 사무실에서 확인할 수 있는 대학이 얼마나 될까? 학문적으로 명문대학으로 분류될 수 있는 기독교대학 숫자는 얼마나 될까? 기독 교수들 가운데 전공분야에서 지도적인 학자는 얼마나 될까? 기독교대학의 학문적 탁월성이 신앙과 학문의 통합 능력과 관계된다고 할 때, 이 분야에서 학문적 성과는 얼마나 될까?

한편 기독교대학은 도덕적인 면에서 일반대학과 뚜렷하게 구분될 수 있는가? 일반 사립대학에서 문제가 되는 교수임용의 비리나 입시부정, 재단의 전횡 같은 문제로부터 얼마나 자유로운가? 학생들은 무감독 시험을 치러도 될 만큼 정직한가?

기독교대학은 문화면에서 일반대학과 차별성을 보이는가? 기독교대학 캠퍼스에 들어설 때 일반대학에서는 전혀 느낄 수 없는 따뜻한 분위기를 느낄 수 있는가? 교수와 학생관계나 학생 사이의 관계가 일반대학의 그것과 얼마나 다른가? 기독교대학 직원들은 학생들에게 얼마나 친절한가? 기독교대학의 축제나 학생들의 음주문화, 여가문화에서 일반대학과 차별성을 발견할 수 있는가?

유감스럽게도 이런 질문들에 대해 자신 있게 대답할 수 있는 기독교대학이 얼마 되지 않는다는 것이 우리의 솔직한 현실이다. 최근 언론매체에 보도되는 기독교대학의 비리들은 충격적이다. 한 자료에 따르면, 지난 2006년 온갖 비리문제로 인해 교육인적자원부에 의해 정원이 감축되고 예산이 삭감된 19개 대학 중 12개가 종교 관련 사학이라고 한다. 더 놀라운 사실은 이 12개 사학 중 11개가 개신교 사학이라는 점이다.[28]

기독교대학의 이런 어두운 현실은 기독교대학 구성원 모두의 철저한 자기반성과 회개를 요청한다. 소금이 맛을 잃고 제 역할을 못하면 버려지듯이, 오늘날 기독교대학들이 탁월성을 상실함으로써 세상 사람들의 조롱거리가 될 뿐만 아니라 하나님의 영광까지 가리고 있기 때문이다. "너희는 세상의 소금이니 소금이 만일 그 맛을 잃으면 무엇으로 짜게 하리요 후에는 아무 쓸데없어 다만 밖에 버려져 사람에게 밟힐 뿐이니라" (마 5:13).

---

28) "종교사학의 비리, 개신교가 많았다." 「뉴스앤조이」, 2007. 3. 8.

III
기독교대학의 정체성

1. 기독교대학이란 무엇인가?
2. 기독교 교육이념과 교양교육
3. 대학 구성원의 소명과 헌신
4. 기독 교수의 정체성과 사명
5. 기독교적 대학문화
6. 대학과 교회, 그리고 대학선교

1 기독교대학이란 무엇인가?

최근 들어 우리 사회에는 대학에 대한 비판의 목소리가 거세다. 일반 시민으로부터 시작해서 기업가와 정부 관료에 이르기까지 대학을 비판하는 사람들도 다양하다. 그들 가운데에는 대학 무용론(無用論)이나 심지어 대학 폐지론까지 내세우는 사람도 있다.[1] 대학에 대한 비판의 내용을 살펴보면 다음과 같다.

첫째, 국민 개인이나 사회 전체가 대학에 쏟아 넣는 에너지에 비해 생산해 내는 긍정적 결과물이 너무 적다. 둘째, 서열화된 대학의 구조가 사회계층 구조를 더욱 고착화시킨다. 셋째, 대학인들은 특혜만 누리고 사회적 책무는 담당하지 않는 전형적인 노블리스 오브리제의 실종이다. 넷째, 대학은 사회의 어떤 조직보다 변화에 느리며, 변화에 저항적이다. 이런 이유들로 인하여 이제 사회가 대학에 기대하는 것이 별로 없을 뿐만 아니라 오히려 대학을 사회발전의 장애물로 간주하고 있다.

그런데 기독교대학은 이런 비판으로부터 자유로울 수 있을까? 기독

---

1) 김동훈, 「대학이 망해야 나라가 산다」(서울 : 바다출판사, 1999) ; 강준만, 「지식인과 대학」(서울 : 개마고원, 2002).

교대학은 거기에 해당되지 않는다고 자신 있게 말할 수 있는가? 대학에 대한 이런 비판적인 사회 분위기에서도 기독교대학의 존재 이유가 있다면 무엇일까? 어떻게 하면 기독교대학이 잃어버린 사회지도력을 되찾고, 비난의 한가운데 있는 우리나라 고등교육에 대한 새로운 대안이 될 수 있을까? 이러한 물음은 기독교대학의 정체성에 대해 되묻게 만든다.

기독교대학의 정체성과 관련한 논의에 앞서 우리가 인정해야 할 사실은 우리가 당연시하고 있는 '기독교적'이란 말 자체가 이미 논쟁적 개념이라는 데 있다. 사람들마다 기독교대학이라는 말을 사용하지만, 그 말을 사용하는 사람마다 각기 다른 견해와 입장을 가지고 있다는 뜻이다.

대학의 기독교적 특성이 무엇인지에 대해 교회마다, 교단마다, 그리고 신학적 전통에 따라 각기 다르게 해석한다. 어떤 이는 대학에서 채플을 강요하고 많은 개종자를 얻는 것을 기독교적이라 해석하는가 하면, 어떤 이는 도덕이나 교양을 기독교적이라고 해석하기도 한다. 이런 상황에서 우리의 우선적 과제는 대학의 기독교적 특성이 무엇인지를 살피는 데 있다. 무엇이 대학을 기독교적으로 만들며, 무엇이 기독교대학을 일반대학으로부터 구별하는가?

기독교대학의 정체성

일반적으로 사람들은 어떤 대학을 '기독교대학'이라 할 때 외적인 면을 떠올린다. 설립자가 기독교인이거나 교회 혹은 교단이고, 대학정관에 기독교 창학이념을 분명하게 표방하고, 그러한 목표에 도달하기 위해 교목실을 두어 채플이나 기독교 교과목을 가르치는 대학으로 생각한다. 그 외에도 재단이사의 상당수가 기독교인으로 구성되고, 재단 설립에 필요한 교육용·수익용 재산이 기독교 단체나 개인의 소유로 되어 있는 경우, 그리고 대학 구성원의 종교적 유사성이 강조되는 경우에 기독교대학이라고 정의하고는 한다.[2]

그러나 이런 형식과 제도적 요소들이 기독교대학의 정체성을 이루는 충분조건이라고 할 수는 없다. 미국 기독교대학의 세속화 과정에 대해 상세한 연구를 했던 제임스 버챌(J. T. Burtchaell)은 이런 제도적 요소들이 오히려 기독교대학의 진상을 가릴 수 있음을 지적했다.[3] 즉, 대학당국이 내세우는 창학이념 구현이라는 구호, 비전 선언문, 사명 선언문, 혹은 대학에서 만들어 내는 각종 홍보용 팸플릿의 선전문구와 같은 외적인 요소들이 대학에서 진행되는 세속화의 현실을 호도하는 경우가 많다는 것이다.

기독교대학의 정체성을 제대로 확인하기 위해서는 대학의 형식과 제도만이 아니라 실제적 내용까지 살펴야 한다. 기독학술교육동역회에서는 기독교대학을 이렇게 정의한다.

"모든 진리는 하나님의 진리이고, 학문의 제 분야는 하나님의 피조세계의 다양한 측면에 대한 연구임을 인식하여 모든 학문을 기독교적 세계관 위에서 가르치고 연구하는 대학."[4]

기독교대학을 형식과 제도 측면에서 정의한 것보다 훨씬 진일보한 정의임이 틀림없다. 그러나 기독교대학의 정체성을 단지 학문에만 국한시켜서는 안 될 것이다. 왜냐하면 학문성만이 대학의 목표일 수 없으며, 게다가 학문의 연구와 교육이 연구실이나 강의실에서만 이루어지는 것도 아니기 때문이다. 달리 말해 학문 활동만이 아니라 대학 구성원의 일상 생활 가운데에 기독교적 정신이 스며 있지 않다면, 그래서 대학교육을 통해 실제로 교회와 사회에 봉사하는 기독교 인재들이 배출되지 않는다면 그런 대학을 진정한 의미의 기독교대학이라 할 수는 없다. 찰스 말릭

---

2) 강희천, "21세기 기독교대학의 교육," 이계준 편, 「기독교대학과 학원선교」(서울 : 전망사, 1997), p. 375.
3) J. T. Burtchaell, *The Dying of the Light : The Disengament of Colleges and Universities from their Christian Churches*(Grand Rapids : Eerdmans, 1998), pp. 849-850.
4) www.view.edu., "기독교대학이란?"

(C. Malik)은 좋은 기독교대학이란 노벨상 수상자 숫자만큼 성자(saints)를 배출하고, 학문세계에서 세계적으로 뛰어난 업적을 내면서 동시에 대학의 기숙사, 강의실, 도서관, 실험실에서 예수 그리스도가 발견되는 대학이라고 했다.[5]

이런 배경에서 우리는 대학의 기독교적 정체성을 구성하는 요소로 다음 네 가지를 제시하고자 한다. 첫째, 기독교적 교육이념이 분명하고 그것을 구체화시키려는 교과과정이 있는가? 둘째, 기독교적 교육이념에 헌신적인 대학 구성원들이 얼마나 있는가? 셋째, 그런 대학 구성원들에 의해 기독교적 대학문화와 대학 분위기가 형성되고 있는가? 마지막으로 대학의 정신적 뿌리라고 할 수 있는 교회와 얼마나 밀접한 관계를 맺고 있는가?

기독교적 교육이념

기독교대학을 일반대학으로부터 구별 짓는 가장 핵심적인 요소는 다름 아니라 기독교적 교육이념이다. 대학의 교육이념이란 대학의 교육철학으로서 대학의 존재 이유와 교육목적, 그리고 미래적 비전을 포함한다. 교육이념이 분명하지 못할 때 대학은 방향을 잃고, 정체성을 상실하고 만다. 말할 것도 없이 기독교대학의 교육이념은 예수 그리스도의 정신에 기초한 전인교육이라 하겠다. 학생들로 하여금 기독교적 세계관 위에 전문 지식과 기술을 습득하게 하여 교회와 사회, 국가와 세계에 봉사하는 지도자를 양성하는 데 그 목표가 있다.

그런데 교육이념은 교과과정(커리큘럼)을 통해 구체화되어야만 한다. 왜냐하면 대학이 아무리 기독교 교육이념을 강조한다고 하더라도 그것을

---

5) C. Malik, "The Two Tasks," W. L. Craig & P. M. Gould, *The Two Tasks of the Christian Scholar*(Wheaton : Crossway Books, 2007), p. 60.

교과과정을 통해 구현하려는 의지를 가지고 있지 않는 한 거창한 교육이념은 결국 겉만 그럴듯한 선전 구호나 공허한 선언으로 전락하게 될 것이기 때문이다.

교과과정이란 교육이념을 구체적으로 실현하기 위해 계획되어진 일체의 교육 활동을 가리킨다. 여기에는 교육의 장(場), 교육방법, 교육평가와 같은 요소들이 포함된다. 오늘의 현실에서 기독교대학의 교과과정 가운데 기독교적 교육이념과 직접적으로 관련된 요소를 꼽으라면 크게 두 가지를 들 수 있다. 하나는 대학 채플이고, 다른 하나는 기독교 교양과목들이다.

현재 대부분의 기독교대학에서 대학 채플은 교양필수과목의 하나로서 많게는 8학기, 적게는 4학기까지 이수할 것을 요청하고 있다. 대부분의 기독교대학에서 대학 채플은 강제적으로 시행되고, 출석과 결석 현황만 파악할 뿐 성적 평가는 하지 않는다. 그럼에도 불구하고 오늘날 대학 채플은 비기독교인 학생들로부터만 아니라 기독교인 학생들로부터도 비판의 대상이 되고 있다. 전자는 채플이 너무 종교적이라는 이유에서 비판적인 반면에, 후자는 채플이 너무 비종교적이라는 이유에서 비판적이다. 문제는 채플에 대한 학생들의 불만이 자꾸 쌓여 갈수록 채플을 가장 핵심적인 기독교적 요소로 간주하는 기독교대학의 정체성도 뿌리째 흔들릴 수밖에 없게 될 것이라는 점이다.

한편 기독교대학들은 다양한 기독교 교양과목들을 통해서 기독교 정신을 교육하려 시도하고 있다. 하지만 여러 가지 이유에서 기독교 교양과목들 역시 학생들의 관심에서 벗어나고 있다. 우선 대부분의 교양강좌들처럼 기독교과목들도 수백 명이 수강하는 대단위 강의로 진행되고 있어 교육효과가 매우 낮다. 그리고 기독교 교양과목을 전임교수가 아닌 시간강사들이 맡게 됨으로써 책임감 문제가 생기기도 한다. 그 외에도 강의가 경우에 따라서는 학문적 객관성을 상실하고 기독교 교리를 주입하거나 개종의 방편으로 활용되는 경우가 있어서 학생들의 반발을 불러오기도 한다.

 기독교대학을 일반대학으로부터 구분 짓는 가장 두드러진 특징이 기독교적 교육이념에 있다는 사실은 논쟁의 여지가 없다. 하지만 쟁점이 되는 문제는 어떻게 기독교 교육이념을 실현할 수 있는지에 있다. 현재로서는 교과과정으로 제도화되어 있는 채플이나 기독교 교과목 운영에서 내실을 기함으로써 교육적 효과를 높이고, 피교육자의 만족도를 높이는 것이 중요해 보인다. 기독교 교과목에 대한 동기부여가 안 된 상황에서 내실마저 없을 때 학생들로부터 완전히 외면당하고 말 것이다.

 한편 최근 들어 대학마다 사회봉사를 중요시하고, 일정시간 봉사 활동을 필수화함으로써 교육이념의 기독교적 정체성을 찾으려 노력하고 있다. 봉사 활동이 전인교육을 지향하는 기독교 교육이념에 잘 부합하는 것이기에 이를 적극적으로 수용하고 발전시킬 필요가 있다. 다만 남은 과제는 어떻게 봉사 활동이 또 하나의 제도나 프로그램으로 전락하지 않고 순수한 섬김의 정신을 유지하게 만들 수 있는지에 있어 보인다.

대학 구성원의 소명과 헌신

 기독교대학을 일반대학으로부터 구별 짓는 두 번째 중요 요소는 대학의 인적(人的) 요소이다. 모든 조직의 문제는 제도의 문제이기에 앞서 사람의 문제이다. 대학이란 조직도 예외일 수 없다. 대학당국이 아무리 좋은 교육이념을 표방한다고 하더라도 만일 그것에 동조하는 학생이나 그러한 교육이념에 헌신하는 교수와 행정직원이 없다면 거창한 교육이념은 공허한 구호에 머물고 말 것이다. 기독교대학의 정체성이 대학 구성원의 소명과 헌신을 통해 만들어진다는 의미에서 대학 구성원이 곧 대학의 정체성이라고 말할 수 있다.

 기독교대학의 정체성을 만들어 가는 데 있어 우선적으로 학생의 역할이 중요하다. 기독교대학에 대해 많은 연구를 수행했던 아더 홈즈(A.

Holmes)는 기독교대학이 목표로 하는 건강한 대학생의 조건으로서 지적 덕목들(폭넓은 지식, 역사의식, 대화 능력 등), 도덕적 덕목들(사랑과 정의감), 책임적 행동들(양심, 인내, 참여 등), 자각적 특질(겸손과 배우려는 자세) 외에도 영적 덕목들(소명과 헌신)을 강조했다.[6]

하지만 이런 이상적인 학생상은 피교육자인 학생 자신들의 적극적인 참여가 없이는 실현 불가능한 목표이다. 실제로 미국의 대학들 가운데에서 학문적 탁월성과 기독교 정체성을 비교적 잘 유지하고 있는 것으로 알려진 칼빈(Calvin) 대학의 경우가 그러하다. 칼빈 대학은 1876년 미국 중서부 미시간 주의 그랜드 래피즈에 세워진 기독교대학이다. 이 대학에는 칼빈신학의 전통을 이어받은 개혁교회(Christian Reformed Church) 출신 학생들이 다수였기 때문에 대학에서 기독교적 분위기를 잘 유지할 수 있었다고 한다. 칼빈 대학 학생들은 오랫동안 네덜란드계 조상을 둔 장로교인들이 대부분이었으며, 지금도 비록 학생들의 인종과 종교가 다양해지고 있다고는 하지만 여전히 재학생의 50퍼센트 정도가 네덜란드계 장로교인 출신들로 알려지고 있다.[7]

이런 배경에서 볼 때, 대학이 기독교 정체성을 잘 유지하고 발전시키기 위해서는 무엇보다 먼저 학습목표가 분명하고 기독교적 교육이념에 동조하는 좋은 학생들을 모집하는 일이 중요한 과제가 된다. 유감스럽게도 우리나라 기독교대학의 역사를 뒤돌아보면, 그것과 무관한 길을 걸어 왔음을 알 수 있다.

대학설립 초기에는 기독교인 학생들에게만 대학의 문을 열어 주었지만, 후에는 여러 가지 이유로 입학생의 신앙 조건을 약화시키거나 아예 폐지해 버렸다. 인구학적으로 볼 때, 앞으로 고등학교 졸업생 숫자가 줄

---

6) A. Holmes, 박진경 역, 「기독교대학의 이념」(서울 : 기독교대학설립동역회출판부, 1992), pp. 112-114.
7) 조용훈, "칼빈대학 : 개혁교회와 고등교육," 한남대기독교문화연구소, 「미국 기독교대학의 교훈과 도전」(대전 : 한남대학교 출판부, 2005), p. 122.

어들게 되면 대학의 신입생 선별권은 전혀 기대하기 어려울 것이다. 정원 채우기에 급급하여 아무 학생이나 입학시켜야 하는 상황에서 기독교대학의 정체성 유지가 과연 가능할지 의심스러워진다. 왜냐하면 무종교인이나 타 종교인 학생들이 늘어 가면 어쩔 수 없이 대학의 교육방향이나 강의내용은 물론 대학문화 전체가 탈종교화의 압력을 받을 수밖에 없을 것이기 때문이다. 따라서 대학이 어떻게 신앙적으로나 학문적으로 탁월한 학생을 유치할 것인가 하는 것이 기독교대학의 중요 과제가 될 것이다.

다음으로 기독교대학의 정체성을 형성하는 데 있어서 또다른 인적 요소는 대학 교수이다. 교수는 학생들에게 직접적으로 학문적, 도덕적, 신앙적 영향력을 주는 존재들이기 때문이다. 교수의 학문 능력이 대학의 질을 결정하고, 교수의 도덕성이나 신앙심이 대학의 문화를 결정한다고 해도 지나친 표현이 아닐 것이다. 그런 이유에서 학문과 교육에 탁월하고, 신앙적으로 헌신된 교수자원을 확보하는 일은 아주 중요한 기독교대학의 과제라 하겠다.

유감스럽게도 오늘날 교수사회는 여러 가지 이유에서 흔들리고 있다. 개인주의가 확산되면서 개인의 이력과 경력을 대학공동체보다 더 중요하게 생각하여 대학을 옮겨 다니는 일이 자연스러워지고 있다. 전공이 세분화되면서 자기 전공에만 갇혀 있는 외골수가 늘어나고, 대학이 거대화되면서 교수와 학생들과의 거리는 더욱 멀어지고 있다. 대학에서는 초·중·고등학교 교사와는 달리 일정한 자격 교육이 없이 오직 박사학위와 연구업적만으로 교수를 임용하기 때문에 교수들 가운데에는 도덕적 측면에서 문제가 생기는 경우도 있다. 신앙 깊은 교수들조차도 대학 현실과 부딪치면서 처음에 가졌던 소명감이 약화되고, 기독교 교육이념의 구현이나 기독교대학 문화형성에 무관심해지고, 마침내는 기독교 정체성에 대해 회의적으로 변해 간다.

이러한 현실을 인식하여 기독교대학 당국과 이사회는 보다 신중하게 교수를 선발하고, 임용해야 한다. 교수의 일차적 의무는 진리탐구와 가르침에 있기 때문에 탁월한 연구 능력과 양질의 강의 능력을 갖춘 교수를 임용해야 하는 것은 두말할 필요가 없다. 그러나 기독교대학의 정체성을 유지하고 발전시키기 위해서 신앙적인 요소와 인격적인 요소들도 중요하게 다루어져야 한다. 교회출석확인서나 세례교인증명서와 같은 형식적 서류만으로는 충분하지 않아 보인다.

인사담당자들은 대학의 창학이념과 교육이념을 명확히 제시한 후 임용 희망자가 그것에 동의하는지, 기독교대학의 정체성 유지를 위해 어떻게 헌신하겠는지 확인하는 과정이 필요하다. 그리고 기독교대학의 교수로서 자신의 전공분야에서 신앙과 학문을 통합할 능력과 의지가 있는지도 고려해야 한다. 그 외에도 전문가들이 빠지게 되는 독선이나 교만의 함정에 빠지지 않고, 동료 교수들과 원만한 인격관계를 유지하며, 학생들의 인격형성을 지도하기에 충분한 성품인지도 확인할 수 있어야 한다.

대학의 인적 요소 가운데 마지막 요소는 대학행정을 담당하는 사람들이다. 대학행정이란 대학이 의도하는 교육목적을 달성하기 위해 필요한 인적, 물적 자원을 조달하고, 관리하는 과정 전체를 말한다. 대학의 사명인 연구와 교육 활동이 효과적으로 이루어지기 위해서는 원활한 행정과 좋은 학습환경을 만드는 직원의 역할이 중요하다. 게다가 직원들은 교수나 학생들과는 달리 한 번 임용되면 퇴직할 때까지 대학에 머물기 때문에 지속성을 지니며, 재직하는 동안 몇 가지의 특수한 분야에서 일하기 때문에 업무의 전문성도 지니기 마련이다. 오늘날처럼 대학환경이 급변하는 상황에서는 대학의 질이 학생이나 교수만이 아니라 행정직원의 역량에도 상당 부분 달려 있다고 볼 수 있다.

그럼에도 불구하고 오늘날 대학의 행정직원들 가운데에는 전문성 결여, 창의력 부족, 부서 간 비협조, 그리고 관료주의적 태도와 같은 문제점들이 나타나고 있다. 대학행정이 지나치게 사무적이 되어 교수나 학생들에게 관료주의적 태도를 나타낼 때, 기독교 정신은 사라지고 행정만 남게 된다.

    이러한 문제들을 극복하기 위해서는 업무의 전문성만이 아니라 신앙적 인격을 지닌 직원을 확보하는 것이 중요하다. 그와 동시에 재직하고 있는 직원들의 업무 능력 향상을 위한 제도 마련과 동기부여를 위한 각종 지원책도 필요하다. 그러나 무엇보다 중요한 것은 대학행정이 교육환경의 일부분으로서 전문성이나 효율성만으로 측정될 수 없기 때문에 행정직원들로 하여금 철저한 서비스 정신을 갖게 하는 소명의식의 강화가 요청된다.

기독교적 대학문화

    기독교대학을 일반대학으로부터 구별 짓는 세 번째 요소는 기독교대학 문화, 즉 기독교적 대학 분위기와 기풍(ethos)이다. 아무리 교회를 열심히 다니는 사람이라도 그의 가정생활과 사회생활이 기독교적이지 않을 때 좋은 기독교인이라고 부를 수 없듯이, 대학이 아무리 기독교 정신을 표방하고, 제도적으로 채플과 기독교 교과목을 운영한다 하더라도 대학 구성원의 일상생활에서 기독교 정신을 발견할 수 없다면 좋은 기독교대학이라 하기 어렵다.

    어떤 기독교대학을 방문해 보면 분위기가 전혀 다르다는 것을 느끼게 된다. 교수들은 정직하고, 직원들은 친절하며, 학생들은 겸손하고 예의 바르다. 시험시간에 무감독 시험이 가능할 정도로 학문적 정직성이 몸에 배어 있다. 반면에 어떤 기독교대학은 이와 정반대의 분위기를 느낄 수 있다. 교수들은 거만하며, 직원들은 불친절하고, 학생들은 무례하다. 이처럼 대학문화란 대학 구성원의 학문의 정직성, 애교심, 협동심, 예절, 친절, 대학 구성원 사이의 인간관계, 봉사정신과 같은 다양한 요소들을 통해 표현되는 것으로서 대학의 정체성형성에 아주 중요한 요소이다.

대학교육에서 기독교문화, 즉 기독교적 분위기나 기풍을 강조해야 하는 이유는 교육이 강의실에서만 이루어지는 것이 아니라 교육자와 피교육자, 그리고 교육환경이란 세 요소가 상호 연결되어 이루어지는 것이기 때문이다. 이런 사실을 잘 알고 있었던 한남대학의 설립자이며, 초대 대학장이었던 윌리암 린턴(W. A. Linton)은 수업을 정시에 시작하고 끝내며, 교수와 학생이 결강하지 않는 엄격한 면학 분위기뿐만 아니라 대학생활에서 '기독교적 분위기를 유지하는 것'의 중요성을 강조했다.[8] 기독교대학이 지향하는 인격교육은 지식교육과는 달라서 공식적인 교과과정 이외의 활동들을 통해 더 많은 영향을 받기 마련이다. 그런 이유에서 좋은 기독교대학이 되려면 기독교적 대학 분위기를 만들기 위해 노력해야 한다.

대학생활에서 기독교 분위기를 유지하고, 기독교 문화를 발전시키기 위해 대학당국은 대학문화의 꽃이라고 할 수 있는 대학축제나 학생들의 동아리 활동과 같은 과외 활동은 물론 학교건축과 조경, 혹은 상징물 하나하나에도 세심한 관심을 기울여야 한다. 이는 캠퍼스 건축과 조경, 상징물을 통해서도 자연스럽게 기독교적인 분위기를 전달하고, 교육할 수 있기 때문이다.

기독교대학과 교회의 관계

기독교대학을 일반대학과 구분시켜 주는 마지막 요소는 교회와의 관련성이다. 기독교대학은 교회적 배경에 의해 설립되었으며, 대학 구성원들 가운데 교수와 직원은 신앙생활을 하는 것을 전제로 하고 있다. 그럼에도 불구하고 오늘날 여러 가지 원인에 의해서 기독교대학과 교회 사이

---

8) 오승재 외, 「인돈평전 : 윌리엄 린턴의 삶과 선교사역」(서울 : 지식사업사, 2003), p. 228.

가 점점 멀어지고 있다. 대학은 교회를 후원자로 보기보다는 성가신 간섭자나 없어져야 할 감시자로 보는 경향이 있는가 하면, 교회는 대학을 세속화된 기관으로 보며, 신앙심을 위협하는 위험스러운 곳으로 경계한다. 상황이 이렇게 된 데에 대한 책임은 대학과 교회 양자 모두에게서 찾을 수 있다.

기독교대학의 정체성을 유지하기 위해서는 대학과 교회의 관계가 회복되어야 한다. 대학과 교회의 관계 개선은 대학만이 아니라 교회에게도 유익한 일이다. 대학은 교회와의 관계 개선을 통해 자신의 정신적 뿌리를 찾음으로써 철학과 방향성이 있는 교육을 할 수 있게 되며, 교회는 기독 지성을 통해 신앙의 맹목성을 극복하고, 사회지도력을 회복할 수 있을 것이다. 교회와 대학의 관계가 회복되지 않을 때 대학은 자신의 정신적 뿌리를 상실하게 되고, 교회는 대학을 완전히 세속문화에 내맡기게 된다.[9]

대학과 교회의 관계 개선을 위해 우선 대학과 교회는 서로의 사명과 역할이 다른 하나님의 도구라는 사실을 서로 인정해야 한다. 대학이 학문연구를 통해 진리 되신 그리스도를 드러낸다면, 교회는 설교와 성만찬을 통해 하나님의 임재와 통치를 드러낸다. 기독교대학의 교육은 교리의 노예가 되어서도 안 되지만, 그렇다고 하여 기독교적 원리를 벗어나거나 그것에 어긋나서도 안 된다. 대학교육이 종교적 도그마에 사로잡힐 때 교육이 희생되는 반면에 대학교육이 기독교적 원리에서 벗어나게 될 때 주소 없는 교육으로 전락하기 때문이다.[10]

둘째, 대학과 교회는 각자 가지고 있는 자원들을 활용하여 서로를 돕고 섬길 수 있어야 한다. 교회는 대학에 대한 재정지원이나 학생을 보내줌으로써 대학에 대한 신뢰를 보여 줄 수 있다. 대학이 재정적으로 취약

---

9) 이계준, "서론 : 기독교대학과 학원 선교," 이계준 편, 「기독교대학과 학원선교」 (서울 : 전망사, 1997), p. 16.
10) Ibid., p. 14.

해지면 국가나 일반 기업체에 의존하게 되고, 그렇게 되면 대학에 대한 교회의 영향력은 그만큼 줄어들 수밖에 없게 된다. 한편 대학은 교회의 목회자나 평신도 지도자들의 지도력을 향상시키는 일에 도움을 줄 수 있다. 사회가 고령화되면서 이른바 평생교육이 중요한 사회적 과제로 부각되고 있다. 이런 사회현실에 맞게 대학은 지역사회와 지역교회의 교육적, 문화적 욕구를 충족시킬 수 있도록 힘써야 한다.

셋째, 대학과 교회는 학생선교라는 공동의 목적을 위해서 상호 협력이 필요하다. 젊은이가 사라지는 교회는 미래를 보장할 수 없다. 반면에 대학에는 수많은 젊은이들이 모여 있어 황금어장을 이룬다. 학생선교야말로 대학을 영적으로 변화시키는 길일 뿐만 아니라 교회를 성장시키는 원동력이다. 학생선교에 행정적 책임을 맡고 있는 교목실은 교내적으로 학원복음화를 위해서만이 아니라 교외적으로는 대학과 교회를 연결시키는 고리 역할을 할 필요가 있다. 교목들이 주일날 대학교회를 중심으로 목회활동을 하든지 지역교회에서 목회활동을 하든지, 그 관심은 대학과 교회의 관계를 증진하는 데 모아져야 할 것이다.

마지막으로 이사회는 대학의 창학이념의 수호자인 동시에 대학의 교육방향과 관련한 정책을 결정하는 법적 기관으로서 중요하다. 이사회는 대학총장을 선임하고, 교수나 행정직원을 임용할 수 있는 권리를 가진다. 동시에 대학재산을 관리하고, 재정의 안정을 통해 대학이 지속적으로 발전해 나갈 수 있도록 후원할 책임도 지닌다.

이사회가 제 기능을 다하지 못할 때 기독교대학의 정체성은 흔들릴 수밖에 없게 된다. 대학총장 선출을 둘러싸고 생겨나는 잡음들, 독단적인 학교경영, 그리고 교수임용 과정에서의 종종 발생하는 비리들은 기독교대학의 대사회적 이미지에 부정적 영향을 끼치며, 대학 혼란의 원인이 된다. 많은 대학에서 교회나 교단은 대학운영에 대한 일을 이사회에 위임하고 있는데, 이런 구조에서 만일 이사회가 제 기능을 못하게 되면 기독교대학은 결국 '주인 없는 대학'이 되고 말 것이다.[11]

이런 문제들을 극복하기 위해서 이사들의 전문성과 책임성이 강화되어야 한다. 그리고 이사회는 대학 밖에서 대학과 지역사회는 물론 대학과 지역교회를 상호 소통시키는 역할도 해야 한다. 이사회가 나서서 대학과 교단 간 그리고 대학과 지역교회 간에 보다 더 밀접한 관계를 맺을 수 있도록 교단과 지역교회를 격려할 수 있어야 한다.

---

11) 박용우, "기독교 채플을 통한 선교," 한국기독교대학교목회, 「대학과 선교」 창간호(2000), p. 61.

2 기독교 교육이념과 교양교육

앞 장에서 말한 것처럼 기독교대학이 일반대학과 구별되는 가장 핵심적인 요소는 대학의 창학이념이다. 창학이념이란 대학이 학교를 세우는 데 있어서 이상(理想)으로 삼는 교육정신, 즉 교육이념이다. 대학의 교육이념에는 대학이 어떤 정신에 기초하여 교육할 것인가 하는 교육철학 및 대학이 교육을 통해 만들어 내고자 하는 이상적인 학생상이 무엇인가 하는 교육목적이 나타난다.

일반적으로 기독교대학은 예수 그리스도의 정신을 교육이념으로 삼으며, 기독교적 가치관 혹은 세계관에 기초하여 교회와 국가, 그리고 인류에 공헌할 수 있는 지도자를 양성하는 데 교육목표를 둔다. 우리나라 일반대학들이 홍익(弘益)인간의 보편적 이념에 기초하여 정보화나 세계화를 교육목표로 내세우는 것과 달리 기독교대학은 예수 그리스도의 정신과 기독교적 가치를 강조하며 봉사하는 지도자상을 교육목표로 내세움으로써 뚜렷하게 기독교 정체성을 드러낸다.

그런데 기독교 정신에 기초한 전인형성이라는 기독교대학의 교육이념은 자유교양(liberal arts) 교육이념과 상당한 유사성을 지닌다. 이는 자유교양 교육이 단편적인 지식이나 전문적인 기술훈련을 위한 교육이 아니라 지성과 덕성을 갖춘 자유인을 목표로 하는 교육이었기 때문이다. 그런 이유에서 고대 기독교 사상가들은 그리스의 자유교양 교육을 적극적으로 수용하고, 기독교적으로 발전시켰다. 이런 전통은 중세 대학은 물론 현대 미국의 자유교양대학에 이르기까지 계속해서 이어지고 있다.

유감스럽게도 오늘날 한국의 대학현실에서 자유교양 교육은 점점 어려움에 빠져 가고 있다. 대학교육의 실용성을 강조하는 직업교육과 전문성을 강조하는 전문교육이 강화되면서 이른바 '인문학의 위기'나 '기초학문의 붕괴'만이 아니라 학생의 인격교육이란 이상조차 약화되고 있다. 하지만 기독교대학의 이념이 전인형성에 있는 한 교양교육에 관심을 갖지 않을 수 없다.

전인교육과 인격

대학의 교육이념 문제와 관련해서 볼 때, 우리나라 대학의 문제점은 대학들 간에 이렇다 할 만한 차별성이 존재하지 않는다는 사실이다. 대학마다 특성화를 강조하면서도 거의 비슷비슷한 교육이념을 내세우고 있다. 대학의 특성화가 교육이념의 차별화에 따르는 것이라고 할 때, 대학마다 비슷비슷한 교육이념을 내세우고 있다는 사실은 우리나라 대학이 개성 없는 교육을 하고 있다는 사실을 반증한다. 한 연구보고서를 보면, 1980년대 조사대상 92개의 대학 중에서 80퍼센트가 우리나라 교육법 108조에 나오는 고등교육의 목적을 반복적으로 다음과 같이 서술하고 있다. "대학은 국가와 인류사회 발전에 필요한 학술의 심오한 이론과 그 광범하고 정치한 응용 방법을 교수 연구하며 지도적 인격을 도야하는 것을 목적으로 한다." 조사대상 가운데 오직 9퍼센트의 대학만이 독자적으로 교육목적을 진술했고, 나머지 11퍼센트는 아예 대학의 교육목적 자체가 명확하지 않았다고 한다.[1]

하지만 기독교대학은 예수 그리스도의 정신과 기독교적 가치관이라는 교육이념에 기초해서 전인(全人)형성이란 교육목적을 분명히 함으로써 대학교육의 기독교 정체성을 드러낸다. 기독교대학이 전인형성에 관심을 가져야 하는 현실적 이유는 우리 사회에서 생기는 대부분의 문제들이 정보나 지식의 부족에서가 아니라 도덕성이나 인격의 결여에서 생겨나기 때문이다. 철학자 화이트헤드(A. N. Whitehead)도 지적했듯이, "다만 지식으로 훈련된 사람은 하나님의 땅에서 가장 쓸모없는 존재에 불과하므로 교육을 통하여 지향하는 목적은 어떠한 특별한 방향에서 교양과 전문 지식을 겸비한 사람들을 배출하는 것"이어야 한다.[2]

기독교대학에서 추구하는 인격이란 하나님의 형상(imago dei)이 회복된 상태라 할 수 있다. 모든 인간은 본래 하나님의 형상으로 창조되었다. "하나님이 이르시되 우리의 형상을 따라 우리의 모양대로 우리가 사람을 만들고……"(창 1 : 26). 하지만 인간은 창조주께서 금지하신 선악과를 먹고 하나님께 불순종함으로써 죄인이 되었다. 죄인인 인간은 하나님을 두려워하여 숨고, 자신의 벌거벗었음을 수치스럽게 생각하며, 부부간에는 책임을 서로 떠넘기고, 땅은 저주를 받아 인간으로 하여금 수고하게 만들었다. 이처럼 죄라고 하는 것이 모든 관계들을 파괴하는 것이라면, 하나님의 형상을 회복한다는 것은 모든 차원에서 관계성을 회복한다는 것을 의미한다. 곧 하나님과의 화해를 이루며, 자신을 받아들이고, 이웃과 평화롭고, 자연과 조화를 이루는 삶을 살아갈 수 있는 사람을 가리킨다. 이것은 인간의 지성과 덕성만이 아니라 사회성과 종교성까지 포괄하는 폭넓은 개념이다.

이런 배경에서 일찍이 코메니우스(J. A. Comenius)는 대학이 추구해야 하는 전인교육을 인간의 지성과 덕성, 그리고 영성(경건) 계발로 정의했다.[3] 아더 홈즈(A. Holmes) 역시 기독교대학의 전인교육이 추구하는

---

1) 최선영, "한국 대학교육의 목적," 효성여자대학교 「연구논문집」 39(1989), p. 13.
2) 이숙종, 「기독교대학과 교육」(서울 : 예영커뮤니케이션, 2007), p. 197 재인용.

인격을 반성적으로 사고하는 '이성적 인격'과 올바른 가치판단을 할 수 있는 '도덕적 인격', 그리고 자신과 이웃, 사회에 대해 책임을 지는 '책임적 인격'을 포괄하는 개념으로 정리한다.[4] 이러한 전인적 교육이념을 추구하기 위해서 기독교대학은 어쩔 수 없이 직업교육이나 전문교육보다는 교양교육에 더 많이 관심을 두도록 요청받는다.

기독교 교양교육의 가치

기독교대학에서 실시하는 교양교육은 학생들에게 여러 가지 면에서 유익을 가져다줄 수 있다. 하나는 기독교 교양교육이 세계관형성에 도움을 주어 학생들로 하여금 올바로 사고하고, 올바로 행동할 수 있도록 돕는다는 점이다. 다른 하나는 기독교 교양교육은 비록 간접적이기는 하지만 학생들의 직업교육에도 긍정적인 역할을 할 수 있다는 점이다.

포스트모더니즘 시대에 학생들은 다양한 세계관들의 충돌과 갈등 속에서 정신적 혼란에 빠져들고 있다. 옳고 그름을 판별할 수 있는 일관된 판단기준을 가지기 힘들게 되었기 때문이다. 이런 상황에서 통합적인 세계관을 제시하고 교육할 수 있는 기독교 교양교육은 학생들의 올바른 사유방법과 올바른 행동을 도울 수 있다. 뿐만 아니라 기독교 세계관은 학생들이 가지고 있는 내면세계의 욕구들, 즉 영적 갈망이나 삶의 의미와 관련된 물음들에 대한 답을 발견하는 데에도 도움을 줄 수 있다. 이는 기독교 세계관이 인생과 세계의 의미에 대한 물음들을 다루기 때문이다.[5]

한편 기독교 교양교육은 비록 간접적인 방식이기는 하지만 오늘날 대

---

3) 이숙종, 「기독교대학과 교육」, pp. 194-195.
4) A. Holmes, 박진경 역, 「기독교대학의 이념」(서울 : 도서출판 CUP, 1992), pp. 38-41.
5) A. Holmes, 이승구 역, 「기독교 세계관」(서울 : 도서출판 엠마오, 1994), pp. 13-16.

학이 역점을 두는 직업교육에도 도움을 준다. 아더 홈즈는 그 이유를 다음과 같이 설명하고 있다.[6] 첫째, 광범위한 교양학습이 지식을 풍부하게 하고, 경험을 다양하게 만든다. 둘째, 교양교육을 통해 배우게 되는 말하고, 분석하고, 생각을 전달하는 기술들은 어떤 종류의 직업에도 유용해서 평생직업에 도움이 된다. 셋째, 교양교육을 통해 배우는 역사나 철학은 개별적 경험과 관련되며, 세계관의 전제들을 드러내 준다. 넷째, 교양교육의 도덕적 가치들과 사회적 이슈들에 대한 참여는 양심을 계발하며, 도덕적 성품을 형성하는 데 도움을 준다. 다섯째, 교양교육에서 미적(美的) 경험들은 상상력을 풍요롭게 한다. 여섯째, 결과적으로 교양교육은 지적·문화적·도덕적·영적 차원을 포함하는 전인적 인격을 형성하게 만든다.

이런 배경에서 볼 때, 기독교대학이 관심을 갖고 있는 교양교육이야말로 어쩌면 오늘날 모든 대학들이 강조하고 있는 진정한 의미의 직업준비를 위한 실용교육이라 할 수 있다. 왜냐하면 잘 훈련된 인격에다 지식과 의사소통 능력을 가진 학생이라면 언제 어떤 직업시장이나 노동시장에서도 생존하는 데 아무 문제가 없을 것이기 때문이다.

우리나라 교양교육의 현실

우리나라 기독교대학은 설립초기부터 기독교적 인간형성을 위한 교육에 목표를 두었다. 그래서 학생들로 하여금 성경과목은 물론 다양한 교양과목을 의무적으로 배우도록 했다. 초창기 숭실대학의 교육과정을 살펴보면, 매 학년 성경 관련과목을 두 과목 이상 수강하도록 했으며, 수학, 물리학, 자연과학 같은 과학계통 과목만이 아니라 역사학, 도덕, 정

---

6) A. Holmes, *Building the Christian Academy*(Grand Rapids : Eerdmanns, 2001), p. 109.

신과학, 그리고 영어와 음악 과목이 골고루 포함된 교양 중심의 커리큘럼을 운영했음을 알 수 있다.[7] 배재학당 역시 지적, 도덕적, 종교적으로 박학한 교양인과 실력 있는 문화인 양성에 교육목적을 두고 영어를 비롯하여 지리, 산수, 화학, 의학과 같은 학과목을 골고루 가르쳤다. 초창기 기독교대학들이 이러한 교과목을 운영한 이유는 신앙의 생활화, 인격의 도야, 그리고 학문의 자유롭고 창의적인 탐구를 통하여 기독교 정신에 기초한 자유인을 양성하기 위함이었다.[8] 하지만 유감스럽게도 시간이 흐르면서 일반대학은 물론 기독교대학에서조차 교양교육의 중요성은 지속적으로 약화되거나 무시되고 있다.

고등교육의 역사 속에서 교양교육(자유교육)을 강조할 것인가 아니면 실용교육(직업교육)을 강조할 것인가 하는 문제는 항상 논쟁의 대상이었다. 대학 역사의 초기인 중세에는 교양교육이 절대적으로 강조되었으나, 근대국가가 형성되면서 국가가 필요로 하는 인재양성을 이유로 점차 실용교육이 강조되었다. 그러다가 산업사회 이후에는 다양한 분야의 전문지식을 지닌 전문인과 기술을 갖춘 기능인 양성에 고등교육의 초점이 모여지고 있다.

우리나라 고등교육도 예외가 아니다. 교양교육의 중요성은 점점 약화되는 대신 직업교육과 전문교육의 중요성이 점점 강조되고 있다. 간신히 명맥을 유지하고 있는 교양교육마저도 컴퓨터나 영어회화 과목과 같은 실용적 학과목에 자리를 내주고 있다. 우리나라의 교육현실을 볼 때 중등교육이 지나치게 입시위주의 지식교육으로 치우쳤다면, 고등교육은 지나치게 취업 중심의 실용교육으로 치우쳐 있는 것으로 보인다. 더욱이 졸업생의 취업률이 대학을 평가하는 중요한 지표 가운데 하나로 간주되

---

7) 유영렬, "최초의 근대대학 : 숭실대학," 대학사연구회 편, 「전환의 시대 대학은 무엇인가」(서울 : 한길사, 2000), p. 86.
8) 최재건, "한국 근대 기독교대학의 설립과 이념에 관한 연구," 「백석저널」 창간호 (2002), pp. 114-120.

면서 대학마다 전인교육, 인성교육, 성품교육에 대한 관심이 줄고 대신 취업을 위한 직업교육을 강조하고 있다.

　이처럼 고등교육에서 교양교육이 약화된 책임을 대학 외부적 요소에서만 찾을 수는 없다. 대학 내부적으로도 몇 가지 잘못을 지적할 수 있다. 첫째, 교양교육을 그 자체로 가치를 지닌 교육목표로 생각하지 않고 전공교육을 위한 준비과정쯤으로 간주하는 잘못을 범했다. 그러다 보니 교양교육은 반드시 해야 하는 교육이라기보다는 상황에 따라 해도 되고, 안 해도 되는 교육처럼 다루어지고 있다. 둘째, 대학별로 차이가 있기는 하지만 교양교육에 대한 관심이 약해서 전임교수가 아닌 시간강사에 의존하는 비율이 높기 때문에 책임적 교육이 이루어지기 힘들다. 셋째, 교양교육의 방법에 있어서도 대화나 토론이 아닌 내용 전달을 주로 하는 강의식, 주입식 교육방법이 사용된다. 게다가 대부분의 교양강좌가 예산상의 이유로 적게는 100명, 많게는 300명 단위의 대단위 강의로 진행되는 경우가 많아서 교육적 효과를 기대하기 어렵다.

교양교육이란 무엇인가?

　'교양교육'이란 개념은 규정이 쉽지 않고 오해가 많은 개념 가운데 하나이다. 가장 흔한 오해는 교양교육이 마치 전공교육을 위한 준비과정이나 전공교육과 반대되는 교육이라는 생각이다. 올바른 의미에서의 교양교육이란 전공교육 과정은 물론 일반적 의미의 교양교육 과정 전체를 포함하면서 학부교육을 이끌어 가는 기본 원리라고 할 수 있다.[9]

　교양교육에 대한 또다른 오해는 교양교육이 문학, 철학, 역사학으로 대표되는 인문학 과목을 공부하는 것이라는 생각이다. 그러나 올바른 의미에서의 교양교육은 어떤 교과 내용을 배우는지를 문제 삼는 대신에 어

---

9) 최미리, 「미국과 한국 대학의 교양교육 비교」(서울 : 양서원, 2001), pp. 7-8.

떤 방식으로 배우는지를 문제 삼는다. 교양교육에서 중요한 것은 특정한 지식내용을 전달하는 것이 아니라 어느 분야의 지식이건 그것을 분석하고 비판하며 종합할 수 있는 사고력과 판단력을 형성하는 일이기 때문이다. 말하자면 교양교육이란 역사나 문화, 혹은 종교의 특정한 내용에 대한 지식교육이 아니라 학문 일반에 대한 비판적 탐구방법을 터득하는 교육이라 할 수 있다. 그러기에 교양교육은 교육내용보다는 교육과정과 교육방법을 더 중시한다.

이러한 교양교육이 중요한 이유는 오늘날 우리가 정보의 홍수 시대에 살기 때문이다. 미래학자 존 나이스비트(J. Naisbitt)의 관찰대로 매일 6~7천 종류의 과학논문이 발표되며, 매 5년 6개월마다 과학과 기술 정보의 양이 두 배로 증가하고, 20개월마다 데이터의 양이 배가되는 실정이다.[10] 이런 상황에서 특정한 지식 내용을 가르치는 교육보다는 그것이 어떤 분야의 어떤 주제이든지 비판적으로 분석하고 종합하고 판단할 수 있는 능력이 훨씬 중요하다는 점은 두말할 필요가 없다. 그런 이유에서 우리는 교양교육을 평생학습 태도를 강화하는 교육이라고 할 수 있다.[11]

일반적으로 교양교육은 일반교육으로 불리기도 하고, 자유교육이라고 불리기도 한다. 먼저 '일반교육'(general education)이란 두 가지 의미로 해석할 수 있는데, 하나는 특수한 전공 영역과 상관없이 모든 학문 활동의 기초가 되는 교육이라는 의미이며, 다른 하나는 소수 엘리트를 위한 교육이 아닌 일반인 모두를 위한 교육이라는 의미이다. 우리나라에서는 일반교육이라는 개념 대신에 '교양교육'이라는 개념이 널리 쓰이고 있는데, 그 이유는 일반교육의 개념이 너무 모호한 데다가 우리의 문화가 도덕성을 중시하기 때문에 '교양'이라는 말이 들어간 교양교육 개념을 더 선호하는 것으로 추정된다.[12]

---

10) J. Naisbitt, 장상용·홍성범 공편, 「메가트렌드」(서울 : 고려원, 1988), p. 40.
11) 최미리, 「미국과 한국 대학의 교양교육 비교」, p. 103

한편 '자유교육'(liberal education)이란 고대 그리스의 교육사상에 나타난 교육이념을 가리킨다. 고대 그리스인에게 교육이란 자유인을 대상으로 학문 그 자체를 위한 교육이었다. 대표적으로 아리스토텔레스에게 있어서 교육이란 자유 시민을 위한 것으로서 모든 종류의 지식과 기예(arts)를 조화롭게 익히는 것이며, 정신적 활동을 위해서 이성 능력의 조화와 균형을 추구하는 자유교과(artes liberales) 교육을 의미했다.[13] 자유교육을 통해서 자유시민은 폴리스에서 필요로 하는 정치적·사회적 지도력을 갖출 수 있게 되었다.

테오도르 헤스버그(T. M. Hesburgh)는 고대 그리스의 자유교육이 지향했던 자유의 의미를 세 가지로 해석한다.[14] 첫째, 자신의 잠재력을 발전시킬 수 있는 자유, 둘째 종교적 신앙의 자유, 셋째 모든 사회적 차원에서 인류공동의 복지증진을 위한 사회적 자유이다. 자유교육의 특징은 기계적인 학습이나 실용적인 유용성, 그리고 세분된 전문화를 지양하는 대신에 학문 자체의 본질적 가치와 폭넓은 학습을 지향하는 데 있다.[15]

물론 자유교육과 교양교육 개념 사이에 차이가 전혀 없는 것은 아니다. 1947년에 발표된 하버드 대학 '교양교육위원회보고서'(Redbook)에서는 둘 다 자유인을 기르는 것을 근본적인 목적으로 삼는다는 점에서는 같지만, 자유교육이 소수의 지배층을 위한 교육이라면 교양교육은 민주사회의 일반시민을 대상으로 한다는 점에서는 차이가 난다고 했다.[16]

개념상의 차이가 어떠하든 고대 교부들은 그리스의 자유교육 이념을 신앙교육 활동에 적극 수용했으며, 그러한 전통은 중세로 이어졌다. 예를 들면 아우구스티누스는 「기독교 교리에 대하여」라는 저서에서 고대 그리스의 다양한 자유교과(artes liberales)가 성서와 기독교 진리를 이해

---

12) 이성호, 「대학교육과정론 : 쟁점과 과제」(서울 : 연세대학교 출판부, 1987), p. 120.
13) 손원영, 「프락시스와 기독교교육과정」(서울 : 대한기독교서회, 2001), p. 285.
14) 장진호, 「평생교육과 대학」(서울 : 배영사, 1984), pp. 133-134.
15) 최미리, 「미국과 한국 대학의 교양교육 비교」, pp. 12-13.
16) Ibid., p. 82.

하는 데 도움을 줄 뿐만 아니라 목회에도 커다란 유익을 가져다줄 수 있다고 보았다. 그의 사상적 영향을 받은 중세의 대학들은 일곱 개의 자유교과, 즉 3학(trivium : 문법, 수사학, 논리학)과 4과(quadrivium : 산수, 기하학, 천문학, 음악)를 대학교육의 핵심 교과목으로 삼았다. 이후 종교개혁자들에 의해 청교도 칼리지(college)들이 생겨났고, 이곳에서는 이른바 '고상한 지혜'(eloquent wisdom)를 위한 자유교양 교육이 강조되었다. 이러한 교양교육 전통은 나중에 미국의 자유교양대학(liberal arts college) 전통으로 이어지게 된다.[17]

물론 기독교대학이 추구하는 자유교양 교육은 기독교적 가치 위에 수행된다는 점에서 일반적 자유교양 교육과 구분된다. 기독교 자유교양 교육을 가리켜 앤소니 디에크마(A. Diekma)는 '사람을 해방시켜 참된 인간이 되게 하고, 그로 하여금 고유하면서도 자유로운 하나님의 자녀가 되게 하는 교육'이라고 정의한다.[18] 말하자면 기독교 자유교양 교육이 지향하는 자유란 예수 그리스도가 만물의 주 되심을 인정하고, 개인의 재능을 통해 하나님과 인간 세상에 봉사할 수 있는 자유를 가리킨다. 인간은 봉사하는 자유를 통해 비로소 하나님의 온전한 형상을 회복하게 된다.

교양교육의 내용

일반적으로 교양교육이 다루는 내용은 다음과 같다.[19] 첫째, 읽고 쓸 수 있는 능력, 둘째 독립적으로 사고할 수 있는 능력, 셋째 과거(역사)에 대한 비판적 인식 능력, 넷째 미래에 창조적으로 참여할 수 있는 상상력,

---

17) A. Holmes, "Integrating Faith and Learning in a Christian Liberal Arts Institution," D. S. Dockery & D. P. Gushee, *The Future of Christian Higher Education*(Nashville : Broadman & Holman Publishers, 1999), p. 168.
18) A. Diekma, "기독교대학과 교수들의 과제," 「고신대학논문집」 18(1990), p. 254.
19) A. Holmes, 박진경 역, 「기독교대학의 이념」, p. 44.

다섯째 건전한 가치판단과 그 판단에 따라 행동할 수 있는 도덕적 능력, 여섯째 영원한 가치에 대한 인식, 즉 종교적 영성 능력이다. 이러한 내용을 교육하는 교양교육을 통해 학생들은 보다 완전하게 하나님의 형상을 닮은 인격체로 성장해 가며, 인생을 통전적으로 바라볼 수 있게 된다. 대학이 전인교육을 지향하는 한 대학은 '훈련'(training)이 아니라 '교육'(education)에 관심을 두어야 할 것이다.[20] 훈련이 특수한 기능이나 과업에 초점을 두는 것인 반면에 교육이란 인격의 발전과 형성에 초점을 두는 것이라는 의미에서 그렇다.

한편 교양교육은 지식을 위한 교육이 아니라 '지혜를 위한 교육'이라는 점에서 도덕성 교육과도 밀접히 관련된다. 일찍이 소크라테스(Socrates)는 지식과 도덕의 상관성을 강조했다. 그는 올바른 도덕적 행위란 올바른 지식을 통해서만 가능하다고 보았다. 선과 악에 대한 바른 구별이 있을 때에만 비로소 선을 행하고, 악을 피할 수 있게 된다는 것이다. 플라톤 역시 지적 덕과 도덕적 덕의 상관성에 관심하면서 지식과 성품을 통합하는 데 교육의 목적을 두었다. 그의 저서 「메노」에서 플라톤은 학습 실패의 원인이 논리의 결여라기보다는 성품의 결함 때문이라고 분석했다.[21] 같은 맥락에서 세네카(Seneca)도 "덕성이 없이는 지혜를 배우기 어렵기 때문에 먼저 덕성을 배우고 나아가서 지혜를 배울 것"을 강조했다.[22]

중세대학의 기원에 직접적 영향을 주었던 수도원운동과 대성당 부속 학교에서의 교육은 아주 분명하게 지식만이 아니라 도덕성이 포함된 지혜를 지향하는 교육이었다. 일반적으로 지혜는 지적 탁월성과 도덕적 수월성을 통합할 수 있는 힘으로 인식된다. 이는 지혜가 지식을 선하게 사

---

20) A. Holmes, "Integrating Faith and Learning in a Christian Liberal Arts Institution," p. 169.
21) M. Schwehn, *Exiles from the Eden, Religion and the Academic Vocation in America*(New York : Oxford Univ. Press, 1993), p. 47.
22) 이숙종, 「기독교대학과 교육」, p. 196 재인용.

용할 수 있는 능력을 의미하기 때문이다. 그러므로 대학교육은 단순히 정보의 전달이나 지식의 전수만이 아니라 그러한 정보와 지식을 사회의 공동선을 위해 선하게 사용할 수 있는 힘을 기르기 위한 교육, 즉 지혜교육이어야 한다.

교양교육과 직업교육의 관계

기독교대학의 교육목표가 아무리 전인교육에 있다 하더라도 대학이 사회와 무관한 상아탑으로 머물러서는 안 된다. 중세대학의 역사에서 확인할 수 있듯이, 전인교육을 중시했던 중세대학에서조차도 신학, 법률, 의학 같은 직업교육을 실시했다. 대학교육이 교양교육과 직업교육 사이의 균형 가운데 이루어져야 하는 이유는 이 둘이 서로 모순관계에 있는 것이 아니라 상호 보완관계에 있기 때문이다. 예를 들어 학생들은 기독교 교양교육을 통해 직업이 단순히 경력이나 생계수단이 아니라 하나님의 창조에 대한 청지기 역할이며, 이웃에 대해서 봉사하는 수단이라는 기독교적 진리를 깨닫게 된다. 교양교육을 통해 직업의 참의미와 가치를 발견할 수 있다는 의미에서 어쩌면 교양교육이야말로 '최고의 직업 준비'라 할 수 있다.[23)]

이것은 기독교 교육자만의 생각이 아니라 직업현장에 있는 기업인도 어느 정도 공감하는 생각이다. 우리나라 전국경제인연합회가 펴낸 "기업에서 본 한국 교육 문제점과 과제"라는 자료를 보더라도, 기업이 대학에 요구하는 것은 크게 두 가지인데 하나는 실습 및 현장교육이며, 다른 하나는 창의력 배양교육이다. 여기서 창의력 배양교육이란 다름 아니라 자유교양 교육과 관련된다. 기업들이 신입사원을 채용할 때 가장 중요시하는 요소가 실용주의적인 기술이나 지식이 아니라 기본적인 인성 및 태도

---

23) A. Holmes, *Building the Christian Academy*, p. 109.

와 커뮤니케이션 능력에 있다는 사실을 감안할 때, 대학에서의 인성, 창의력, 커뮤니케이션을 내용으로 하는 교양교육이야말로 취업에 얼마나 중요한지를 확인할 수 있다.[24] 오늘날 기업들이 요구하는 인재는 탁월한 커뮤니케이션 능력과 평생 동안 학습할 수 있는 능력, 책임감, 그리고 변화에 적응할 수 있는 능력인데 이러한 요소들은 전부 전문교육보다는 교양교육과 더 깊은 연관성을 가지고 있다. 그런 배경에서 미시간 대학 총장인 제임스 두데스탯(J. Duderstadt)은 대학교육의 목표가 '학생의 첫 번째 직업을 준비시키는 것이 아니라 마지막 직업을 준비시키는 것'이어야 한다고 말한다.[25]

그럼에도 불구하고 오늘날 우리가 염려하는 것은 우리나라 대학교육이 둘 사이의 균형을 잃고 직업교육 일방주의로 흘러간다는 점이다. 대학이 직업교육이나 전문교육만을 일방적으로 강조할 때 학생들은 비인간화의 위험에 직면하게 될 것이다. 왜냐하면 인간과 사회에 대한 교양이 배제된 전문화는 결국 인간을 진정한 인격이 아닌 '기술적 괴물'로 만들 수 있기 때문이다.[26] 일찍이 루소(J. J. Rousseau)가 갈파했듯이, 교육에서 중요한 것은 전문가나 기능인 이전에 참인간을 형성하는 것이어야 한다. "나의 학생이 군인이나 사제가 되든, 또는 법률가가 되든 내게는 중요하지 않다. 그들의 부모가 아이들에게 직업을 선택해 주기 전에 자연이 그에게 먼저 인간이 되라고 요청했다. …… 그가 내 곁을 떠날 때 그는 판사, 군인, 사제가 되는 것이 아니라 인간이 될 것이다."[27]

한편 대학이 직업교육 일방주의가 되어서는 안 될 또다른 이유는 아

---

24) 「매일경제」, 2002. 12. 3.
25) 제임스 두데스탯, 이철우 외 역, 「대학혁명」(서울 : 성균관대학교 출판부, 2004), p. 137.
26) A. Holmes, 서원모 역, 「모든 진리는 하나님의 진리다」(서울 : 크리스챤 다이제스트, 2000), p. 157.
27) 신득렬, 「위대한 대화 : R. M. Hutchins 연구」(대구 : 계명대학교 출판부, 2002), p. 64 재인용.

래와 같은 현실적 이유들 때문이다. 첫째, 오늘날 기술의 발전 속도가 너무나 빠르기 때문에 학생이 대학에서 배운 전문 기술이 대학을 졸업할 때쯤이면 이미 낡은 기술이 될 수 있다. 대학에서 제아무리 산업현장에 적합한 기술을 가르친다고 하더라도 산업현장에서는 또다시 실무교육을 시키지 않을 수 없는 형편이다. 그렇다면 대학에서의 교육은 당장의 직업을 위한 기술교육(job)이라기보다는 평생 동안 직업을 가질 수 있는 경력(career)을 위한 교육을 지향해야 할 것이다.[28]

둘째, 직업시장과 노동시장은 너무나 빨리 변하기 때문에 대학이 그것을 예측하기가 곤란하다. 지금 인기 있는 직업이라고 해서 한 세대 후에도 계속 인기가 있으리라고 아무도 장담할 수 없다. 그렇다면 대학교육은 어쩔 수 없이 급변하는 노동시장에 적응할 수 있는 유연성을 지닌 교육이어야 한다.

셋째, 대학의 시설과 환경이 산업현장이나 기업환경에서 필요로 하는 기능인과 직업인을 양성하기에 적합하지 않다. 직업현장에서 당장 써먹을 수 있는 기술훈련이라면 대학이 아니라 산업체나 기업체에서 하는 것이 더 효율적일 수 있다.

마지막으로 직업의 종류가 셀 수도 없는데, 그 많은 직업을 위한 학과를 만드는 것은 현실적으로 불가능하고 바람직하지도 않다. 지금 당장 인기 있는 직업이라고 해서 학과를 설치하다 보면 수백 개 이상의 학과를 만들어야 하고, 그렇게 되면 대학은 통일성을 상실하게 될 것이다.

아더 홈즈(A. Holmes)는 대학교육이 일방적인 직업교육으로 전락되어서는 안 될 이유를 보다 본질적인 차원에서 설명하고 있다.[29] 첫째, 직업은 기술적 요소를 넘어서 인간적 요소를 요구한다. 직업이란 기계적인 존재를 넘어서 자신이 하는 일이 무엇이며, 왜 그리고 어떻게 할 것인지

---

28) A. Holmes, "Integrating Faith and Learning in a Christian Liberal Arts Institution," p. 170.
29) Ibid., pp. 169-172.

를 생각할 줄 아는 사람을 필요로 하기 때문이다. 둘째, 경력은 직업보다 귀중하다. 오늘날 사회환경은 더 이상 하나의 기술이나 하나의 직장에서 평생을 보장 받는 사회가 아니기 때문에 끊임없이 변하는 직업환경에 적응해 나갈 수 있는 능력을 필요로 한다. 셋째, 삶이란 직업이나 경력보다 더 근원적인 어떤 것이다. 그러므로 대학교육은 학생들로 하여금 복잡하고 끊임없이 변해 가는 사회현실에서 하나님과 이웃, 그리고 자연과의 관계 속에서 신앙적으로 살아갈 수 있는 사람을 양성하는 일에 관심을 두어야 한다.

기독교 교양교육의 과제

위에서 살핀 것처럼 교양교육이 아주 중요함에도 불구하고 일반대학은 물론 기독교대학에서조차도 교양교육의 중요성이 약화되고 있다. 거의 대부분의 기독교대학에서 기독교 관련 교양과목 숫자는 점점 줄어들고 있다. 기독교 교양과목들이 처음에는 모든 학생들이 의무적으로 수강해야 하는 필수과목이었으나 점차 선택과목으로 바뀌고 있다. 게다가 기독교 교양과목의 내용조차 탈종교화의 압력을 받고 있다. 물론 기독교 교양과목이라 해서 종교적 교리를 주입하거나 개종을 강요해서는 안 되겠지만, 그렇다고 해서 기독교적 독특성을 포기해서도 안 될 것이다. 기독교 정신이란 단순한 교양이나 문화, 혹은 도덕성 이상이기 때문이다.

현재 기독교대학의 교과과정 가운데 기독교 교양교육과 관련된 것은 크게 두 가지가 있다. 하나는 교양필수 과목으로서 대학 채플이고, 다른 하나는 교양선택 과목으로서 기독교 과목들이다. 전자가 교회당과 예배라는 맥락에서 이루어지는 것이라면, 후자는 강의실과 수업이라는 맥락에서 이루어지는 것이고, 전자가 선포적 기능을 한다면 후자는 교육적 기능을 한다. 또한 전자가 기독교적 인격형성에 초점을 두고 있다면, 후자는 기독교적 학문형성에 초점을 두고 있다는 점에서 구분해서 이해할 수 있다.[30] 그러나 둘 다 기독교 정신에 기초하여 전인형성에 관심을 가진다는 점에서 공통점을 가지고 있다.

대학 채플

일반적으로 채플(chapel)이란 교회 예배당 이외의 장소인 학교, 병원, 군대 등의 부설 예배실에서 드려지는 예배를 가리킨다. 대학 채플은 기독교대학의 정체성을 확인하고, 대학 구성원 사이의 공동체성을 강화하는 데 도움을 준다는 점에서 모든 기독교대학들이 중요하게 생각하고 있다. 대학 채플은 예배의 형식을 갖추기는 하지만 강제성을 띤다는 점에서 교회의 예배와는 근본적으로 차이가 난다. 현재 대학 채플은 대부분의 기독교대학에서 교양필수 과목의 하나로서 많게는 8학기, 적게는 2학기까지 이수할 것을 요청하고 있다. 대개는 출석과 결석만 파악할 뿐 성적 평가는 하지 않는다.

1980년대 학원민주화운동이 한창일 때, 학생들은 채플이 신앙적 자유를 억압한다는 이유에서 출석의 자율화를 요구했다. 강제적 채플 출석이 학생들의 반감을 불러와 역효과를 낸다는 논리도 가세했다. 그래서 한동안 기독교대학들 가운데는 자율 채플을 시도하기도 했지만, 현재 대부분의 기독교대학들은 채플 출석을 의무사항으로 정하고 있다.

그런데 오늘날 기독교대학에서 대학 채플은 기독 학생이나 비기독 학생 모두로부터 비판과 무관심의 대상이 되어 가고 있다. 기독 학생들에게 대학 채플은 기독교적 정체성이 사라진 하나의 교양강좌로 인식되고 있으며, 비기독 학생에게 대학 채플은 기독교로 개종을 강요하는 현장으

---

30) 강영선, "기독교 교양과목을 통한 선교," 한국기독교대학교목회, 「대학과 선교」 창간호(2000), p. 34.

로 이해되고 있다. 그 결과 대학 채플은 기독교대학의 신앙 프로그램 가운데에서는 상대적으로 높은 영향력을 끼치긴 해도 대학이 기대하는 만큼의 영향력은 주지 못하고 있는 것으로 평가된다.[31] 기독교적 교육이념을 구현하기 위해서 대학 채플이 필수적이지만, 그렇다고 단순히 반복하는 종교적 제의(祭儀)나 학점을 무기 삼아 강요하는 억압행위가 되지 않으려면 대학당국의 세심한 주의와 노력이 요청된다.

대학 채플을 통해 기독교적 교육이념을 효과적으로 교육하기 위해서는 우선 대학 채플의 목표를 분명히 할 필요가 있다. 일반적으로 대학 채플의 목표에 대해서는 두 가지 대립되는 견해가 존재한다. 하나는 회심을 통한 기독교로의 개종에 강조점을 두는 입장이고, 다른 하나는 기독교적 인간형성에 강조점을 두는 입장이다. 우리 사회의 다종교 현실이나 신앙의 자유라는 인권의식을 고려할 때, 대학 채플의 목표를 학생들의 개종에 두기보다는 기독교적 인간형성에 두는 것이 보다 더 현실적으로 보인다. 이에 동의한다면 대학 채플은 내용적인 면에서는 예배중심적이 아니라 교육중심적으로, 형식적인 면에서는 개방적, 다원적, 선교적 방식으로 운영될 필요가 있다.[32]

한편 일주일에 한 시간 행해지는 대학 채플을 통해 기독교로의 개종이나 기독교적 인간형성을 이루겠다는 목표 자체가 비현실적이라는 판단 아래, 오히려 대학 채플을 기독교문화나 예배 분위기에 접촉할 수 있는 기회를 제공하는 선에서 만족해야 한다는 견해도 있다.[33] 말하자면 대학 채플을 통해 학생들에게 기독교와의 자연스러운 만남의 시간을 제공함으

---

31) 반신환, "기독교대학의 교내 신앙 프로그램의 평가 : 한남대학교를 중심으로," 한남대 기독교문화연구소, 「기독교문화연구」 8(2003. 12.), pp. 217-242, 특히 pp. 224-226.
32) 박용우, "기독교 채플을 통한 선교," 한국기독교대학교목회, 「대학과 선교」 창간호(2000), pp. 65-67.
33) 반신환, "기독교대학의 교내 신앙 프로그램의 평가 : 한남대학교를 중심으로," p. 235.

로써, 종교적 필요를 느끼는 학생들에게 기독교 신앙을 선택할 수 있는 기회를 만들어 주는 선에서 만족해야 한다는 것이다.

대학 채플 운용의 기본 정신과 관련하여 정종훈은 다음 몇 가지를 제시한다.[34] 첫째, 복음화와 인간화라는 대학 채플의 목적을 선택적인 것이 아닌 통합적인 관점에서 생각해야 한다. 대학 채플을 통해 복음화와 인간화를 통합하는 데 관심을 두어야 한다. 둘째, 기독교의 모든 종파를 뛰어넘는 에큐메니칼 정신의 실현이 필요하다. 지나치게 독선적이고 배타적인 종파적 태도는 학생들의 반발을 불러오기 마련이다. 셋째, 다종교 사회 현실을 인정하여 개방성을 지녀야 한다. 그러기 위해 기독교 정신을 표현하는 데 있어서 보다 보편적이고 일반적인 용어의 선택이 필요하다. 넷째, 다양한 형태의 대학 채플을 구상하는 실험정신이 필요하다.

아래에서 우리는 이러한 대학 채플의 목표와 기본적인 운영 정신에 기초하여 몇 가지 실천 방안을 제시하고자 한다.

첫째, 감성세대의 필요에 맞도록 종교적 영성을 유지하면서도 그것을 주지주의적인 방식보다는 정서적인 방식으로 전달할 필요가 있다. 이를 위해 편안하고 따뜻한 대학 채플 분위기를 조성하고, 비언어적인 전달수단을 적극 모색할 필요가 있다.[35]

둘째, 영상세대의 문화에 맞도록 교회의 전통적인 예배형식과는 다른 다양한 방식의 실험이 필요하다. 기독교 음악(찬양공연)이나 연극, 무용 같은 기독교 예술을 통한 대학 채플의 효과가 일방적인 강의나 설교방식보다 훨씬 높은 것으로 알려져 있다.

셋째, 대학 구성원이 함께 참여하는 대학 채플을 시도해야 한다. 학생들만의 대학 채플보다는 교수가 함께 참여하고, 학생들에게 참여할 기회

---

34) 정종훈, "연세대학교 신촌캠퍼스 학생채플의 현황과 개선방안의 모색," 대학선교학회, 「대학과 선교」 4(2002), pp. 64-66.
35) 반신환, "개신교 종합대학의 채플," 오우성 외, 「기독교종합대학의 정체성과 제도」(서울 : 이문출판사, 2000), pp. 263-270.

를 많이 제공하는 것도 학생들의 참여 동기를 유발하는 방법 가운데 하나가 될 것이다.

넷째, 사회 각 분야에 잘 알려진 사람들의 간증 설교는 신자와 비신자 학생 모두에게 좋은 반응이 나타나고 있다는 경험적 사실도 주목해야 한다.[36] 아마도 이러한 신앙 간증이 강사의 개인적 스토리를 통해서 자신들의 삶과 자연스럽게 연관을 맺어 주기 때문인 것 같다.

다섯째, 대학의 기숙사는 학생들이 함께 생활하는 동질적 공동체로서 교육적 효과가 다른 곳보다 훨씬 크기 때문에 기숙사생들을 위한 채플이나 종교적 프로그램도 중요하다.

마지막으로 교수와 직원, 그리고 조교가 함께 모일 수 있는 교직원예배의 중요성은 아무리 강조해도 지나침이 없을 것이다. 대학의 주체인 이들이 예배를 통해 자신들이 생활하고 있는 기독교대학의 비전을 함께 나누고, 공동체의식을 만들 수 있다는 점에서 매우 유익한 시간이다.

기독교 교양과목들

기독교대학에서는 다양한 기독교 교양과목들을 통하여 기독교적 학문형성에 관심을 두고 있다. 기독교 관련 교양과목들은 성서이해, 기독교이해, 현대인과 성서, 현대사회와 기독교, 인간과 종교, 기독교 세계관, 기독교와 문화, 기독교와 문학, 기독교와 과학, 현대 기독교사상 등 과목명도 다양하고 종류도 많다. 이러한 기독교 교양과목들은 신앙과 학문의 통합을 통하여 학생들에게 성서와 기독교에 대한 인식의 폭을 넓히고, 기독교적 세계관 형성을 돕는다는 점에서 기독교 교육이념을 실현하는 데 매우 중요한 교과과정이라 하겠다.

---

36) 한헌수, "숭실대학교 대학 채플 운영 방안에 관한 연구," 숭실대학교 논문집, 「인문과학」 27(1997), p. 406.

기독교 교양과목을 효율적으로 운영하기 위한 전제로 몇 가지 사항이 고려되어야 한다. 첫째, 대학마다 조금씩 차이가 날 수는 있어도 일반적으로 기독교인 학생의 비율이 30퍼센트 남짓이라는 사실에 기초해서 강의 내용을 구성해야 한다. 말하자면 강의에 들어오는 대다수의 학생들이 기독교에 대한 기초지식이 전혀 없거나 강제적으로 수업에 참여하는 학생임을 고려해서 강의 내용이 신학개론이나 신학입문처럼 지나치게 신학 전문적이 되지 않도록 주의해야 한다. 특히 대학을 설립한 특정 교단의 신학이나 신앙을 강제로 주입하려고 해서는 안 될 것이다. 특정 교단이나 특정 교파의 신학보다는 기독교 보편적인 사상이나 가치를 강의 내용으로 삼아야 한다.

둘째, 효과적인 교육을 위해서라면 가능한 대로 수강학생 규모가 작아야 한다. 100명 이상이 듣는 대단위 강의에서 교육적 효과를 기대하기란 거의 불가능하기 때문이다.

셋째, 전인교육은 단순한 정보의 전달이 아니기 때문에 가르치는 교수의 인격적 감화가 필수적이다. 따라서 신앙적 소명은 물론 인격적으로 존경을 받는 교수들이 강사로 확보되어야 한다.

넷째, 강의 내용의 특성상 가르치는 방법이 일방적 강의여서는 곤란하다. 학생들의 실존적 고민과 갈등을 성서적 진리와 연결시킬 수 있도록 대화나 토론형식이 필요하다.

다섯째, 대학이 학문공동체라는 사실을 염두에 두고 각 전공 분야와 신앙을 관련시킬 수 있는 학과목 개발이 필요하다. 이러한 예로는 기독교와 과학, 기독교와 역사, 기독교와 경제, 기독교와 철학, 기독교와 예술 등 다양한 학문분야가 포함될 수 있다. 그 외에도 기독교와 인문과학, 기독교와 사회과학, 기독교와 자연과학과 같이 보다 큰 단위의 단과대학별 혹은 학부별 과목 개발도 고려해 볼 수 있을 것이다.[37]

---

37) 이규민, "기독교 종합대학의 기독교 교양과목," 오우성 외, 「기독교 종합대학의 정체성과 제도」, p. 195.

마지막으로 기독교 교양과목의 사이버 강좌 운영에는 세심한 주의가 필요하다. 정보화 시대를 맞아 대학마다 교육과정에서 뉴미디어의 활용이나 사이버 교육이 강조되지만, 이에 따른 교육의 순기능만이 아니라 역기능도 발견되고 있기 때문이다.[38]

전인교육을 지향하는 교양과목의 특성상 교수와 학생 사이의 인격적인 만남과 대화가 필수적인데, 이들 뉴미디어들은 자칫 교수-학습 과정에서 정보와 지식을 기계적인 커뮤니케이션으로 만들 위험이 있다.[39] 이러한 약점을 극복하기 위해서 기독교대학에서는 적극적으로 뉴미디어를 활용하면서도 교수 학생 사이의 인격적 만남을 가능하게 하는 교육환경을 개발할 필요가 있다.

---

[38] 사이버 교육의 순기능에 대해서는 다음을 참조하라. 강이철, "사이버 교육을 통한 기독교교육의 활성화 방안," 통합연구학회, 「통합연구」 41(2003. 8.), pp. 173-174.
[39] 강희천, "기독교대학교육의 과제와 전망," 오인탁 외, 「현대교회와 교육」(서울 : 예영커뮤니케이션, 2001), pp. 77-78.

3 대학 구성원의
소명과 헌신

　기독교대학을 일반대학과 구분 짓는 두 번째 요소는 인적(人的) 요소이다. 대학당국이 아무리 좋은 기독교 교육이념을 외친다 해도, 그것에 동조하는 학생이나 그러한 비전을 소명으로 알고 헌신하는 교수나 직원이 없다면 공허한 구호에 머물고 말 것이다. 기독교 교육이념을 실현하기 위해 대학당국이 채플과 기독교 교양과목 같은 교육과정이나 교목실이라는 조직을 가지고 있다고 해도, 그것을 실제로 운용하는 구성원의 소명과 헌신이 없이는 결코 목적을 달성할 수가 없을 것이다. 모든 조직의 문제는 제도의 문제이기에 앞서 사람의 문제로 파악되어야 한다. 왜냐하면 아무리 제도가 좋아도 그 제도를 운용하는 것은 결국 사람이기 때문이다.
　대학이라는 조직도 예외가 아니다. 대학의 기원을 거슬러 살펴보면, 대학은 캠퍼스 건물이나 무슨 제도이기에 앞서 진리탐구에 관심 있는 교수와 학생의 학습공동체로 출발했음을 알 수 있다. 대학을 구성하는 사람이 곧 대학이었던 것이다. 이런 배경에서 기독교대학의 정체성도 거창한 구호나 대학홍보물에 나오는 화려한 문구에서 찾아서는 안 될 것이다.

대학의 법적 장치인 재단이사회나 교목실과 같은 행정기구에서 찾아서도 안 될 것이다. 오히려 기독교대학의 정체성은 바로 대학 구성원, 즉 학생과 교수, 그리고 행정직원의 소명과 헌신에서 찾아야 한다. 예수 그리스도의 정신에 기초해서 교회와 사회를 위해 봉사할 수 있는 전인적 지도자를 양성하겠다는 교육이념에 동조하고 헌신하는 학생과 교수, 그리고 행정직원을 통해 기독교 정체성이 유지되고 발전할 수 있다.

대학의 주체

대학의 주체가 누구인가 하는 물음은 보는 관점에 따라 각기 다르게 대답될 수 있다. 등록금을 내는 학생들이 없다면 대학이 존립할 수 없다는 의미에서 학생을 주인이라 할 수 있고, 대학이 교육기관이므로 가르치는 주체인 교수를 주인이라고 할 수도 있다. 한편 법적인 의미에서는 재단을 설립하고 운영하는 법인을 주인이라고 할 수도 있다. 그런데 기독교대학에서 누가 주인인가 하는 물음은 적당해 보이지 않는다. 왜냐하면 신앙적으로 볼 때 대학의 주인은 하나님이고, 나머지 모든 사람은 다 청지기일 뿐이기 때문이다. 주인이 누구인지를 묻는 이유가 권리를 행사하기 위한 것이라면, 이 물음은 더욱 비신앙적으로 보인다. 굳이 기독교대학에서 주인이 누구인지를 물어야 한다면, 그것은 권리행사를 위해서가 아니라 책임과 의무 때문이어야 한다. 좋은 기독교대학을 만들기 위해서라면 책임과 의무라는 면에서는 대학 구성원 모두가 주인의식을 가져야 하고, 권리라는 면에서는 모두가 청지기 의식을 지녀야 한다.

칼 야스퍼스(K. Jaspers)의 관찰대로 대학의 운명은 대학을 구성하는 구성원들 자신에 의해 좌우된다.[1] 실제로 한동대학교가 지방에 소재하고, 전체 학생이 3천여 명의 비교적 작은 대학이며, 다른 대학과 비교해

---

1) K. Jaspers, *The Idea of the University*(Boston : Beacon Press, 1959), p. 101.

서 훨씬 뒤늦게 설립된 데다 건물이나 시설들이 최첨단이 아님에도 불구하고 어떤 명문대 못지않게 좋은 평판을 받는 이유가 무엇일까? 그것은 무엇보다 대학 구성원 자신들 때문이라는 것이 자체 평가이다.[2] 한동대 구성원들은 신앙적으로 헌신적일 뿐 아니라 학문적으로나 도덕적으로도 탁월한 것으로 알려져 있다. 전교생의 80퍼센트가 그리스도인이며, 그 가운데 상당수는 헌신된 기독 청년이다. 학생들은 신앙생활은 물론 학문 생활과 봉사 활동에서 모범적이다. 한편 교수들은 학생들의 인격 지도나 대학 공동체 형성을 위해 매우 헌신적이고, 희생적이다.[3] 구성원들의 이런 탁월성과 헌신성에 기초하여 한동대가 바람직한 기독교대학의 대명사로 발전해 갈 수 있었다고 판단된다.

아래에서 우리는 기독교대학의 인적 요소로 학생, 직원, 대학총장, 그리고 교목을 중심으로 서술하겠다. 기독교대학의 인적 요소 가운데 교수는 그 중요성이 크다고 생각되어 따로 한 장을 할애해서 다른 장에서 설명하도록 하겠다.

대학생의 현실

대학을 구성하는 첫 번째 인적 요소는 대학생이다. 일반적으로 대학의 서열이 신입생의 성적에 의해 결정되고, 대학의 명성이 졸업생의 사회적 역량에 따라 좌우된다는 의미에서 우수한 학생의 중요성은 아무리 강조해도 지나치지 않을 것이다. 학생들은 피교육자이면서 동시에 대학의 기풍과 분위기, 즉 대학문화를 만들어 가는 주체이다. 학생들이 도덕적으로 탁월하고, 문화적으로 창조적일수록 대학에 대한 사회적 신뢰는

---

2) 한윤식, "기독교대학으로서의 한동대학교, 그 가능성과 구현 방안," 통합연구학회, 「통합연구」 41(2003), pp. 225-251.
3) 김영길 외, 「한동대 사람들」(서울 : 두란노, 1995) ; 한동대 사람들, 「우리는 21세기로 간다」(서울 : 두란노, 1995).

그만큼 커질 것이다. 그리고 학생들은 교수의 연구나 강의의 질에도 영향을 미칠 수도 있다. 학생이 연구하지 않는 데서 좋은 연구가 생겨날 수 없으며, 학생이 관심하지 않는 강의에서 질 높은 강의는 이루어질 수 없다. 결국 좋은 교수란 좋은 학생에 의해 만들어지며, 좋은 대학도 좋은 학생들이 만든다고 할 수 있다. 그래서 대학들마다 우수한 신입생을 유치하기 위해 애를 쓰고 있다.

그런데 우리나라 대학생의 현실은 어떤가? 중등과정과는 달리 대학과정은 학생들이 공부할 수 있는 마지막 교육과정이기에 대학생활을 어떻게 보낼 것인가 하는 것은 학생 개인적으로만이 아니라 사회적으로도 매우 중요한 문제이다. 그들이 졸업하면 사회의 일꾼이 되고, 국가의 지도자가 될 것이기 때문이다. 유감스럽게도 오늘날 대학에 입학하는 학생들 대부분은 대학의 본래적 사명이라고 할 수 있는 순수한 진리탐구나 학문연구에 관심을 가지고 있지 않는 것 같다. 고등학교를 졸업하고 곧바로 직업현장에 나가는 것이 싫어서 도피처로 대학에 입학하는 학생도 있으며, 사회적 신분 상승이나 보다 나은 결혼 조건을 만들기 위해서 대학에 오는 학생도 적지 않다.

더 큰 문제는 상당수의 학생들이 왜 대학에 다녀야 하는지도 모른 채 대학에 다니고 있다는 사실이다. 학문에 대한 동기부여가 되어 있지 않기 때문에 우리나라 대학생들은 다른 나라 대학생에 비해 덜 공부한다. 대학에 입학하기 전까지는 그야말로 죽을힘을 다해 공부하지만, 일단 대학에 입학하면 더 이상 공부하려고 하지 않는다. 입시교육의 부작용으로 몸과 마음이 지쳤거나 공부에 염증을 느꼈기 때문인지도 모른다. 물론 도서관에서 부지런히 공부하는 학생들을 발견하는 경우도 있지만, 그들 가운데 상당수는 토플이나 각종 자격증 시험, 그리고 각종 고시 공부 중임을 발견할 수 있다. 엄밀한 의미에서 그런 공부는 대학이 추구하는 학문이라고 할 수 없다.

오늘날 대학생들이 만들어 가는 대학문화도 크게 다를 바가 없어 보인다. 대중문화의 부정적인 모습이 그대로 대학문화 속에 나타나고 있다. 소비적이고, 향락적이고, 이기적인 생활방식이 대학문화의 건강성을 해치고 있다. 이런 현실에서는 기독교대학이 기독교적 교육이념은 고사하고 대학의 일반적 이념조차 실현하기 어려워 보인다.

대학은 무엇보다 학문공동체이기 때문에 대학에 들어오는 학생은 최소한의 지적 준비와 교육에 대한 동기부여가 되어 있어야 한다. 좀더 구체적으로 말하면 대학은 고급 연구와 전문적 훈련, 그리고 지도력을 위한 동기와 능력을 갖춘 학생에게만 문호를 개방해야 한다.[4] 왜냐하면 학문에 부지런하고 생활이 도덕적이지 않은 학생은 부모의 돈과 시간을 낭비할 뿐이며, 다른 학생들에게도 부정적인 영향을 끼치기 때문이다.[5] 그러나 현실은 그런 학생들만 받아들일 수 없다. 고등학교를 졸업하는 학생은 누구나 다 대학에 진학하기 원하며, 대학을 경영해야 하는 대학당국은 아무 학생이나 오는 대로 받을 수밖에 없다. 오늘날 대학에서 학문이나 문화의 질적 저하는 바로 이렇게 지적 능력과 소질은 물론 학문에 대한 동기부여조차 되어 있지 않은 학생들에게 무제한적으로 문호를 개방하기 때문에 생겨난 결과이다. 염려스러운 것은 인구학적으로 볼 때 고등학교 졸업자가 줄어들면서 이런 경향은 더 심해질 것이라는 사실이다.

기독 학생의 정체성

기독교대학이 정체성을 유지하고 기독교적 대학문화를 발전시키려면 좋은 기독 학생이 많아야 한다. 대학당국이 아무리 좋은 기독교 교육이념을 내세우고, 그것을 위해 헌신하는 교수들이 많다 해도 그것에 동조

---

4) 신득렬, 「위대한 대화 : R. M. Hutchins 연구」(대구 : 계명대학교 출판부, 2002), pp. 345-346.
5) 김기숙, 「코메니우스의 인간성 교육론과 기독교대학」, p. 267.

하고 따르는 학생이 없이는 결코 목적을 이룰 수 없을 것이기 때문이다. 그런 이유에서 기독교대학은 신앙적으로나 학문적으로 탁월한 학생 비율을 높이는 데 힘써야 한다. 물론 기독교인 학생 비율이 높다고 자동적으로 좋은 기독교대학이 된다고 보장할 수는 없다. 하지만 오늘날 대부분의 기독교대학에서처럼 기독교인 학생 비율이 30퍼센트 남짓에 머물고 있는 현실에서는 기독교 교육이념의 실현과 기독교적 대학 분위기의 유지가 쉽지 않을 것이다. 비기독교인 학생이 많아질수록 캠퍼스의 기독교적 대학문화를 유지하는 것은 물론 채플이나 기독교 교양과목 같은 정책 과목들의 운영조차도 논쟁의 소지가 될 수 있기 때문이다.

실제로 미국에서 기독교 정체성을 비교적 잘 유지할 뿐만 아니라 학문적으로도 탁월성을 인정받고 있는 대학으로 알려진 복음주의 계열의 휘튼(Wheaton) 대학의 경우 대다수의 학생들이 기독교인이며, 그 가운데 상당수가 복음적 열정을 지니고 있다고 한다. 한 조사 자료에 따르면, 재학생의 절반 이상이 지역교회 주일예배에 정기적으로 출석하고 있다고 한다.[6]

우리나라에서도 교회와 사회로부터 주목을 받고 있는 한동대학 역시 다른 어떤 기독교대학보다 기독인 학생비율이 다른 기독교대학에 비하여 월등히 높을 뿐 아니라 열정적 신앙인들로 알려져 있다. 학생들 대부분은 복음주의 교회 출신이며, 선교에 대한 열정이 아주 높은 특성을 보인다고 한다.[7]

하나님의 부르심을 받은 모든 그리스도인들은 '부르심에 합당하게' 살아가야 할 의무가 있다(엡 4 : 1). 기독 학생들의 부르심은 무엇일까? 그것은 부지런히 학문을 연마하고 인격을 도야하여 장차 교회와 사회를 위해 봉사할 수 있는 사람으로 준비되는 것이다. 대학은 기독 학생에게

---

6) R. Benne, *Quality With Soul, How Six Premier Colleges and Universities Keep Faith with Their Religious Traditions*(Grand Rapids : Eerdmans, 2001), p. 150.
7) 한윤식, "기독교대학으로서의 한동대학교 그 가능성과 구현 방안," p. 240.

있어 단지 취업을 준비하기 위한 곳이거나 졸업장을 따는 곳 이상의 의미를 지닌다. 학생들은 대학에서의 학문 활동을 통해 이 세계에 나타난 하나님의 진리를 발견하고, 하나님의 진리 안에서 삶의 의미와 목적을 찾을 수 있도록 노력해야 한다.

기독 학생의 우선적 의무는 탁월한 학생이 되기 위해 부지런히 학습하는 것이다. 그런데 학습이란 단순히 지식이나 정보의 습득이 아니며, 강의실 안에서만 이루어지는 것도 아니다. 오히려 학습은 학생과 교수, 동료 학생들, 다양한 책들, 대학 및 사회 환경과 상호작용하는 과정에서 일어난다. 공동체 활동이나 봉사 활동과 같은 비공식 교과과정을 통해서도 학습이 이루어진다. 이것은 대학을 졸업한 동문들에게 "대학교육에서 무엇이 가장 가치 있었는가?"라고 물었을 때, 교육과정이나 교과목보다도 자신들이 가입했던 동아리, 그들이 만났던 교수, 동료 학생, 그리고 친구들이라고 대답했다는 조사보고서를 통해서도 확인할 수 있다.[8]

이런 배경에서 볼 때, 기독 학생들의 우선적 의무는 건강한 학습공동체를 만드는 데 관심을 기울이고, 적극 참여해야 한다는 것이다. 간혹 신앙적으로 열심인 학생들 가운데에는 신앙생활과 학문생활 사이의 균형을 잃고 공부보다 캠퍼스 전도활동에 더 열심인 학생들이 있다. 그것은 대학이 학문공동체이며, 학생시절은 장차 교회와 사회를 위한 지도력을 훈련하는 곳이라는 사실을 망각했기 때문에 생겨나는 현상이다. 대학에 온 이상 학생의 본분은 열심히 공부하고, 교육받는 것이다.

한편 기독 학생들은 대학문화의 변혁을 위해서도 힘써야 한다. 오늘날 대학문화는 세속적 대중문화의 대안이 되기보다는 오히려 그 아류로 전락해 가고 있다. 대학생들의 도덕성은 일반인보다 낫지 않으며, 기독교대학이라 해서 예외인 것도 아니다. 예수님이 가르치신 대로 기독 학생은 '세상의 소금과 빛'(마 5 : 13)으로서 도덕적 탁월성을 지녀야 한다.

---

8) 제임스 두데스탯, 이철우 외 역, 「대학혁명」(서울 : 성균관대학교 출판부, 2004), p. 134.

성서는 기독인의 문화적 사명을 다음과 같이 교훈하고 있다. "너희는 이 세대를 본받지 말고 오직 마음을 새롭게 함으로 변화를 받아 하나님의 선하시고 기뻐하시고 온전하신 뜻이 무엇인지 분별하도록 하라"(롬 12 : 2).

대학 총장

총장은 대학의 다른 구성원들과는 달리 대학을 전체적으로 조망할 수 있는 위치에 있으며, 힘과 권한을 가지고 있어서 대학의 이념을 유지하고 발전시키는 데 대단히 중요한 존재이다. 총장과 총장에 의해 구성되는 행정팀의 리더십은 대학의 발전은 물론 대학 구성원의 대학생활에 대한 만족도에도 영향을 미친다. 기독교대학에서 총장은 대학 내부의 구성원만이 아니라 대학과 사회, 대학과 교회의 관계에서도 일정한 역할을 요구 받는 위치이다. 개인이 대학의 설립자인 경우 법인이 나서서 임명 총장의 권한을 제한하는 경우도 있지만, 교단이 설립한 대학의 경우 대체로 대학의 대내적인 업무를 총장에게 위탁하는 경우가 많기 때문에 유능하고 훌륭한 총장의 존재유무는 대학발전에 결정적이다.

대학총장상(像)이 어떠해야 하며, 어떤 역할을 해야 하는가 하는 물음은 시대와 사회적 배경에 따라 각기 다르게 대답되었다. 과거에는 총장이 상징적 의미를 지닌 인물이었기 때문에 인품과 도덕성이 중시되었다. 대학이 유니버시티(university)였을 때에는 전체를 통일할 수 있는 강력한 리더십이 강조되었지만, 대학이 멀티버시티(multiversity)화되면서 조정자나 행정가, 그리고 중재인으로서의 총장상이 요구되고 있다.[9] 최근에 교육이 시장화되고, 대학의 생존이 문제가 되면서 경영 능력이나 발전기금모금 능력에 의해 평가되는 경영자 총장상으로 바뀌고 있다.

---

9) 클라크 커어, 이형행 역, 「대학의 효용」(서울 : 학지사, 2000), p. 61.

그런데 기독교대학의 총장은 대학의 생존과 발전을 위한 경영은 물론 기독교대학의 건학이념을 수호하고, 기독교적 정체성을 발전시키는 일에도 책임을 지는 존재여야 한다. 왜냐하면 기독교대학은 단순한 생존이 아니라 이유 있는 생존을 위해 존재하기 때문이다.

총장을 선출하는 과정은 대학마다 다르다. 기독교대학의 경우 재단이사회가 법적 권한을 가진 경우가 많다. 과거 1980년대에는 학원민주화운동 과정에서 교수의 직접 선출에 의해 총장이 임명되기도 했다. 총장직선제는 재단의 수족 노릇이나 하는 허수아비 총장을 견제할 수 있으며, 대학 구성원의 여론을 민주적으로 수렴할 수 있다는 장점을 지니고 있다. 그러나 총장 선출과정에서 생겨나는 문제들로 인하여 구성원 사이의 관계가 악화되는 약점도 있다. 대학마다 전통과 형편에 따라 적당한 총장 선출제도를 만들어야 할 것이다. 분명한 것은 총장을 선출하는 집단이 누가 되든, 그 집단의 질적 수준과 절차의 투명성이나 정당성에 의해 총장의 질적 수준도 결정되며, 그에 따라 대학의 발전도 영향을 받게 될 것이라는 사실이다.

한편 보직교수는 총장과 더불어 대학 행정의 책임을 맡는 중요한 인적 요소이다. 대학의 건학이념을 실현하고, 대학 간의 경쟁 속에서 경쟁력 있는 대학을 만드는 데 있어서 보직교수의 역할은 아무리 강조해도 지나침이 없다. 대학의 규모가 커지고 기능이 다양해질수록 보직교수들의 행정 능력은 중요해질 것이다. 보직교수는 총장의 대학비전을 이해하고, 그것을 구현하는 데 앞장설 수 있는 사람이어야 한다. 또한 대학행정이 원활하기 위해서는 각 단과대학이나 행정부서들 사이에 협력을 필요로 하기 때문에 보직교수는 다른 보직교수와 더불어 팀워크를 이룰 수 있어야 한다.

무엇보다 중요한 것은 행정 보직이 개인적 욕심을 채우는 감투나 권한을 행사하는 자리가 아니라 대학 발전과 구성원을 위한 섬김의 자리라는 사실이다. 보직교수는 학생이나 동료 교수들 위에 군림하는 자세가 아니라 섬기는 자세로 보직을 수행해야 한다.

직 원

직원은 학생이나 교수와 더불어 대학공동체를 이루는 중요한 인적 요소 가운데 하나이다. 대학의 질은 교수나 학생만이 아니라 직원의 질에 의해서도 영향을 받는다. 왜냐하면 대학의 규모가 점점 커지면서 재정과 경영 분야에서 직원의 행정 능력이 중요해지기 때문이다. 게다가 직원은 학생이나 교수와는 달리 연속성과 전문성을 가지고 있어서 대학의 정체성 유지와 경쟁력 향상에도 중요하다.

행정의 연속성이란 학생이나 교수와는 달리 직원들은 한 번 대학에 고용되면 은퇴할 때까지 대학에 머무는 데서 생기는 장점이다. 학생들은 수학기간을 마치면 대학을 떠나가고, 교수는 보다 나은 조건을 찾아 다른 대학으로 옮겨 가기도 하지만, 대부분의 직원들은 대학을 평생직장으로 알고 생활하게 된다. 이러한 연속성은 대학의 역사와 전통, 그리고 문화를 이어가는 데 있어서 중요한 요소가 된다. 한편 전문성이란 직원들이 고유한 업무영역에 수년 혹은 수십 년 종사하게 됨으로써 그 업무에 관한 한 전문성을 갖출 수 있다는 말이다. 대학의 규모가 커지고 행정이 복잡해질수록 업무의 전문성이 요청된다. 교수들은 비록 보직교수라 하더라도 특정 업무에 대한 전문성을 지니기가 쉽지 않은 반면에 직원들은 전문성을 가지고 대학행정에 참여할 수 있다. 이런 이유에서 대학의 발전에 직원의 참여와 헌신은 절대적으로 중요하다.

행정업무의 효율성과 생산성을 통해 대학의 경쟁력을 강화하기 위해서는 직원의 업무 능력에서 창의성과 책임성을 높일 수 있어야 한다. 적절한 보상과 지원 체제만이 아니라 업무 능력에 따라 공정한 평가제도도 운영되어야 한다. 물론 직원의 행정 능력만큼이나 강조되어야 할 것은 서비스 정신이다. 대학행정이란 대학의 교육이념을 구현하기 위한 절차이며, 교수와 학생들의 학문 활동을 지원하는 활동이라는 점에서 다른 행정과 다르기 때문이다.

교 목

모든 기독교대학은 예외 없이 교목실을 제도화하고 교목들을 두고 있다. 교목의 복음적 열정이나 역량에 따라 대학선교가 크게 영향을 받는다. 한중식은 기독교대학 교목의 역할을 5P로 설명하고 있다.[10] 첫째, 교수(Professor)로서 기독교 학문에 대한 연구와 교육적 능력이 있을 것 둘째, 선지자(Prophet)로서 이 시대를 향한 하나님의 말씀을 바로 대언할 수 있을 것 셋째, 제사장(Priest)으로서 각종 예배를 집례하고, 기도회나 성경공부를 인도하며, 하나님과 대학 구성원 사이의 다리를 놓고 평화를 이룰 수 있을 것 넷째, 정책 입안자(Policy maker)로서 대학의 중요한 정책을 입안하고 결정하는 일에 참여해서 기독교 정신을 구현할 것 다섯째, 목회상담자(Pastoral counsellor)로서 상처 받은 영혼을 치유해 주는 역할을 할 것이다.

은준관은 기독교대학 교목의 직무를 그리스도 사역의 삼중(三重)직에 기초하여, 예언자적, 제사장적, 왕권적 기능으로 설명하고 있다.[11] 예언자로서 교목은 채플과 각종 종교 모임에서 설교하고, 기독교 교양과목을 가르친다. 제사장으로서 교목은 상담과 치유의 사역을 통해 대학 구성원들의 아픔을 치유한다. 그리고 왕으로서 교목은 기독교대학의 창학이념을 구현하기 위해 중요한 행정상의 정책 결정에 참여한다.

위에서 살펴본 업무의 범위를 고려할 때 교목은 채플을 인도하고, 성

---

10) 한중식, "대학 교목의 자질과 역할," 이계준 편, 「기독교대학과 학원 선교」(서울 : 전망사, 1997), pp. 284-288.
11) 은준관, "학원 선교 신학," 이계준 편, 「기독교대학과 학원 선교」, p. 83.

경공부를 지도할 수 있는 영적 지도력은 물론 학문공동체로서 대학 사회의 특수성을 이해하고, 대학 구성원들과 학문적 대화나 토론을 할 수 있을 정도의 학문적 식견도 요구된다. 그리고 기독교적 정체성과 관련된 일에 대해서는 대학정책에 영향력을 행사할 수 있도록 그 지위와 신분이 보장될 필요도 있다.

하지만 대부분의 대학에서 교목실장의 임명권이 총장에게 있기 때문에 교목은 보직자의 한 사람으로서 행정 책임을 공유하게 되며, 총장의 정책에 반대하거나 문제를 제기하기가 현실적으로 쉽지 않다. 게다가 총장이 행정적 편의를 위해 교목의 역할을 제사장적 기능으로만 제한시킬 때 교목 활동은 더욱 위축될 수밖에 없다. 기독교대학이 기독교적 정체성을 유지하고 대학선교를 더욱 활성화하려면 교목 활동을 행정적, 재정적으로 지원하는 구조를 만들어야 할 것이다. 동시에 교목들은 대학선교에 대한 분명한 비전과 소명으로 헌신하는 자세를 가져야만 한다.

4 기독 교수의 정체성과 사명

    기독교대학의 정체성을 구성하는 인적 요소 가운데 가장 핵심적인 요소는 바로 대학 교수이다. 교수들은 학문적 업적을 통해서 대학의 명성에 직접적 영향을 줄 뿐만 아니라 학생들에게 학문적, 도덕적, 신앙적인 면에서 직접적인 영향력을 미치는 존재이다. 특별히 기독교대학 교수는 사회문화적 차원에서뿐만 아니라 교회적 차원에서도 중요한 존재이다. 교회적으로 볼 때 기독 교수는 교회의 맹목적 종교성을 견제함으로써 교회의 건강한 신앙문화를 형성하는 데 기여할 수 있는 존재이다. 사회문화적으로 볼 때 기독 교수는 학문세계의 세속화를 막고, 전문지식을 통해 사회문화 발전에 영향을 미칠 수 있는 존재이다. 그런 배경에서 교수가 자기를 어떻게 이해하고 규정하는가 하는 물음은 기독교대학의 정체성 문제를 다루는 데 있어 매우 중요한 과제가 된다.

    기독 교수의 위상과 역할이 이처럼 중요함에도 불구하고 이에 대한 학술적 연구는 양적으로만 아니라 질적으로도 충분하지 않다.[1] 이처럼

---

1) 임영효, "기독교대학에서의 교수의 역할과 사명," 「기독교 교육기관의 사명과 역할」(부산 : 고신대학교 출판부, 2002), pp. 85-105 ; 강영안, "기독 교수는 누구

기독 교수의 정체성에 대한 연구가 부족한 이유는 이에 대한 연구가 기독교대학에서 가르치는 신학자들에게는 별로 흥미가 없는 주제이며, 일반학을 전공하는 기독 교수에게는 자기 전공 연구만으로도 벅찬 상황이기 때문이다. 그러는 사이에 대다수의 기독 교수들은 한국교회의 이분법적 신앙문화의 영향 아래 교회와 대학, 신앙과 학문 사이에 생기는 갈등과 분리 속에 소외되어 가고 있다. 기독 교수들이 삶의 현장인 학문세계 속으로 신앙을 통합하지 못함으로써 신앙은 학문현장으로부터 유리되며, 학문세계는 점점 더 반종교적이거나 종교와 무관한 방향으로 발전된다.

한국 대학 교수의 일반적 현실

현대적 의미에서의 '교수'라는 사회적 존재가 우리나라에 등장한 것은 해방 이후로서 교수직을 경험한 기간은 100년이 채 안 된다. 해방 전에 대학에서 가르치던 교수들은 주로 외국 선교사들이거나 일본인이었다. 이처럼 고등교육의 역사가 짧다 보니 교수직에 대한 이해도 깊지 못한 편이다. 1960년대 이후 갑작스런 대학의 팽창과 더불어 교수 수가 급속하게 늘어나다 보니 교수의 질적 문제가 생겨날 수밖에 없었다. 그러나 이제 우리나라 고등교육의 역사가 길어지고, 교수직에 대한 사회적 관심도 높아지면서 이에 대한 보다 비판적이고, 심층적인 이해가 필요한 상황이다. 특별히 기독교대학에서 교수는 대학의 기독교적 정체성을 유지하는 중추적 존재이기에 더욱 관심을 가질 필요가 있다.

우리나라에서 교수직은 인기 있는 직업 가운데 하나임에 틀림없다. 다른 직업에 비해 신분보장이 확실한 편이고, 자율적인 데다가, 긴 방학이 있고, 보수도 나쁜 편이 아니다. 게다가 사회적 존경까지 받는 사회지도층에 속하는 직업이다. 그런데 이런 교수직에도 변화의 바람이 불고 있다.

인가?," 백석기독학회, 「백석저널」 창간호(2002), pp. 11-45.

무엇보다 교수가 맡아야 하는 업무가 많아지고 있다. 학부 강의 및 대학원 교육, 논문지도, 학술연구, 학과 및 학교 행정, 학생면담, 학교 밖에서의 다양한 서비스 활동 등 교수에게 요구하는 일들이 점점 늘어나고 있다.

지방대학 교수들의 경우에는 신입생 모집만이 아니라 졸업생의 취업 문제까지 신경을 써야 한다. 학생 충원이 안 되면 봉급 삭감에다 폐과의 위협을 받기도 한다. 시간이 흐르면 자동적으로 승진과 정년을 보장해 준 것도 과거의 일이 되었다. 한림대 이주일이 발표한 "한국의 대학 교수, 그 자화상"이라는 보고서를 보면, 우리나라 대학 교수 10명 가운데 7명은 학생들과의 인간적 유대관계가 약해지고 있다고 느끼며, 자신들의 지위와 대우가 과거에 비해 하락했다고 느끼고 있는 것으로 나타났다.[2]

이처럼 우리 시대 교수의 자화상에 영향을 미치는 대학환경의 변화는 여럿이다. 첫째, 교육분야에 신자유주의 시장경제원리의 도입이다. 신자유주의적 교육정책의 핵심은 교육의 시장화로서 지식을 상품화하며, 교육의 생산성을 중시한다. 소비자 중심교육이라는 취지 아래 선택과목의 폭을 넓힌 결과 학생들은 실용적이고 학점을 따기 쉬운 과목들만 선택하게 되어 기초학문이 붕괴되고, 학사관리가 엄격한 교수들은 학생들로부터 외면을 당하기도 한다.

둘째, 대학이 연구 중심 대학으로 변화하면서 교육 활동보다는 연구와 출판을 더 강조한다. '연구하지 않으면 죽는다'(publish or perish)는 분위기가 조성되면서 동료들 사이에 냉혹한 경쟁이 조장되고, 감당하기 어려운 연구 스케줄이 강요되고, 구성원 간에 공유된 목표를 가질 수 없게 되었을 뿐만 아니라 대학공동체에 대한 애착이나 학생교육에 대한 책무가 약화되고 있다.[3] 문제는 교수의 연구 수행을 위한 대학의 지원은 늘

---

2) "특집 지상중계," 한림대 개교20주년기념학술발표회, 「교수신문」, 2002. 12. 7. (www.kyosu.net).
3) 제임스 두데스탯, 이철우 외 역, 「대학혁명」(서울 : 성균관대학교 출판부, 2004), p. 195.

지 않는 데 비하여 연구 업적에 대한 요구는 커지고 있다는 사실이다.

실제로 우리나라 대학들은 OECD 국가 중에서 교수확보율이 가장 낮고, 국가의 재정 지원도 낮은 편에 속한다. 2007년 현재 교수 1인당 담당해야 할 학생수가 30.7명으로 스웨덴의 8.9명이나 일본의 11명에 비해 세 배나 많고, 교육예산도 GDP 대비 0.6퍼센트로, OECD 평균 1.3퍼센트의 절반 수준에 불과한 형편이다.[4] 이런 상황에서 연구비 수주경쟁이 치열해지다 보니 교수들의 심리적 스트레스가 과중되고 있다. 연구에 대한 일방적 강조는 연구와 교육 사이에 균형을 잡고 싶어하는 교수들에게 심리적 갈등 요인이 되고 있다.

마지막으로 유니버시티(university)에서 멀티버시티(multiversity)로의 변화이다. 멀티버시티란 무한한 다양성을 내장하고 있는 거대한 도시에 비유할 수 있다.[5] 멀티버시티의 특징은 거대한 캠퍼스 규모 외에도 산업화에 필요한 다양한 과학기술 분야를 중심으로 철저하게 분화되고 전문화된 엄청난 양의 교과목에 있다. 이러한 다양성을 통해 대학은 사회의 다양한 요구에 잘 부응할 수 있게 된다. 하지만 지나친 학문의 분화가 학문 간 그리고 연구자 간의 소외를 낳을 뿐만 아니라 대학 전체를 통합할 수 있는 핵심 가치나 이념을 공유하기 어렵게 된다.

대학 교수 위상의 변화

과거 오랫동안 대학 교수는 전문적 식견과 탁월한 도덕성에 힘입어 사회적 존경의 대상이었다. 하지만 오늘날 대학 교수는 사회적 변화와 대학인의 도덕성 상실로 인하여 사회로부터 의심과 비난의 대상이 되고 있다. 심지어 대학 교수를 '철밥통'이라 하여 사회적 개혁 대상으로 지목

---

4) "교수확보 OECD '꼴찌'," 「교수신문」, 2008. 5. 13.(www.kyosu.net).
5) 클라크 커어, 이형행 역, 「대학의 효용 : 연구 중심 대학」(서울 : 학지사, 2000).

하고 있다.

    대학 교수의 위상이 이렇게 낮아진 우선적 책임은 교수들 자신에게서 찾아야 한다. 우선 교수들의 지적 정직성(integrity)이 의심을 받고 있다. 연구의 부정행위, 남의 연구에 무임승차, 학력위조, 가짜 박사학위, 논문 표절과 같은 문제가 계속해서 생겨나고 있다. 둘째, 동료 교수와의 관계에서도 윤리문제가 발생하고 있다. 학연이나 지연 같은 파벌주의와 집단따돌림, 여교수에 대한 성차별, 시간강사에 대한 신분차별이 극복되지 못하고 있다. 서열관계에 기초한 권위주의적 문화로 말미암아 학문발전을 위한 교수들 사이의 자유로운 논쟁과 토론이 이루어지지 못하고 있다. 셋째, 학생과의 관계에서 우월적 지위를 이용한 학생 성희롱, 강의 부실, 면담 거부, 실험실의 대학원생 혹사와 같은 문제도 있다. 마지막으로 사회봉사와 사회활동을 핑계로 교수 본연의 임무인 교육과 연구에 소홀하다고 비난 받고 있다. 특히 폴리페서(polifessor) 문제는 선거가 있을 때마다 사회적 쟁점이 되고 있다. 물론 교수가 전문지식을 통해 정치에 참여하는 것은 당연한 권리이며, 의무이기도 하다. 하지만 그 동기가 순수하고 교수 본연의 임무를 게을리 하지 않아야 하는 것이 전제가 되어야 한다. 교수가 전문적 지식만 갖고 도덕성을 갖추지 못하면 자칫 지식 기능인이나 지식 장사꾼으로 전락할 위험이 커지기 마련이다.

기독 교수의 정체성 갈등

    기독 교수는 위에서 서술한 대학 교수들이 지닌 일반적 문제들 외에도 신앙을 자신의 학문세계로 통합하지 못함으로 말미암아 생겨나는 기독 교수만의 특수한 문제도 안고 있다. 대학의 학문세계가 세속화되어 있는 현실에서 성(聖)과 속(俗), 공공 영역과 사적 영역을 이분법적으로 분리하는 한국교회의 신앙문화의 영향으로 말미암아 기독 교수들은 신앙과 학문 사이의 갈등 속에 살아가고 있다. 주일에는 경건한 신앙인이지만, 월

요일부터 금요일까지는 세속적 직업인 가운데 하나로 살아간다. 신앙의 논리와 삶의 논리가 분리되어 있어서 신앙심 깊은 교수들조차 자신들이 전공하는 학문 분야가 신앙과 어떻게 관련되는지에 대해서 무지할 뿐만 아니라 관심조차 갖지 않는 경우가 많다. 이들이 생각하는 신앙이란 주일날 교회에서 예배 드리고 성가대나 주일학교에서 봉사하는 종교생활을 의미한다. 여기서 좀더 나아간다면 다른 사람들보다 도덕적인 생활을 하는 것이다. 신앙이 자신들의 직업현장인 대학의 강의실과 연구실에서 어떻게 실천되어야 하는지 고민하지 않는다. 그러다 보니 세속적이며 때로는 반기독교적인 세계관이나 학문방법론을 무비판적으로 수용하게 된다.

　이처럼 기독 교수들이 신앙을 삶의 현장인 대학의 연구실과 강의실에 적극적으로 통합시키지 못한 결과 고통을 당한다. 왜냐하면 건강한 인격이란 자신의 삶의 모든 측면들을 핵심되는 정체성을 중심으로 통합시킬 때라야 가능해지기 때문이다.[6] 한편 기독 교수의 신앙과 학문의 분리는 학문세계를 세속 학자들에게 넘겨줌으로써 학문세계에 대한 그리스도의 주권 실현을 어렵게 만든다. 기독 교수의 무관심과 무책임 속에 학생들은 세속주의 학문으로 교육되며, 지성사회는 점점 비종교적이 되어 간다.

대학에서 기독 교수의 사명과 역할

　일반적으로 자아 정체성에 대한 물음은 그가 맡은 사회적 역할에 대한 물음과 밀접히 관련되어 있다. 자신이 누구인가 하는 물음(존재)은 자신이 하는 일(행위)과 뗄 수 없기 때문이다.[7] 자신이 속한 사회 속에서 자기의 정체성이 무엇인지를 알고, 그에 따르는 자기 역할을 다할 때라

---

6) R. T. Hughes, *The Vocation of the Christian Scholar*(Grand Rapids : Eerdmans, 2005), xv.
7) 강영안, "기독 교수는 누구인가?," p. 12.

야 비로소 정신적으로 건강한 사람이 될 수 있다. 그렇게 볼 때, 교수의 정체성은 자신이 몸담고 있는 대학의 사명이나 역할과 밀접히 관련되어 있다고 볼 수 있다. 전통적으로 대학의 기능은 크게 세 가지, 즉 연구, 교육, 봉사로 구분된다. 실제로 교수의 대학생활 역시 이 세 가지를 중심으로 구성되어 있다.

칼리지를 기본 모형으로 하는 영국의 대학들이 주로 교육적 사명을 강조하고, 독일의 대학은 학문의 자유에 기초하여 연구의 사명을 강조하는 반면 미국의 대학들은 실용주의에 기초하여 지식의 응용을 통한 사회봉사를 강조하는 경향이 있다. 그럼에도 불구하고 연구와 교육, 그리고 사회봉사라는 이 세 가지는 어느 것 하나 소홀히 할 수 없는 대학의 사명이며, 동시에 교수의 사명이라 하겠다.

연구자로서 기독 교수

대학 교수의 연구 활동은 진리에 대해 탐구하고 새로운 지식을 생산하는 지식의 창조행위를 가리킨다. 지식기반사회인 우리 시대에 대학 교수의 연구 역량은 더욱 중요한 교수의 과제가 될 것이다. 그러므로 기독 교수는 자기 전공 분야에 대한 전문 지식과 능력을 갖추어 세계적 경쟁력을 지닌 학자가 되도록 힘써야 한다.

하지만 기독 교수는 일반 교수와 같은 주제를 연구한다 하더라도 차별성을 지니게 된다. 먼저 연구의 동기가 달라야 한다. 단순한 지적 호기심이나 연구비와 같은 금전적 욕망, 혹은 노벨상 같은 명예욕이 연구의 동기가 되어서는 안 된다.

교육학자 파커 팔머(P. Palmer)가 옳게 지적한 대로 단순한 지적 호기심은 진리의 지배를 받기보다는 오히려 진리를 지배하고 통제하려는 욕구와 관련되어 있다.[8] 기독 교수의 학문자세는 지식을 통해 피조 세계를 지배하겠다는 교만한 태도가 아니라 진리 되신 하나님 앞에서의 겸손

과 절제의 태도여야 한다.[9]

기독 교수는 지배욕만 남아 있는 오늘의 학문태도를 극복하고, 피조 세계에 대한 놀람과 감사를 회복하는 데 앞장서야 한다. 연구 방법에 있어서 세상과 소통하기 위해 일반적 학문규칙을 지켜야 하지만, 연구윤리에서 탁월한 지적 정직성(integrity)을 지녀야 한다. 최근 들어 연구에 대한 압박이 커지면서 대학에서 연구 부정행위가 발생할 가능성이 점점 커지는 상황이어서 지적 정직성의 덕목은 더욱 중요해질 것이다.

기독 교수의 학문적 탁월성이란 연구의 결과만이 아니라 연구 과정에서도 추구되어야 하는 덕목이다. 그리고 기독 교수의 연구 목적은 하나님의 진리를 드러내어 하나님께 영광을 돌리고, 연구 성과를 통해 인류 사회에 봉사하는 데 있어야 한다.

농산물 응용화학의 시조요, '땅콩박사'로 알려진 조지 워싱턴 카버(G. W. Carver) 박사의 연구생활은 연구자로서 기독 교수들에게 좋은 귀감이 된다.[10] 그의 학문은 철저한 기독교 신앙에 기초했으며, 연구의 동기는 가난한 흑인 농촌사회의 생활 향상에 있었다. 그는 농작물과 식품공학에 대해 연구했으며, 땅콩을 가지고 수백 가지의 발명품을 만들었는데, 그가 이룬 발명이 인류 전체의 것이어야 한다는 생각에서 일체 특허권을 요구하지 않았다.

교육자로서 기독 교수

대학 교수의 교육 활동은 지식을 전수하고 확산시킴으로써 인류의 문

---

8) P. Palmer, 이종태 역, 「가르침과 배움의 영성」(서울 : IVP, 2000), p. 161.
9) 이수영, "칼뱅신학의 특징과 한국신학," 한국성서학연구소 편, 「한국적 신학의 모색」(서울 : 한국성서학연구소, 1992), p. 203.
10) 로렌스 엘리엇, 곽안전 역, 「땅콩박사, 조지 워싱턴 카버 전기」 개정신판(서울 : 대한기독교서회, 2001).

화발전에 이바지하는 일이다. 대학의 연구 기능이나 봉사 기능이 다 중요하지만 가르치는 기능이야말로 대학의 핵심에 속하는데, 이는 연구나 봉사의 기능들은 다른 사회 기구에서도 얼마든지 수행할 수 있는 기능인 반면 교육은 대학에서만 가능한 기능이기 때문이다.

가르치는 자로서 대학 교수의 교육적 과제는 크게 두 가지로 나누어 볼 수 있다. 하나는 전문지식의 전달을 통한 지식의 확산이며, 다른 하나는 학생들의 인격형성이다. 대학교육을 통한 최첨단 지식의 전수와 확산은 인류 문화의 발전의 토대가 되었다. 하지만 최근 들어 정보통신기술의 발전으로 생겨난 인터넷 환경에서는 지식의 단순한 전달 기능보다는 지식의 응용을 위한 창의력과 사고력 배양이 중요한 교육적 과제가 되고 있다. 이제 교수는 구체적인 교과 내용을 전달하는 '강사'로서의 역할보다는 학생들과 함께 학습 기술과 학습 경험을 설계해 주는 '코치'나 '컨설턴트' 혹은 '디자이너'의 역할을 맡아 주기를 요청 받고 있다.[11]

한편 대학 교수의 또다른 과제는 학생과의 인격적 만남과 대화를 통한 인격형성이다. 인격형성이라는 교육적 역할은 대학의 기원인 중세대학부터 중시되었지만, 근대사회에서 산업사회에 필요한 전문인 양성이라는 이유로 무시되었다가 현대사회에서 다시 강조되는 대학의 과제이다. 이는 대학교육이 목적하는 인재가 단순히 전문 지식과 기술만을 지닌 기능인이 아니라 사회적 책임을 질 수 있는 전인(全人)에 있기 때문이다.

하지만 유감스럽게도 오늘날 학생들은 교수의 강의 내용에 대해서는 대체로 만족하는 반면에 인격적인 관계에 대해서는 불만족을 표시하고 있다. 교수와 학생의 관계에 대해 조사한 한 자료에 따르면, 교수가 학생들이 직면하고 있는 감정이나 문제, 그리고 어려움에 대해 '인간적으로 깊은 관심을 보인다'고 대답한 학생이 25.7퍼센트에 그친 데 비하여 '그렇지 않다'고 대답한 학생은 35.9퍼센트나 되었다.[12] 이것은 오늘날 대학

---

11) 제임스 두데스탯, 「대학혁명」, pp. 146-147.
13) 이현청, 「한국의 대학생」(서울 : 원미사, 1999), p. 183.

교육에서 학생의 인격형성 기능이 실패하고 있음을 잘 보여 준다.

기독 교수는 일찍이 코메니우스(J. A. Comenius)가 주장했던 것처럼 학생들로 하여금 지성만이 아니라 덕성과 영성을 함께 갖추게 함으로써 온전한 하나님의 형상을 회복하도록 돕는 사람이어야 한다.[13] 달리 말하면, 기독 교수의 교육은 학생들을 궁극적으로 그리스도의 참된 제자로 삼는 데 목표를 두어야 한다. "그러므로 너희는 가서 모든 민족을 제자로 삼아 아버지와 아들과 성령의 이름으로 세례를 베풀고 내가 너희에게 분부한 모든 것을 가르쳐 지키게 하라……"(마 28 : 19 - 20). 이를 위해 기독 교수는 진리를 단지 설명하는 데 만족해서는 안 되고, 그 진리를 본보일 수 있어야 한다. 왜냐하면 학생들의 성품형성은 지식을 통해서라기보다는 지성과 인격이 어우러진 교수의 성품을 통해서 이루어지기 때문이다.

봉사자로서 기독 교수

교수는 탐구를 통해 발견한 지식이나 인류의 지적 유산을 응용하여 현실 세계에 도움을 주는 사회봉사의 의무가 있다. 대학 역사의 초기에 교수의 역할이 연구와 가르침에 있었다면, 현대사회에 와서 사회봉사의 기능이 점점 더 많이 강조되고 있다. 그것은 대학이 더 이상 상아탑으로 머물러서는 안 된다는 현실적 이유에서이다. 대학에 대한 사회적 관심이 높아질수록 대학의 사회봉사의 기능도 더 많이 강조될 것으로 전망된다. 오늘날 교수들은 학생들의 직업교육과 인격교육을 통해 사회에서 필요로 하는 인재를 양성한다는 점에서 간접적으로 사회에 봉사한다. 그리고 국가, 공공단체, 기업, 사회단체, 종교단체의 다양한 요청에 부응함으로써 직접적으로 사회에 봉사한다.

전문직으로서 교수직이 다른 직업과는 달리 사회적 특혜를 받고 자율

---

13) 이숙종, 「기독교대학과 교육」(서울 : 예영커뮤니케이션, 2007), pp. 194 - 195.

성을 보장 받는 이유는 교수들이 자신들의 전문 지식을 통해 공익(公益)을 위해 봉사하리라고 기대되기 때문이다. 만약 교수들이 전문직의 특권만 주장하고 사회적 의무를 다하지 않게 되면, 그것으로 말미암아 생겨나는 사회적 폐해는 엄청날 것이다.

대학의 사회봉사 정신에 따라 기독 교수들도 교회나 사회에서 다양한 형태의 사회봉사 활동에 참여해야 할 의무가 있다. 하지만 대학 교수의 일차적 의무는 학술 활동에 있기 때문에 사회봉사 활동이 교수의 연구와 교육을 방해하거나 소홀히 하지 않는 범위 내에서 이루어져야 한다.

봉사자로서 기독 교수가 일반 교수와 다른 점은 무엇일까? 아마도 봉사에 임하는 동기와 태도일 것이다. 사회봉사에 참여하는 교수들 가운데에는 공익적 관심보다 개인적 야심이 더 큰 동기가 되는 사람이 있다. 폴리페서(polifessor)가 한 예일 것이다. 실제로 시민단체에서 활동하거나 정치단체에서 자문하는 교수들 가운데에는 공익적 관심보다 정치계에 입문하려는 개인적 야심이 더 큰 사람들이 있다. 하지만 기독 교수의 봉사의 자세는 공공의 이익을 위한 섬김이어야 한다. 예수 그리스도가 보여주신 삶의 태도도 바로 섬김이었다. "인자가 온 것은 섬김을 받으려 함이 아니라 도리어 섬기려 하고 자기 목숨을 많은 사람의 대속물로 주려 함이니라"(막 10 : 45).

시대와 상황에 따른 교수 역할의 변화

바람직한 교수상을 일반화하기는 어렵다. 왜냐하면 대학의 사명과 역할에 대한 인식이 시대에 따라 변화하면 교수의 사명과 역할에 대한 인식도 그에 따라 변할 수밖에 없기 때문이다.

역사적으로 살펴볼 때 중세시대에는 학생들의 인격형성자로서 '교수상'이 강조되었다. 이는 당시의 대학이 전인교육을 통한 종교인, 법률가, 의료인 양성을 목적으로 삼았기 때문이다. 근대 사회에서 독일의 대학은 자유와 고독 가운데 순수 학문을 연구하는 '학자상'을 강조했다. 현대 사회에서 미국 대학은 전문지식의 응용을 통해 공공사회에 봉사하는 '봉사자상'을 강조하고 있다. 물론 한 나라 안에서도 시대에 따라 교수상이 달라지기는 했다. 미국 대학의 경우, 식민지시대에는 교회와 사회를 위한 지도자 양성을 위해 교육자로서의 기능을 강조했다면, 산업사회가 전개될 때에는 농업과 산업발전을 위한 봉사자의 역할을 강조했다. 그러다가 20세기에 들어서서 전문적인 연구 기능이 강조되면서 연구 중심 대학이 생겨나 연구자의 기능이 강조되고 있다.

한편 교수상에 대한 논의가 대학의 사명에 관계된다고 할 때, 결국 교수가 재직하고 있는 대학의 성격에 따라 바람직한 교수상도 달라질 수밖에 없다. 이는 대학마다 교육이념과 교육목표가 다르고, 그에 따라 교수에게 기대하는 바도 다르기 때문이다. 한편 대학의 형태에 따라서 교수상이 바뀔 수도 있다. 일반대학이냐, 기독교대학이냐, 아니면 신학대학이냐에 따라 각기 다른 교수상이 요청될 것이다. 그런 배경에서 오늘날 기독교대학이 교수들에게 어떤 역할과 기능을 강조할 것인가 하는 것은 각 대학의 창학이념과 대학의 전통, 그리고 시대적 상황 등의 다양한 요소들을 검토한 후에 결정되어야 할 것이다. 기독교대학에서 교수들에게 어떤 역할과 기능이 강조되든 그 모든 일의 궁극적이고 최종적인 목적은 하나님의 영광에 있을 것이다. "……너희가 먹든지 마시든지 무엇을 하든지 다 하나님의 영광을 위하여 하라"(고전 10 : 31).

기독 교수의 정체성의 특징

기독 교수는 학자이면서 동시에 신앙인이다. 학자로서 연구하고 가르치는 일이 그의 신앙과 분리될 수 없다. 그러기에 기독 교수의 정체성은 그가 맡은 대학에서의 직무나 역할을 통해서만 규정될 수는 없다. 그의 정체성은 행동만이 아니라 존재를 통해서도 규정되어야 한다. 무엇보다 신앙인으로서 그의 정체성은 하나님과의 관계 안에서 모색되어야 한다.

한편 기독 교수의 정체성에 대한 물음은 자기 자신을 개입시키지 않고는 대답을 찾기 힘든 질문이다. 기독 교수의 정체성은 자신의 삶의 현장인 대학에서 '교수 됨'과 '그리스도인 됨'을 통합해 가는 과정에서 형성되는 정체성이기 때문이다.[14] 기독 교수의 정체성에 대한 물음은 진리에 사로잡힐 각오 아래 자신을 개입시키는 방식으로 다루어져야 할 물음이다.

소명으로서 교수직

기독 교수에게 교수직은 하나의 직업이기에 앞서 하나님께로부터 받은 소명(calling)이다. 직업을 소명으로 이해하게 되면, 직업이 단순히 돈벌이나 경력의 문제가 아니라 하나님의 창조에 대한 청지기 역할이며, 이웃에 봉사하는 행위라는 진리를 깨닫게 된다.[15] 어원적으로 살펴보더라도 '교수'(professor)라는 말은 소명과 밀접히 관련되어 있다. 교수라는 말은 중세대학에서 생긴 것으로 자격증을 가지고 무엇인가를 가르치거나 공개적으로 논쟁하는 사람을 가리키는 말이었다. 사전적으로 보면 'profess'는 자신의 신앙이나 확신, 혹은 견해를 공개적으로 고백할 때 쓰여진 말이다.[16]

종교개혁자 칼빈(J. Calvin)이 설립한 제네바 아카데미의 개교 강연에서 테오도르 베자(T. Veza)는 교수의 소명이 하나님의 군사가 되어 하

---

14) 강영안, "기독 교수는 누구인가?," pp. 11-13.
15) A. Holmes, *Building the Christian Academy*(Grand Rapids : Eerdmans, 2001), p. 109.
16) R. B. Reichenbach, Bruce, R(1997)., "On Being a Professor : The Case of Socrates," David W. Gill, *Should God Get Tenure? Essays on Religion & Higher Education*(Grand Rapids : Eerdmans, 1997), p. 9.

나님의 영광을 드러내는 데 있다고 말했다. "학원에 근무하는 것은 단지 가르치는 것만을 위해서라거나 더욱이 옛 희랍인들이 자기들의 김나지움에서 그랬었듯이 덧없는 이득을 보기 위한 것이 아니고…… 하나님의 영광을 위해 일하며, 자신의 본분을 위해 자신의 사명에 합당한 군사들이 되는 것입니다."[17]

　기독 교수의 소명은 무엇보다 자신의 삶의 현장인 대학 캠퍼스에서 '문화위임'(cultural mandate)을 통해 구체화된다. 기독 교수의 학문 활동은 하나님의 창조세계를 다스리고 널리 인간 세상을 이롭게 하는 문화위임 가운데 하나이다. "하나님이 자기 형상 곧 하나님의 형상대로 사람을 창조하시되 남자와 여자를 창조하시고 하나님이 그들에게 복을 주시며 하나님이 그들에게 이르시되 생육하고 번성하여 땅에 충만하라, 땅을 정복하라, 바다의 물고기와 하늘의 새와 땅에 움직이는 모든 생물을 다스리라……"(창 1 : 27 - 28). 기독 교수의 문화위임에는 세속화된 지성 세계를 변화시키는 일이 포함된다. 바울의 표현을 따르자면 "……하나님 아는 것을 대적하여 높아진 것을 다 무너뜨리고 모든 생각을 사로잡아 그리스도에게 복종하게……"(고후 10 : 5) 함으로써 지성사회에 그리스도의 주권을 실현하는 일이다.

두 공동체에 속한 기독 교수

　기독 교수는 두 가지 성격이 서로 다른 공동체에 속한다. 하나는 학문공동체로서의 대학이며, 다른 하나는 신앙공동체로서의 교회이다. 기도교적 세계관이 당연시되던 중세기에는 신앙과 학문 사이에 아무런 갈등

---

17) 엘머 타운즈, 임영금 역, 「인물 중심의 종교교육사」(서울 : 대한예수교장로회총회 교육자원부, 1984), p. 252 재인용.

이 없었으나 근대 이후 학문의 세속화가 진행되면서 기독 교수들은 두 공동체 사이에서 정체성의 갈등을 경험하고 있다. 학문세계의 세속화가 지속되고 명백하게 반종교적인 방향으로 발전해 갈수록 기독 교수의 고민은 깊어질 것이다. 이것은 일찍이 아우구스티누스가 「신의 도성」에서 언급했던 하나님 사랑을 특징으로 하는 하나님의 도성(civitas Dei)과 자기 사랑을 특징으로 하는 세속 도성(civitas mundi) 사이에서의 갈등이다. 이에 대해 바울은 이렇게 표현하고 있다. "우리의 씨름은 혈과 육을 상대하는 것이 아니요 통치자들과 권세들과 이 어둠의 세상 주관자들과 하늘에 있는 악의 영들을 상대함이라"(엡 6 : 12).

서로 다른 두 공동체에 속한 존재로서 기독 교수의 역할은 세속화된 학문사회에서는 교회의 신앙을 대표하는 사람이 되고, 교회에서는 대학의 지성을 대표하는 사람이 되는 데 있다.[18] 달리 표현하면 기독 교수는 대학에서는 '신앙에 기초한 학술정신을 가진 학자'(faith-informed scholarship)로서, 그리고 교회에서는 '학문적으로 다듬어진 신앙을 지닌 신자'(academically shaped faith)로서 교회와 학문공동체라는 두 상이한 공동체가 서로 소통할 수 있도록 통역해 주는 사람(translater)이다. 이를 위해 기독 교수는 교회와 학문공동체 모두에 열정적으로 참여하면서도 비판적으로 성찰할 수 있는 '비판적 헌신'(critical commitment)의 삶을 살 필요가 있다.[19]

이미 알고 있듯이 오늘날 학문세계는 과학 실증주의의 영향 아래 세속화되어 있다. 과학 실증주의의 영향을 받은 학자들은 신앙을 주관적이

---

18) Stephen C. Evans "The Calling of the Christian Scholar-Teacher," Douglas V. Henry & Bob R. Agee, *Faithful Learning and the Christian Scholarly Vocation*(Grand Rapids : Eerdmans, 2003). p. 33.
19) D. Jacobsen & R. H. Jacobsen, *Scholarship and Christian Faith. Enlarging the Conversation*(Oxford N. Y. : Oxford University Press, 2004), pp. 153, 154, 167.

고 개인적인 일로 간주함으로써 객관적이고 보편적인 학문 활동에 장애 요인이 된다고 본다. 그리고 그들은 사실과 가치를 엄격히 분리할 것을 주장하면서 학문의 가치중립성을 내세운다. 그 결과 학문 활동은 의미와 방향을 상실하여 점점 더 피상적이고 파괴적으로 변해 갈 수 있다. 이러한 학문세계의 현실을 극복하기 위해 기독 교수는 학문 활동에서 신앙이 지닌 의미와 가치를 탐색하는 일과 모든 학문 활동의 기초가 되는 세계관에 대한 기독교적 이해에 관심을 가질 필요가 있다.

한편 오늘날 한국교회는 비판적 지성을 상실함으로써 점점 더 기복적이고 맹신적으로 되어 가고 있다. 거룩함과 속됨, 공적인 삶과 사적인 삶을 엄격히 분리하는 이분법적 세계관의 영향을 받은 반지성주의적 신앙 전통으로 말미암아 지성사회로부터 소외되어 가고 있다. 젊은이들과 지성인들로부터 역사의식과 사회의식이 없는 맹목적 종교집단, 독선적이고 배타적이고 이기적인 종교집단으로 비쳐지고 있다. 기독 교수는 자기비판을 통해 교회의 신앙적 맹목성을 교정하고, 교회로 하여금 세상과 소통 가능한 종교가 되도록 힘써야 한다. "너희 마음에 그리스도를 주로 삼아 거룩하게 하고 너희 속에 있는 소망에 관한 이유를 묻는 자에게는 대답할 것을 항상 준비하되 온유와 두려움으로 하고"(벧전 3 : 15).

전문 지식인으로서 기독 교수

대학 교수는 학문 활동을 직업으로 하는 사람이기 때문에 무엇보다 탁월한 학문정신(scholarship)이 요청된다. 신앙심이 전문가로서의 교수의 학문정신을 대체할 수 없으며 그래서도 안 된다. 기독 교수에게 신앙과 학문정신은 상호 선택적인 것이 아니라 상호 보완적이다. 신앙은 학문적 수월성을 위한 강력한 동기를 제공한다. 조지 워싱턴 카버(G. W. Carver) 일화는 기독 교수의 신앙과 학문정신의 상관성을 잘 보여 준다. 과잉 생산된 땅콩 문제로 고민하며 기도하면서 하나님께 왜 우주를 창조하셨고, 왜 인간을 만들었나를 묻는 카버 박사에게 하나님은 '주제넘은 기도'라고 응답하셨다. 카버 박사가 "그러면 왜 땅콩을 만드셨습니까?" 묻자 "옳지, 됐다. 너는 땅콩을 한 줌 들고 실험실로 들어가서 연구를 계속 하라."고 말씀했다는 것이다.[20] 기도의 응답을 받은 그는 실험실에서 침식을 잊을 정도로 연구에 몰두할 수 있었고, 마침내 땅콩에서 105가지의 음식물과 200여 가지의 실용품을 만들어 낼 수 있었다.

일반적으로 교수의 학문 활동은 연구 활동과 교육 활동으로 구성된다. 그런데 연구 활동과 교육 활동은 서로 분리하기 어려울 정도로 밀접하게 관련되어 있다. 실제로 학생들의 강의평가를 보면, 대부분의 경우 최고의 학자가 최고의 교육자라는 것을 증명한다.[21] 따라서 교수의 학문정신이란 학술연구만이 아니라 가르치는 일까지 포함하는 폭넓은 개념으로 정의되어야 할 필요가 있다. 물론 교수가 학술연구와 교육을 이상적으로 조화시키는 일이란 결코 쉬운 과제가 아니다. 오랜 동안의 경험과 끊임없는 노력을 통해서만 이룰 수 있는 목표이다. 그런 점에서 기독 교수는 계속해서 배우고 성장하려고 노력하는 존재여야만 한다.

기독 교수가 전문가적 지식과 능력을 확대하기 위해서는 학문의 지나친 전문화를 극복할 대안적인 학술연구방법, 예를 들면 학제 간 연구방법 같은 통합적 방법을 필요로 한다. 이는 학문의 지나친 전문화가 지식의 파편성과 분절성이란 문제를 낳기 때문이다.

한편 기독 교수는 동료 학자들과 대화를 통해 '지적 자폐성'으로부터 벗어나야 한다.[22] 대학사회는 개인주의가 강하고, 동료들 사이에도 벽이 있어 자신을 개방하지 않으면 고립된 채 살아가기 쉬운 조직이다. 이러한 폐쇄성은 자칫 학자로서 자신의 발전 가능성을 막는 요인으로 작용할

---

21) 로렌스 엘리엇, 「땅콩박사, 조지 워싱턴 카버 전기」, p. 153.
22) 제임스 두데스탯, 「대학혁명」, p. 140.
23) 파커 팔머, 이종인·이은정 역, 「가르칠 수 있는 용기」(서울 : 한문화, 2005), pp. 237-267.

수도 있다. 따라서 기독 교수는 학문적 발전을 위해 자신을 적극 개방하고, 다른 사람의 비판을 겸손히 수용하는 자세를 가져야 한다.

인격자로서 기독 교수

대학 교수에게는 새로운 지식을 창조하기 위한 학술연구나 지식의 전수를 위한 교육만이 아니라 학생들을 인격적으로 지도해야 하는 기능도 중요하다. 유감스럽게도 오늘날 대학교육은 지나치게 정보 중심, 지식 중심, 직업 중심으로 되어 가고 있으며, 교수들은 자신도 모르게 지식 전달자로 살아간다. 하지만 기독 교수들에게는 학생들로 하여금 온전한 하나님의 형상을 회복한 전인적 존재가 되도록 지도할 사명도 있다.

그런데 성품교육은 가르침의 내용이나 테크닉에서 오는 것이 아니고, 가르치는 사람의 성품에서 나온다. 성품교육은 가르치는 사람의 정체성이 가르침 속에 묻어 나올 때 가능한 일이다. 파커 팔머(P. Palmer)의 주장대로 "훌륭한 가르침은 하나의 테크닉으로 격하되지 않는다. 훌륭한 가르침은 교사의 정체성과 성실성에서 나온다."[23]라고 할 수 있다. 학생들의 전인형성에 관심을 가진 기독 교수는 로고스(logos)나 파토스(pathos)만이 아니라 에토스(ethos)도 필요하다. 진리에 대해서는 겸손하고, 강의에는 성실하며, 학생들에게는 친절한 태도가 요청된다.

기독 교수의 권리와 책임

대학 교수는 진리탐구를 위해 학문의 자유를 가진다. 일반적으로 학문의 자유란 학자가 외부로부터 어떠한 간섭 없이 자유롭게 연구하고,

---

23) Ibid., p. 27.

토론하고, 비판하고, 결과물을 발표할 수 있는 자유를 가리킨다. 학문의 자유는 좁은 의미에서는 연구의 자유, 연구(결과) 발표의 자유, 교수(가르침)의 자유를 포함하는 개념이다.

그런데 학문의 자유란 절대적인 자유가 아니라 상대적이며, 책임적인 자유이다. 왜냐하면 학문의 자유는 학생들의 학습의 자유나 동료 교수들의 자유, 대학공동체의 자유와 충돌할 수 있기 때문이다. 학문공동체로서 대학에는 다양한 이해관계 집단이 있다. 학생은 학습권을 가지며, 대학은 설립정신에 따른 고유한 교육적 사명을 수행할 권리를 지니고 있다. 한편 학문의 자유는 국가 사회적인 이유에서 헌법에 의해 제한을 받기도 한다. 우리나라 헌법 제37조 2항에서는 국가의 안전보장, 자유시민적 질서유지, 그리고 공공복리를 위해 필요한 경우에는 법률에 따라 학문의 자유를 제한할 수 있다고 했다. 교수가 정치문제와 관련한 주제를 자유롭게 선택하여 강의하고 연구할 수 있으나, 강의실에서 학생들을 선동하거나 특정 정당의 선전 행위와 같은 정치운동은 허용되지 않는다.

한편 학문의 자유는 책임적 자유인데, 이는 학문의 자유가 그 자체를 목적으로 하는 것이 아니라 진리탐구를 위해 보장된 것이기 때문이다. 학자는 진리탐구 이외의 명예, 돈, 권력 등에 대한 이해관계로부터 벗어나야 한다. 학문의 자유를 핑계로 학자의 비도덕적인 행위가 정당화될 수 없다.

마지막으로 기독 교수에게 학문의 자유는 외부의 간섭으로부터 자유롭다는 소극적 의미를 넘어 학문의 자유를 통해 학생과 사회에 공헌한다는 적극적 의미도 지닌다. 그리스도인의 자유는 개인적 만족을 위해서가 아니라 봉사하고 섬기기 위해서이다. "형제들아 너희가 자유를 위하여 부르심을 입었으나 그러나 그 자유로 육체의 기회를 삼지 말고 오직 사랑으로 서로 종노릇하라"(갈 5 : 13).

5 기독교적 대학문화

　　기독교대학의 정체성을 이루는 세 번째 요소는 기독교적 대학문화이다. 대학문화란 대학인의 일상적 생활방식으로서 대학의 기풍(에토스)이며, 대학에서 느껴지는 독특한 분위기이다. 대학문화라는 개념에는 대학의 전통이나 가치, 구성원 사이의 인간관계 방식 등 다양한 요소들이 포함된다.

　　대학당국이 아무리 대학정관에 기독교 정체성을 강조하고, 교목실을 두어 채플을 제도화하더라도 대학 구성원의 일상생활에서 기독교적 기풍을 느낄 수 없다면 진정한 의미의 기독교대학이라고 할 수는 없다. 성숙한 신앙이란 종교생활만이 아니라 일상생활에 그리스도의 정신이 배어 있듯이 좋은 기독교대학도 기독교 정신이 대학인의 일상생활에 배어 있는 대학을 가리키기 때문이다.

　　오늘날 많은 기독교대학이 형식과 제도적인 면에서는 그런대로 기독교적 요소를 갖추고 있지만, 대학인의 일상생활에서 기독교적 분위기를 드러내는 대학은 많지 않은 것 같다. 기독교 창학이념을 표방하는 대학의 정관이나 교목실제도, 그리고 십자가가 달린 채플실 같은 외적 요소를 제외하면 대학에서 기독교적 분위기를 느끼기가 어렵다. 그것은 기독교 정체성이 아직 대학인의 일상생활에 구현되지 못했다는 증거이다. 강의실이나 행정실, 그리고 캠퍼스 곳곳에서 기독교적 분위기를 느낄 수 있을 때라야 비로소 진정한 의미의 기독교대학이라 불릴 수 있을 것이다.

그러므로 대학당국은 교목실 같은 조직이나 채플 같은 제도적 요소만이 아니라 대학인의 일상에 관련된 대학문화를 기독교적으로 창조하고 변혁하는 데 관심을 기울여야만 한다.

대학문화의 유형

전통적으로 대학문화는 창조성과 실험정신이 강해서 일반사회의 대안문화로서 주목을 받아 왔다. 대학은 지성과 낭만이 어우러지고 순수와 열정이 넘치는 곳으로서 물질적이고 세속적인 일반사회와 대비되는 문화적 대안공동체로 생각되어졌다. 그러나 최근 들어 대학문화가 소비적이고 향락적으로 변해 가면서 대학문화에 대한 우려의 목소리가 커지고 있다.

일찍이 엘리엇 아이즈너(E. Eisner)는 '암시적 교육과정'(implicit cur-riculum)이라는 개념을 통해서 대학문화가 교육에 미치는 영향이 얼마나 큰지 설명했다.[1] 그의 주장에 따르면, 교육이란 명시적 수업의 형식이나 강의실이라는 한정된 공간에서만 일어나는 것이 아니라, 교육기관 전체의 삶의 방식, 즉 수업시간 이외의 일상생활과 강의실 바깥의 모든 장소에서 일어난다. 실제로 학생들은 강의실만이 아니라 강의실 바깥에서도 배우며, 교수만이 아니라 동료와 선후배로부터도 영향을 받는다. 따라서 대학이 기독교적 교육이념을 제대로 구현하려면 강의실이라는 공식적인

---

1) 이규민, "기독교 종합대학의 기독교 관련 과목 강의 현황 진단 및 개선책," 오우성 외, 「기독교 종합대학의 정체성과 제도」(서울 : 이문출판사, 2000), p. 205.

교육과정만이 아니라 비공식적 교육과정인 대학문화에도 관심을 두어야 한다.

이를 위해서는 윌리엄 클라크(W. Clark)가 주장했던 대로 "기독교대학은 종교적 프로그램을 만들어야 하는 것이 아니라, 그 자체가 종교적 프로그램이어야 한다."[2]는 것이다. 말하자면 제대로 된 기독교대학에서는 대학 구성원의 일상생활에 기독교 정신이 배어 있어서 굳이 특별한 종교 프로그램을 마련하지 않더라도 기독교적 교육이 가능해진다는 뜻이다.

우리는 오늘의 대학생 문화를 크게 네 가지로 유형화할 수 있다.[3] 첫째, '학구형 대학문화'로서 학문연구에 대학생활의 목표를 두고 공부만 하는 학생들이 만들어 가는 문화이다. 이들 학구적 대학생들은 주로 강의실이나 도서관, 그리고 실험실을 무대로 대학생활을 한다.

둘째, '사교형 대학문화'로서 학업보다는 동료 학생들과 어울리는 데 더 많이 관심을 갖는 대학생들로 이루어지는 문화이다. 이들은 학업보다는 학생회 활동, 스포츠, 축제 등에 관심이 많다.

셋째, '저항형 대학문화'로 정치체제는 물론 대학당국이나 심지어 교수들에 대해서까지 비판적인 학생들이 만들어 가는 문화이다. 이들은 대학 안팎의 정치·경제·사회의 현실적 개혁에 관심을 갖는다.

넷째, '취업형 대학문화'로서 대학생활을 취업을 위한 준비과정쯤으로 생각하는 학생들로 이루어지는 문화이다. 취업형 학생들은 학구적이지만 순수한 학문연구보다는 취업에 필요한 실용적인 과목인 영어나 컴퓨터, 각종 자격증시험이나 국가고시 관련과목에 우선적 관심을 둔다.

물론 이러한 다양한 학생문화 유형은 공존하기 마련인데 시대 상황에 따라 어떤 유형이 다른 유형에 비해 두드러지는 경우가 있을 수 있다. 예

---

2) E. Trueblood, *The Idea of a College*(N. Y. : Harper & Row, 1959), p. 32 재인용.
3) 인하대학교 학생생활연구소, 「대학생과 대학문화」(인천 : 인하대학교, 2000), pp. 16-18.

를 들면, 1970~1980년대와 같이 우리나라의 어두운 정치 상황 속에서는 저항형 대학문화가 지배적인 대학문화였다면, 최근에는 어려운 취업난으로 말미암아 취업형 학생문화가 두드러지고 있다고 볼 수 있다. 하지만 대학의 본래 기능이 진리의 탐구와 지식의 전수에 있다는 점을 염두에 둔다면 학구형 대학문화야말로 대학문화의 기본이 되어야 한다는 것은 두말할 나위가 없을 것이다.

사라지는 학술문화

오늘의 대학문화에 대한 가장 근본적인 비판은 학구형 대학문화의 약화이다. 본래 대학이란 진리를 탐구하고 학습하는 학문공동체이다. 그래서 사람들은 대학을 '지성의 전당'이라고 부르기도 하고, '진리의 상아탑'으로 표현하기도 한다. 대학의 실험실과 도서관에는 늘 불이 켜 있고, 강의실에서는 학문에 대한 열띤 토론과 대화가 있어야 한다.

그럼에도 불구하고 우리나라 대학생은 외국에 비해 덜 공부하는 것으로 알려져 있다. 열악한 교육환경이나 도서관의 장서 부족에도 원인이 있겠으나, 이보다는 대학 구성원의 면학정신의 결여에 더 큰 원인이 있어 보인다.

우리나라 대학생들의 학술문화가 지닌 문제점은 여러 가지이다. 첫째, 수동적인 학습문화이다. 중·고등학교 시절부터 길들여진 비자발적인 학습태도와 사교육의 영향으로 말미암아 학생들이 대학에 와서도 자율적으로 공부하는 방법을 모르는 경우가 많다. 중·고등학교에서 습득한 주입식 강의와 단답형 학습방식에 익숙해져서 대학 공부에서 필요한 기초 사고력이나 글쓰기, 그리고 토론하기에 상당한 어려움을 겪고 있다. 외국 대학생들이 수업준비를 위해 많은 시간을 독서에 할애하는 것과는 달리 우리나라 대학생들은 거의 준비 없이 수업에 임하고 있다.

둘째, 취업중심의 학습문화이다. 도서관에서 공부하는 학생들 상당수가 토플 등 어학공부, 각종 자격증이나 고시공부, 그리고 컴퓨터 관련 공부 등 취업에 직접적으로 관련된 과목들을 위주로 공부하는 것을 볼 수 있다. 이러한 취업 중심의 학습문화는 학부시절에 풍부한 교양과 다양하게 학문의 기초를 연마하는 외국대학생들과 큰 대조를 이루고 있다.

셋째, 천박한 독서문화이다. 우선 전공과 관련한 독서량만 보더라도 우리나라 대학생의 47퍼센트가 한 학기에 세 권 미만의 책을 읽고, 한 권 미만을 읽는 대학생도 26퍼센트나 된다. 이에 비해서 미국 대학생의 53퍼센트는 여덟 권 이상을 읽는 것으로 나타났다. 그리고 전공서적 이외에 교양 관련 서적을 한 학기에 한 권도 읽지 않는 우리나라 대학생이 33퍼센트, 한두 권 정도만 읽는다고 대답한 학생이 38퍼센트나 되는 것으로 조사되었다.[4] 우리나라 대학생의 독서 문제는 양적인 면만이 아니라 질적인 면에도 나타난다. 학생들이 선호하는 책을 살펴보면, 심오한 사상서나 전공서적보다는 흥미나 단순지식 위주의 가벼운 읽을거리가 주종을 이룬다.

넷째, 면학분위기도 좋지 않은 편이다. 대학마다 약간의 차이가 있기는 하지만 보통 한 학기에 14주에서 16주 정도의 수업을 하고 있는데, 대학의 각종 공식행사나 대학생들의 자치행사로 말미암아 수업 결손시간이 적지 않게 발생하고 있다. 그런 상황에서도 학생들의 지각률과 결석률이 높은 편이다. 학생들의 불규칙한 생활방식이나 아르바이트가 원인으로 작용하는 것 같다.

마지막으로 소비자 중심 교육정책의 오용이다. 소비자 중심 교육정책의 본래 취지는 필수과목을 줄이는 대신에 선택과목을 확대하여 학생들로 하여금 자율적으로 커리큘럼을 만들어 학습의욕을 높이려는 데 있다. 하지만 이런 기대와는 달리 학생들은 쉽게 학점을 딸 수 있는 과목에만 관심을 가짐으로써 오히려 학업의 질이 점점 떨어지고 있다.

---

4) 이현청, 「한국의 대학생」(서울 : 원미사, 1999), pp. 27-28, 248.

도덕적 탁월성 상실

대학은 학문을 연구하고 전문지식을 배우는 곳일 뿐만 아니라 학생들의 인격을 도야하고, 성품을 형성하는 곳이다. 대학생들은 장차 국가와 사회를 이끌어 갈 지도자들이기 때문에 사회는 학생들에게 도덕적 탁월성을 기대하기 마련이다. 하지만 오늘날 대학생의 도덕적 현실은 실망스럽다.

대학의 도덕성 문제 가운데 가장 중요한 것은 지적 정직성(integrity)의 약화이다. 모든 학문 활동은 학자의 정직성 위에서만 발전한다는 특징을 지니고 있다. 과학을 예로 들어, 학자가 다른 학자들의 실험이나 통계의 정직성을 믿지 못하게 되면 불필요한 실험을 반복해야만 할 것이다. 이처럼 모든 학문 활동은 절차적 투명성과 내용적 정직성이라는 학문윤리 위에서만 진보해 갈 수 있다.

그럼에도 불구하고 최근 들어 학자들의 학문윤리가 사회문제화되고 있다. 연구의 부정행위들, 즉 표절, 날조, 변조, 결과의 과장과 같은 부정직한 행위들이 발생하고 있다. 학생들 사이에서도 시험의 부정행위는 물론 과제물의 표절과 베끼기가 일상화되고 있다. 도덕에 대한 절대적 가치관이 약해지고 도덕적 수치심이 사라지면서 잘못을 저지르고도 "재수 없어서 걸렸다."고 생각하는 학생들이 많다. 그 결과 기독교대학에서조차 무감독 시험을 감히 엄두도 내지 못하고 있는 현실이다.

대학의 폭력문화도 우려할 만한 수준이다. 권인숙과 나임윤경 연구팀의 "전국 실태 조사 : 대학은 군대다"(2008)라는 보고서는 아직도 군사주의 집단문화의 영향 아래 있는 대학문화가 얼마나 폭력적인지 잘 보여 주고 있다.[5] 조사대상 전체 학생의 15.3퍼센트가 신체적 폭력을 경험했고, 35.6퍼센트는 언어적 폭력에 시달린 경험을 호소했다. 특히 예체능 계열은 무려 응답자의 64퍼센트가 단체기합 경험이 있는 것으

---

5) 「한국일보」, 2008. 5. 23.

로 나타났다.

또한 전체 학생의 69.1퍼센트는 학생들 모임에서 "강제로 술을 마셔 본 경험이 있다."고 답했다. 한편 남녀 학생 모두 과반수 이상(남 56퍼센트, 여 53퍼센트)이 "대학에서 학생들 사이의 인간관계가 위계적이라고 느낀 적이 있다."고 답한 것을 보아 학생들이 나이, 학번, 성별 등에 따른 위계적인 유사 군대문화를 대학에서 일상적으로 경험하고 있음을 알 수 있다.

그 외에도 대학생들의 학칙에 대한 준법정신, 대학 구성원 사이에서의 기본예절, 대학의 공공기물에 대한 절약정신이나 공공의식, 성윤리 등에서 일반사회와 비교해 볼 때 뚜렷하게 나은 점을 발견하기 어렵다는 것도 대학생의 도덕적 현실을 보여 주는 사례들이라고 볼 수 있다.

문화적 고유성 소멸

초창기 우리나라 기독교대학은 서구문화의 수용과 전달을 통해서 우리 사회에 새로운 문화적 대안을 제시했다. 1970년대에는 자본주의에 대한 이념적 비판과 군사독재권력에 저항하는 저항행동, 그리고 젊은이의 낭만이 어우러진 고유한 대학문화를 지니고 있었다. 학생들이 자본주의적 서구문화에 대한 대안으로 탈춤이나 민중가요를 통해 전통문화를 재발견한 것도 이 시대였다.

하지만 오늘날 대학들은 소비문화와 향락문화를 특징으로 하는 대중문화의 영향 아래 대학문화의 고유성을 점차 상실해 가고 있다. 1950년대의 대학생들이 6·25세대로서 이데올로기적 갈등을 경험한 세대이고, 1960년대의 대학생들이 4·19세대로서 민주화를 위한 학생운동 세대이며, 1970년대의 대학생들이 반독재 투쟁에 헌신한 반유신세대이고, 1980년대의 대학생들이 광주민주화운동세대로서 이들은 공통적으로 정치의식과 역사의식을 강조하였다. 하지만 1990년대 이후의 대학생들은 역사나 정치에 무관심한 탈정치적 세대로서 소비주의 대중문화에 빠져 들고 있다.

대학문화의 꽃이라 할 수 있는 대학의 축제를 보면 세속적 대중문화가 얼마나 대학문화를 오염시키고 있는지를 확인할 수 있다. 대학축제에서 학술행사는 사라진 지 이미 오래고, 그 자리를 초청 연예인과 더불어 먹고 마시고 노래하며 노는 오락 프로그램들이 채우고 있다.

학생들의 음주문화도 여전히 개선되고 있지 않다. 한 조사에 따르면 우리나라 남녀 대학생 100명 중 92명이 한 달에 한 번 이상 술을 마시고, 이중 82.5퍼센트는 술자리에서 다섯 잔 이상 과음을 하는 것으로 나타났다.[6] 신입생이 입학하면 학과별 및 동아리별 신고식부터 시작해서 과모임, MT, 개강파티, 종강파티 등 끝도 없이 계속되는 모임에 의례적으로 술판이 벌어진다. 저녁 늦은 시간에 만취 상태로 캠퍼스를 돌아다니는 학생이나 여기 저기 널려 있는 술자리 흔적을 발견하는 것도 어려운 일이 아니다. 간혹 과음 때문에 학생들 사이에서는 폭력행위도 발생한다. 이런 과도한 음주행위는 학업에도 지장을 주며, 학생들의 건강을 해치기도 한다. 학생들의 폭탄주 문제로 해마다 발생하는 인명사고도 사회적으로 커다란 문제가 되고 있다.

학생들의 여가문화도 염려스럽기는 마찬가지이다. 우리나라 대학생의 여가시간 활용에 대한 한 설문조사를 보면, 응답한 대학생의 23.5퍼센트가 유흥장을 찾고, 11.4퍼센트는 특별한 일이 없이 빈둥거리고, 12.1퍼센트는 대화나 토론을 하며 지내고, 나머지 11퍼센트는 스포츠를 즐기는 것으로 나타났다. 이러한 여가시간 활용은 외국 대학생들이 주로 스포츠(48퍼센트)나 독서(23.7퍼센트), 그리고 동아리활동(18.8퍼센트)을 하는 것과 비교해 볼 때 상당히 수동적이고, 소비 향락적임을 알 수 있다.[7]

---

6) 「한국경제신문」, 2002. 3. 3.
7) 이현청, 「한국의 대학생」, pp. 233-235.

대학공동체의 붕괴

문화와 공동체의 관계는 밀접하다. 문화는 공동체를 유지하고 발전시키는 데 필수불가결한 요소이기도 하지만 공동체에 의해 만들어진다. 그런데 대학문화를 창조하는 모태가 되는 대학공동체가 여러 가지 이유에서 해체 위기 속에 있다. 우리는 학생들의 동아리 활동이나 학생회 활동이 현저하게 위축되고, 축제에 참여하는 학생 숫자가 현저하게 줄어드는 데서 대학공동체 해체의 현실을 확인할 수 있다.

오늘날 대학공동체가 붕괴되고 있는 데에는 여러 가지 원인이 있다. 첫째, 개인주의 문화의 확산이다. 신세대 대학생들은 개성을 중시하며, 자기주장이 분명하고, 자기 계발을 강조하는 개인주의적 특성을 지니고 있다.[8] 출산율이 떨어지고 사회의 정보화가 진행될수록 이러한 개인주의적 경향은 더욱 강화될 전망이다. 개인주의적 경향은 과거 집단주의 속에서 무시되었던 개인의 인격을 찾는다는 점에서는 긍정적이지만, 자칫 공동체 의식을 약화시킬 수 있다는 점에서는 부정적이다. 실제로 대학생들의 개인주의로 말미암아 대학문화 형성에 중요한 각종 동아리 모임이 점점 활력을 잃고 있다.

둘째, 신자유주의 교육정책에 따라 경쟁이 제도화되고 있는 것도 공동체 형성에 부정적 영향을 미치고 있다. 성적 평가 방식으로 상대평가제도가 도입되고, 계속되는 취업난으로 인해서 학생들의 성적관리가 중요해지면서 학생들 간의 경쟁의식이 심화되고 있다. 경쟁의식은 학생들의 학습 형태에도 나타나는 바 외국 학생들이 스터디 그룹을 통해 공부하는 것과는 달리 우리나라 대학생들은 주로 개인적 학습형태를 보이고 있다.

셋째, 대학 구성원 사이의 집단 이기주의의 확산도 건강한 대학공동체 형성을 어렵게 만들고 있다. 학생들은 총학생회를 통하여, 교수들은 교수협의회나 교수평의회를 통하여, 그리고 직원들은 노동조합을 통하여 대학

---

8) 박재흥, "한국 신세대의 세대경험과 의식구조," 「현대사회」 43(1996), p. 42.

공동체보다는 자신들이 속한 집단의 이익을 최대화하려고 한다. 그 결과 대학 구성원들 사이의 불신과 갈등이 커져 가고 있다. 학생과 교수 사이, 학생과 직원 사이, 그리고 교수와 직원 사이의 관계가 점점 더 사무적이고 관료화되어 가고 있으며, 때로는 대결관계로 발전해 가고 있다.

기독 학생의 문화적 정체성 정립

기독교대학이 문화적 혼돈 상황을 극복하고, 우리 사회와 대학을 위한 대안문화를 창조하려면 어떻게 해야 하는가? 무엇보다 중요한 것은 기독 학생의 문화적 정체성을 정립하는 일이다. 일반적으로 문화에 대한 그리스도인의 태도는 크게 세 가지로 구분할 수 있다.[9] 첫째, 일반문화에 대해 무조건적으로 거부반응을 보이는 문화 적대적인 태도이며 둘째, 무비판적으로 일반문화를 수용하는 태도이고 셋째, 신앙에 기초하여 일반문화를 기독교적으로 변혁하려는 입장이다. 문화 적대적인 입장이 문화 비관주의이고, 무비판적 문화 수용적 입장이 문화 낙관주의라면, 문화 변혁의 입장은 문화 현실주의라 할 수 있겠다.

이러한 문화유형론적 시각에 기초해서 우리는 오늘날 기독 학생들의 문화적 태도를 다음처럼 정리할 수 있다. 먼저 문화 비관주의는 현존하는 대학문화를 반기독교적 세속문화로 규정하면서 무조건 배타적인 입장을 보이는 태도이다. 예를 들면, 대학축제의 세속성을 비판하며 참여하지 않는 무관심하고 무책임한 태도이다. 이런 입장에 서게 되면 기독 학생들은 점점 대학에서 주변부로 물러나게 되어 문화 창조의 주도적 역할을 일반 학생들에게 넘겨주게 될 것이다.

다음으로 문화 낙관주의는 현존하는 대학문화에 대한 비판적 성찰 없

---

9) R. Niebuhr, 김재준 역, 「그리스도와 문화」(서울 : 대한기독교서회, 1958) ; R. E. Weber, 이승구 역, 「기독교 세계관」(서울 : 도서출판 엠마오, 1984).

이 자신을 적응해 가는 입장이다. 대학의 학문방향이 어떤 곳으로 흘러 가는지, 대학생의 사고방식이 어떤 식으로 형성되어 가는지, 대학생의 문화가 어떤 형태로 만들어져 가는지 아무 생각 없이 거기에 동화되어 가는 태도이다. 이런 입장에 서게 되면 기독 학생들은 기독교적 정체성을 상실하게 되고, 대학은 점점 더 문화적으로 세속화된다.

마지막으로 문화 현실주의는 현존하는 대학문화를 비판적으로 성찰하면서 기독교적 대안을 추구하는 입장이다. 현존하는 대학문화를 무조건적으로 거부한다거나 무비판적으로 수용하는 대신에 비판적으로 참여하며 대안을 제시하기 위해 노력한다.

문화 현실주의는 현존하는 대학문화가 기초하고 있는 세속주의적 세계관을 폭로하고, 그러한 세계관이 야기하는 인간의 소외나 공동체의 파괴에 대해 비판할 뿐만 아니라 더 나아가 기독교 세계관에 기초해서 건강한 대학문화의 창조를 모색하는 태도이다. 하지만 오늘날 기독 학생의 현실을 본다면, 신앙심이 깊지 않은 학생들 대부분은 아무 생각 없이 대학의 현실에 동화되어 가고 있고, 근본주의적 신앙배경을 가진 학생들은 배타적 입장에서 자신들을 대학문화의 중심에서 소외시켜 가고 있다. 그 결과 기독교대학에서조차 대학문화는 빠른 속도로 세속화되어 가고 있다.

기독교대학이 세속주의 대학문화로부터 자신을 지키는 소극적 입장에서 나아가 적극적으로 기독교적 대학문화를 창조하려면, 먼저 대학 구성원의 문화적 정체성, 즉 문화변혁자로서의 자기이해가 선행되어야만 한다.

기독 학생은 대학생활을 통해 기독교적 대학문화를 창조하도록 하나님으로부터 부름 받은 문화적 소명자들이다. 문화적 소명자들로서 기독 학생들은 강의실과 연구실에서의 학문 활동만이 아니라 캠퍼스 안에서의 일상생활을 통해 기독교적 가치를 구현하고, 캠퍼스 안에 하나님의 나라를 실현하기 위해 힘써야 한다.

지성적인 대학문화의 재건

대학은 진리를 탐구하고 배운다는 공통의 관심사를 가진 교수와 학생으로 구성된 학문공동체이다. 학문공동체로서의 대학의 문화적 정체성은 무엇보다 우선적으로 학술 활동을 중심으로 형성되어야 한다. 대학의 학술문화를 회복하기 위해 학문 활동의 주체인 교수들의 연구 활동이 활발해지고, 학생들은 면학태도를 새롭게 해야 한다. 당장 취업에 도움이 되는 실용과목의 공부만이 아니라 교양과 전공에 대한 광범위한 독서와 학습 태도를 만들어야 한다. 효과적인 학습을 위해 개인적으로 공부하는 경쟁위주의 학습방법을 지양하고 대신에 협력적 학습방법도 발전시켜야 한다. 다양한 종류의 스터디 그룹과 토론 모임을 통한 집단적 학습방법은 상호 간에 정보를 교환하며, 학습능력을 향상시키고, 토론의 능력을 배양할 수 있는 효과적인 학습방법으로 알려져 있다.

대학당국도 학사일정을 엄격하게 지도할 필요가 있다. 학생들의 출석과 결석에 대한 관리를 철저히 하고, 각종 행사들로 인해 수업시간에 결손이 생겨나지 않도록 최대한 노력해야 한다. 수업은 정시에 시작하고, 정시에 마쳐야 한다. 그리고 어쩔 수 없이 수업시간의 결손이 생긴 경우 하면 반드시 보강을 하도록 해야 한다.

한편 기독교대학에서 학문적 수월성은 기독교대학의 학문적 소명이라 할 수 있는 학문과 신앙의 통합을 통해서도 추구되어야 한다. 기독교 지성이 일반 지성과 다른 점은 기독교 세계관에 기초한 학술활동에 있기 때문이다.

오늘날 학문세계는 자연주의 세계관과 과학 실증주의의 가치중립성이란 신화에 사로잡혀서 지식은 파편화되고, 삶은 소외되고 있다. 과학과 윤리, 사실과 가치를 분리시키는 학문방법으로 인해 문명의 위기가 심화되고 있다. 따라서 기독교대학 구성원들은 기독교 세계관적 토대 위에서 전공 학문과 신앙을 통합시킬 수 있는 기독 지성을 계발하는 데 힘써야 한다.

전통문화와 기독교의 관계 회복

기독교와 전통문화의 갈등은 한국 기독교의 일반적인 현상이다. 한국 교회가 선교 120년이 지났음에도 불구하고 여전히 한국민의 정서와 문화에 뿌리내리지 못하고 있는 중요한 이유 가운데 하나는 전통문화와의 단절 때문으로 생각된다. 전통문화와의 단절 현상은 기독교대학이라 해서 예외가 아니다. 기독교대학에서 기독 학생들이 대학문화의 중심에서 주변화되는 이유 가운데 하나도 전통문화에 대한 잘못된 인식과 태도 때문이다.

하지만 우리나라 초기 기독교대학 역사를 살펴보면, 대학교육에서 전통문화 요소를 중요하게 다루었음을 알 수 있다. 한 예로, 배재학당의 교육목적은 "한국의 순미한 고유문화를 바탕으로 한 정신사상 위에 교회와 학교와 국가에 봉사할 수 있는 지도자를 육성"하는 데 있었다.[10] 한국 최초의 여자 고등교육기관인 이화학당의 교육목적 역시 '한국을 위한 한국인'의 양성에 있었다. "우리의 목표는 이 여자들로 하여금 우리 외국 사람들의 생활, 의복 및 환경에 맞도록 변하게 하는 데 있지 않다. 우리는 단지 한국인을 보다 나은 한국인으로 만드는 것으로 만족한다. 우리는 한국인이 한국적인 것에 대해 긍지를 가지게 되기를 희망한다. 나아가서는 그리스도와 그의 교훈을 통하여 완전무결한 한국인을 만들고자 희망하는 바이다."[11]

1970년대 들어서면서 운동권 학생들을 주축으로 자본주의적 서구문화에 대한 비판이 일었고, 그 과정에서 민족문화와 민중문화에 대한 관심이 커졌다. 그때 생겨난 것이 탈춤과 풍물을 포함하여 '우리 것'에 대한 관심이었다. 하지만 유감스럽게도 기독교대학의 학생동아리들, 특별히

---

10) 성기산, "구한말 기독교학교의 성립과 의의," 동서문화연구소 편, 「서양인의 한국문화 이해와 그 영향」(대전 : 한남대학교 출판부, 1989), pp. 86-87 재인용.
11) 정의숙, "간행사,"「한국의 여성고등교육과 미래의 세계」이화학당100주년기념 학술대회(서울 : 이화여자대학교 출판부, 1987), p. 3 재인용.

복음주의적 선교단체 동아리들은 이러한 변화에 능동적으로 대처하지 못했다. 오히려 서구 기독교 문화에서 만들어진 복음송을 부르고, 수입된 성경공부 교재로 공부를 했다. 우리의 정서와 가락에 맞는 노래를 창작하는 일에는 무관심했다.

앞으로 기독 학생들이 세속화되고 있는 대학문화의 주류가 되고, 대학문화 변혁의 주체가 되기 위해서는 전통문화에 대한 편협한 시각을 교정할 필요가 있다. 기독교가 서구의 종교이기 때문에 무조건적으로 비판의 대상이 되어서는 안 되는 것처럼 전통문화가 민족문화이기 때문에 무조건 반기독교적 문화로 거부되어서도 안 된다. 복음이란 씨앗은 문화라는 토양에서만 제대로 뿌리내릴 수 있다. 문화신학자 폴 틸리히(P. Tillich)가 지적했듯이, "종교는 문화의 내용이고 문화는 종교의 형식"이기 때문에 둘은 서로 뗄 수 없다.[12] 그런 배경에서 기독교적 대학문화를 창조하는 데 소명을 가진 기독 학생들은 전통문화에 대한 보다 개방적인 시각과 적극적인 태도를 가질 필요가 있다.

공동체문화의 재건

중세 유럽에 생긴 최초의 대학들에서도 확인할 수 있듯이, 교육 활동과 공동체는 아주 밀접하게 관계 맺고 있다. 중세 학문공동체의 대표적 사례라고 할 수 있는 수도원에서의 교육을 보면 학문 활동과 신앙생활의 조화가 공동생활을 통해서 실현되고 있었다.[13]

기독교대학의 교육이념이 전인교육이라고 하는데, 그러한 인격교육은 오직 공동체 속에서만 실현 가능한 목표이다. 스티븐 가버(S. Garber)도 지적했던 것처럼 인격의 통전성을 이루는 데에는 세계관적 확신이나

---

12) P. Tillich, 김경수 역, 「문화신학」(서울 : 대한기독교서회, 1971), p. 51.
13) P. Palmer, 이종태 역, 「가르침과 배움의 영성」(서울 : IVP, 2001), p. 43.

좋은 성품 이외에도 구성원 서로 간에 격려하고 자극을 줄 수 있는 공동체가 절대적으로 필요하기 때문이다.[14]

공동체 형성의 중요성은 신앙교육에서만이 아니라 윤리교육에서도 핵심 주제로 다루어지고 있다. 윤리학자들이 개인의 성품과 가치관의 형성에 있어서 한결같이 공동체를 강조하는 이유는 공동체야말로 도덕적 선이나 덕이 무엇인지 알게 해 주기 때문이다. 공동체는 이전 세대의 덕과 공동선에 대한 전통을 다음 세대로 전수하는 데 있어서 핵심적 역할을 하기도 한다. 특별히 신앙공동체는 그리스도인 개인들에게 사회적 맥락과 궁극적 준거 공동체를 제공해 줄 뿐만 아니라 윤리의 토대가 되는 성서 이야기를 전해 준다는 점에서 매우 중요하다.[15]

사실 기독교는 다른 어떤 종교에 못지않게 공동체에 대한 풍성한 신학적 전통을 지니고 있다. 구약성서의 출애굽 공동체는 하나님의 언약에 기초한 약속공동체였다. 예수님은 제자공동체와 함께 생활하셨다. 신약성서에는 예수 그리스도의 부활 후 예루살렘에 이상적인 공동체가 실존했음을 보여 준다. 이 공동체는 신앙공동체이면서 물질을 함께 나누는 생활공동체였다.

"믿는 사람이 다 함께 있어 모든 물건을 서로 통용하고 또 재산과 소유를 팔아 각 사람의 필요를 따라 나눠 주며 날마다 마음을 같이하여 성전에 모이기를 힘쓰고 집에서 떡을 떼며 기쁨과 순전한 마음으로 음식을 먹고 하나님을 찬미하며 또 온 백성에게 칭송을 받으니……"(행 2 : 44 - 47).

신학자 스탠리 그렌츠(S. Grenz)는 공동체라는 주제야말로 삼위일체 하나님과 교회가 여러 세기에 걸쳐 형성한 신학적 유산의 핵심이라고 역

---

14) A. Holmes, *Building the Christian Academy*(Grand Rapids : Eerdmans, 2001), p. 112.
15) S. Grenz, 신원하 역, 「기독교윤리학의 토대와 흐름」(서울 : IVP, 2001), pp. 272 - 275.

설한다.[16] 공동체는 하나님의 존재방식일 뿐만 아니라 교회의 존재 이유이다. 하나님은 공동체의 근원으로서 성부·성자·성령의 사회적 삼위일체를 이루신다. 성자는 하나님과 원수된 관계를 극복하고, 우리로 하여금 하나님과 이웃, 그리고 자연세계와 교제를 회복하도록 돕는다. 성령은 공동체를 창조하고 유지하는 공동체의 영이시다. 인간은 공동체로서 태어났으며, 공동체를 위해 창조되었다. 그리스도의 제자들의 모임인 교회는 하나님의 백성공동체이다. 지금 우리가 성령 안에서 누리는 교제는 영원 속에 누리게 될 것을 미리 맛보는 것이며, 장차 새 창조 안에서 부활한 성도들로서 공동체의 충만함을 누리게 될 것이다.

이처럼 공동체가 교육학적으로나 신학적으로나 매우 중요함에도 불구하고 오늘날 대학공동체는 여러 가지 요인에 의해서 위협을 받고 있다. 무엇보다 반공동체적인 현대의 교육철학 문제를 지적할 수 있다. 교육학자 파커 팔머는 현대 교육철학과 교육방식이 반공동체적인 이유를 다음과 같이 설명해 주고 있다.[17]

첫째, 연구의 초점을 언제나 외부에 둠으로써 연구자 역시 그 일부라는 사실을 인정하려고 하지 않는다. 그리고 연구에서 객관성만을 지나치게 강조하면서 연구대상에 대하여 연구자가 감정이입을 하지 말도록 교육 받는다. 둘째, 항상 '저 바깥'에만 관심을 두고, 연구자인 자신의 '내적 실재'에 대해서는 무관심하다. 셋째, 객관주의에 사로잡혀 주관적 생각을 편견이라고 비판함으로써 인식 주체인 자아를 고립시킨다. 넷째, 피교육자가 이웃과 세계에 대한 책임자가 아니라 지배자로 길러진다. 끝없는 경쟁지향적 교육방식이야말로 대표적인 반공동체적 교육방식이다.

한편 대학의 거대화도 공동체형성에 장애요인으로 작용하고 있다. 중

---

16) S. Grenz·R. Olson, 이영훈 역, 「신학으로의 초대」(서울 : IVP, 1999), 130-131. 그렌츠는 이러한 공동체의 관점을 다음 책에서 보다 더 조직적이고 체계적으로 서술하고 있다 : 장경철·이종태 공역, 「공동체를 향한 신학」(서울 : 예영커뮤니케이션, 2001).
17) P. Palmer, 「가르침과 배움의 영성」, pp. 61-70.

세대학의 기원, 특히 영국의 대학들을 보면 교수와 학생이 함께 생활하며 학습하는 작은 단위의 칼리지 대학이었다. 거기에서는 교수와 학생, 학생과 학생 사이에 인격적 만남을 통한 전인교육이 가능했다. 이러한 전통이 초기 미국 대학의 역사로 이어졌다. 하지만 오늘날 대학이 거대화하고 다기능화되면서 학생과 교수 사이, 학생과 직원 사이, 그리고 교수와 직원 사이의 관계가 점점 더 사무적이고, 관료적이 되어 가고 있다. 대학의 규모가 커진 결과 기독교대학에서마저 협력과 섬김보다는 경쟁과 위계질서가 대학 구성원 사이의 지배적 관계형태가 되어 가고 있다. 공동체가 가능하기 위해서는 기본적으로 그 규모가 크지 않아야 하는데 대부분의 대학들이 이상적 공동체를 건설하기에는 규모가 너무 커지고 말았다.

이런 현실적인 한계와 제약을 인정하면서 기독교대학 구성원은 대학을 건강한 공동체로 거듭나게 만들기 위한 노력을 포기해서는 안 된다. 이를 위해 윌리몬(W. H. Willimon)과 내일러(Th. H. Naylor)는 몇 가지 기본원칙을 제시하고 있다.[18] 첫째, 교수와 학생 사이에 의사소통이 가능해야 한다. 둘째, 대학 구성원들 사이에 헌신이 필요하다. 셋째, 구성원들 모두에게 해당되는 공동의 목표와 공유하는 가치가 있어야 한다. 넷째, 변화하는 외부환경에 생존하기 위한 적응력이 있어야 한다. 다섯째, 구성원들 사이에서 발생하는 갈등을 해소할 수 있는 방안들이 있어야 한다.

이러한 기본 원칙 위에서 우리는 다음 몇 가지 실천적 과제를 제시하고자 한다. 첫째, 공동체의 이념을 구성원들이 공유하고, 그것을 발전시키기 위해 함께 노력하는 분위기가 형성되어야 한다. 그러기 위해서는 이념과 구성원을 매개하는 의사소통 수단이 개방적이고 민주적일 필요가 있다. 대학이 거대화되면서 생겨날 수 있는 행정편의주의나 관료주의와

---

18) W. H. Willimon and Th. H. Naylor, *The Abandoned Generation, Rethiking Higher Education*(Grand Rapids : Eerdmans, 1995), pp. 146-153.

같은 권위주의 문화를 지양하고, 대신에 구성원 사이에 개방적이고 자유로운 대화와 토론이 가능한 민주주의 문화를 정착시켜야 한다.

둘째, 대학 공동체를 생기 있게 만들기 위해 각종 동아리를 활성화시켜야 한다. 동아리 활동은 강의실 바깥에서 자발적인 학습이 가능한 공간이며 또한 소속감을 느낄 수 있는 소규모 공동체로서 대학문화 형성에 대단히 중요한 역할을 한다. 학생들은 동아리 활동을 통해 다양한 인간관계를 경험할 수 있고, 다른 전공 분야의 학생들과의 만남을 통해 폭넓은 지식을 쌓을 수 있고, 민주주의적 지도력도 훈련 받을 수 있다.

특히 봉사 활동 동아리들은 학생 개인들에게 삶의 의미와 보람만이 아니라 대학을 지역사회와 연결하는 데 큰 역할을 할 수 있다. 그 외에도 종교 동아리는 채플이나 기독교 교양과목 다음으로 학생들에게 신앙적 영향을 많이 주는 것으로 알려져 있을 만큼 선교적 역할이 크다.[19]

마지막으로 기독교대학에서 학사력과 교회력을 통합시킬 필요가 있다. 교회력은 기독교문화가 함축되어 있는 종교적 종합문화로서 대학의 학사일정과 조화를 이룰 때 기독교적 대학문화 형성에 도움을 줄 수 있다. 예를 들어, 추수감사주일이 있는 주간에 축제적 성격을 지닌 대학행사를 마련한다면 공동체의 형성은 물론 대학의 기독교적 분위기 조성에도 도움을 줄 수 있을 것이다.

---

19) 반신환, "기독교대학의 교내 신앙 프로그램의 평가 : 한남대학교를 중심으로," 한남대기독교문화연구소, 「기독교문화연구」 8(2003), p. 225.

6 대학과 교회, 그리고 대학선교

　　기독교대학의 정체성을 이루는 마지막 요소는 대학과 교회의 관계이다. 기독교대학은 여러 차원에서 교회와 관련되어 있다. 우선 대학의 기원과 설립이 교회와 관련되어 있다. 대부분의 기독교대학은 교회(교단)나 교회에 속한 교인에 의해 세워졌다. 대학을 운영하는 재단이사 대부분도 교회와 관련된 인사들이다. 한편 기독교대학에서 가르치는 교수나 행정을 담당하는 직원들은 명목상이든 실질적이든 교회에 출석하는 교인들이다. 그럼에도 불구하고 대학의 역사가 길어지면서 여러 가지 이유로 말미암아 대학과 교회 사이의 관계가 멀어지고 있다. 대학은 교회를 성가신 간섭자로 생각하고, 교회는 대학을 반기독교 공동체로 의심한다. 그 결과 기독교대학은 정신적 뿌리로부터 멀어지면서 기독교 정체성을 상실해 가고 있다.

　　물론 기독교대학은 학문 활동을 목적으로 하는 학문공동체라는 점에서 예배공동체인 교회와는 구별된다. 그럼에도 불구하고 기독교대학과 교회는 둘 다 선교적 사명을 지니고 있다는 점에서 공통적이다. 기독교대학이 학문 활동을 통해 하나님의 영광을 드러낸다면, 교회는 예배와

봉사를 통해 하나님께 영광을 돌린다. 둘 다 하나님의 나라를 이 땅에 실현하는 데 필요한 하나님의 도구들이다. 그런 이유에서 대학과 교회는 서로를 인정하고, 선교적 사명을 실현하기 위해 서로 협력할 수 있어야 한다. 특별히 대학선교는 두 공동체의 공통적 의무이기도 하며, 동시에 각 공동체를 생명력 있게 만들 수 있는 좋은 기회이기도 하다.

캠퍼스의 선교적 중요성

선교적 관점에서 볼 때 대학은 아주 매력적이며, 중요한 선교의 장(場)이다. 오래도록 캠퍼스 선교사역에 헌신했던 이승장은 대학의 선교적 중요성을 세 가지로 정리하고 있다.[1] 첫째, 대학에는 수많은 청년들이 모여 있고, 우리 사회에서 진리에 대해 가장 마음이 열려 있는 황금어장과 같은 곳이다. 둘째, 대학은 장차 한국사회와 교회의 질을 결정하게 될 지도자를 양성하는 곳이다. 셋째, 대학은 동기부여만 된다면 복음화 운동 가능성이 다른 어떤 조직보다 높은 공간이다.

한편 대학은 선교의 장으로서만이 아니라 중요한 선교의 주체요, 공헌자이다. 18세기 독일의 할레 대학, 영국의 옥스퍼드 대학, 그리고 19세기 초 미국 윌리엄스 대학 등은 대학의 영적 부흥에 힘입어 대학의 복음화는 물론 수많은 해외 선교사를 파송함으로써 세계선교에 커다란 기여를 했다. 이런 역사적 배경에서 볼 때 기독교대학의 영적 침체나 대학선교의 실패는 기독교대학 자신에게는 물론 교회를 위해서도 비극적인 일이다.

대학선교가 이처럼 중요함에도 불구하고 대학선교에 대해 관심을 갖는 교회가 많지 않다는 현실은 아이러니하다. 젊은이들이 교회를 떠나가는 것에 대해서는 염려하면서도 정작 그들이 모여 있는 캠퍼스에 대해서

---

1) 조용훈 외, "기독교대학 복음화의 신학과 전략," 한국대학선교학회, 「대학과 선교」 13(2007), pp. 120-121.

는 관심을 기울이지 않는 것이 오늘날 한국교회의 모순된 모습이다. 게다가 교회들은 개교회 성장주의에 사로잡혀 교회성장 이외에 기독 지성의 양성이라는 문화 소명에는 무관심하다. 대학선교에 대한 무관심은 비단 교회만의 문제가 아닌 것 같다. 선교적 목적으로 세워졌다는 기독교대학도 상황은 크게 다르지 않다. 대부분의 기독교대학에서 교목실 실무자를 제외하고는 대학선교에 관심을 가지고 헌신하는 구성원들이 많지 않아 보인다. 대학의 구성원들은 대학선교를 자신들의 사명이라고 생각하기보다는 오히려 교목실의 업무 정도로 생각한다.

본래 우리나라에 기독교대학이 설립된 것은 선교적 목적 때문이었다. 구한말 선교사들은 기독교 정신을 지닌 인재 양성을 통해 복음을 전하고, 하나님의 나라를 확장하려는 목적으로 고등교육기관을 설립하였다. 이후 생겨난 기독교대학들도 이러한 목적에서 크게 벗어나지 않았다. 하지만 세월이 흐르면서 기독교대학에서 선교적 목적은 희석되고, 구성원들의 선교에 대한 열정은 식어 갔다. 심지어 기독교대학이 선교에 도움이 되기보다는 방해거리가 되는 경우도 생겼다. 대학에 입학하기 전 교회에서 열심히 신앙생활을 하던 젊은이들이 대학에 들어오면서 오히려 신앙을 잃어버리는 경우까지 생겨나고 있기 때문이다. 기독교대학의 책임으로만 돌릴 수는 없겠지만, 대학 역시 책임을 피할 수 없을 것이다. 기독교대학의 학문적 세속화나 도덕적 탁월성의 상실이 젊은이들로 하여금 기독교에 등을 돌리게 하는 데 영향을 미쳤을 것이기 때문이다.

이런 현실이 초래된 원인은 어디에 있을까? 그에 대한 답은 대학과 교회 양자에게서 찾아야 할 것이다. 먼저 기독교대학은 그 정체성을 상실하면서 선교적 소명보다는 명문대학으로의 발돋움이나 대학시장에서의 생존에만 관심을 두기 때문이다. 그리고 세월이 흐르면서 대학 구성원들 사이에서 대학설립 당시에 가졌던 선교적 열정과 헌신이 약화되었기 때문이다. 한편 교회는 대학선교에 무관심하거나 대학선교의 특수성에 대해 무지하기 때문이다. 교회에 대한 부정적 사회이미지의 확대는 대학선교를 점점 어렵게 만든다.

오늘날 대학생들이 세속사회의 영향으로 비종교적이 되어 가고 있는 것이 사실이지만, 개인적으로는 여전히 삶의 무의미와 미래(취직과 결혼)에 대한 불안 가운데 고통을 당하고 있다. 이들이야말로 예수님의 사랑과 위로와 격려를 필요로 하는 존재들이다. 그런데 교회에서 이들에 대한 이해가 부족하고, 관심을 갖더라도 어떻게 접근해야 할지를 몰라 당황하고 있다. 그러는 사이에 대학 캠퍼스는 각종 이단단체나 신흥종교들의 포교의 장이 되어 가고 있다. 이들 이단들과 신흥종교들은 기성교회가 지닌 문제점을 논리적으로 비판하는 것과 동시에 풍부한 자금력과 다양한 프로그램을 동원하여 대학사회에 깊숙이 파고들고 있다.

근대 대학생 선교운동의 태동과 발전

18세기 독일의 할레 대학을 중심으로 일어났던 경건운동은 대학의 영적 부흥이 어떻게 세계선교에까지 공헌할 수 있었는지 보여 주는 대표적인 사례이다. 당시 할레 대학에서는 스페너(P. J. Spener)와 프랑케(A. H. Franke) 같은 영적 지도자를 중심으로 대학생 성경공부와 기도모임, 구제와 선교 활동이 활발하였다. 덴마크의 프레드릭 4세가 식민지 인도에 선교사를 보내고자 했을 때 지원했던 두 학생인 바톨로메우스 지켄발크(B. Ziegenbalg)와 하인리히 프뤼치샤우(H. Pluetschau)는 바로 스페너와 프랑케로부터 영향을 받았던 할레 대학생이었다. 얼마 후 '덴마크-할레 선교회'가 조직되어 할레 대학은 선교사를 파송하고, 덴마크 왕실은 선교비를 제공하기로 하였으며, 마침내 1706년 두 명의 대학생을 인도에 선교사로 파송함으로써 경건주의 선교운동이 본격적으로 시작되었다.[2] 이후 총 60여 명의 할레 대학생들이 선교사로 해외에 파송되었다.[3]

---

2) 서정운, 「교회와 선교」(서울 : 두란노, 1988), p. 50.

한편 어려서부터 프랑케와 스페너로부터 감화를 받았던 진젠도르프(N. Zinzendorf) 백작은 피난 온 모라비안 교도들을 자신의 영지에 정착하도록 했고, 그곳을 헤른후트(Herrnhut)라 불렀다. 이곳에서 진젠도르프는 모라비안 교도들과 함께 공동체 생활을 하면서 과거 대학생 시절에 조직했던 '겨자씨 선교단'(The Order of the Grain of Mustard Seed)을 통해 선교적 열정을 고취시켰다. 헤른후트 공동체는 1734년에 최초의 선교사를 카리브에 파송한 이후 1930년에 이르기까지 약 3천여 명의 선교사를 해외에 파송하였는데, 이 숫자는 모라비안 교도 12명당 한 명꼴이 되는 굉장한 숫자였다.[4]

한편 1728년 영국의 옥스퍼드 대학 링컨 칼리지에서는 모라비안 교도들로부터 영적 감화를 받은 웨슬리(John and Charles Wesley) 형제가 동료 대학생들과 함께 엄격한 신앙생활, 즉 성서연구와 기도생활, 그리고 사회봉사 활동을 위해서 '홀리클럽'(Holy Club)을 결성하게 된다. 요한 웨슬리 자신은 후에 전 세계를 자신의 교구로 삼아 해외 선교에 열정적으로 헌신하게 된다. 한편 대학생 시절 홀리클럽의 멤버 가운데 하나였던 조지 휫필드(G. Whitefield)는 후에 미국 뉴잉글랜드 지방으로 건너가 선교사역을 하면서 미국 대각성운동의 주역 가운데 한 사람으로 활동하게 된다. 그는 뛰어난 설교가로서 교회는 물론 하버드 대학이나 예일 대학 캠퍼스를 순회하면서 수많은 대학생들에게 영적 감동과 선교적 열정을 불러일으켰다.

케임브리지 대학을 졸업하고 대학 내에 있는 성삼위일체(Holy Trinity) 교회에서 50여 년간 학원목회를 했던 찰스 시므온(C. Simeon) 역시 당시 대학의 영적 부흥과 선교에 많은 영향을 미쳤다. 그에게서 직·간접적인 영향을 받은 대학생들을 통해서 빈민가 어린이를 위한 주일학교운동이 생

---

3) 이양호, "서구대학의 학원 선교 역사," 이계준 편, 「기독교대학과 학원선교」(서울 : 전망사, 1997), p. 32.
4) 최종상, "선교역사에 나타난 선교의 실상," 「빛과 소금」(1988. 1.), p. 64.

겨났고, 해외선교 모임도 활성화되었다. 이러한 분위기 속에서 1882년 미국의 부흥 설교가 무디(D. L. Moody)가 케임브리지 대학 부흥집회를 인도하게 되는데, 이때 찰리 스터드(C. T. Studd)를 비롯해서 일곱 명의 케임브리지 대학생이 중국 내지선교에 동참할 것을 서원하게 된다. 이들이 바로 유명한 '케임브리지 7인'으로서 졸업 후 이들은 1885년부터 중국 선교사로 활동하게 된다. 이들의 감동적인 이야기는 반세기가 흐른 후 미국 대학생들에게 알려지게 되었고, '학생자원운동'(SVM : Student Volunteer Movement for Foreign Mission)의 태동에 영향을 끼치게 된다.

한편 미국에서는 1806년 메사추세츠에 위치한 윌리엄스 대학에서 사무엘 밀즈(S. J. Mills)와 동료 학생 4명에 의해 시작된 '건초더미 기도운동'(The Haystack Prayer Meeting)이 미국 교회로 하여금 세계선교에 눈을 뜨게 하는 계기를 만들었다.

밀즈와 그의 친구들은 폭우가 쏟아지던 어느 날 건초더미 아래서 비를 피하면서 함께 기도하게 된다. 밀즈는 동료 학생들에게 아시아 선교에 관심을 가질 것을 제안하였다. 그 당시까지 미국은 한 사람의 선교사도 해외에 파송하지 않은 상태였다. 밀즈는 "우리가 원한다면 할 수 있다."라는 말로 동료 학생들을 격려했는데, 후에 이 말은 그들 모임의 구호가 되었다. 이들은 해외 선교사들을 대학으로 초청하여 강연을 듣기도 하고, 선교사들을 위해 기도하며 후원금을 모았으며, 1812년에는 인도선교를 위해 직접 헌신하게 된다. 이들이 앤도버 신학교에 진학하여 설립한 학생선교단체인 '형제단'(The Society of Brethren)은 이후 64년의 역사 동안 약 250명의 대학생들을 해외 선교사로 파송하게 된다.[5]

건초더미 기도운동은 프린스턴 대학에서 공부하던 로버트 와일더(R. Wilder)와 그의 친구들에게도 영향을 미쳐 '프린스턴 해외선교회'(Princeton Foreign Mission Society)를 탄생시킨다. 이 선교단체는

---

[5] D. G. Shockley, *Campus Ministry : The Church Beyond Itself*(Louisville : John Knox Press, 1989), p. 15.

입회하려는 조건으로 "여기에 서명하는 우리는 하나님께서 허락하시면 복음이 전파되지 않은 세계 어디든지 기꺼이 갈 것을 선언합니다."[6]라는 서약서를 의무적으로 제출해야 할 정도로 선교지향적인 학생단체였다.

19세기 말 대각성운동 기간에는 무디(D. L. Moody)의 영향 아래 학생자원운동(SVM)이 태동하게 된다. 1886년 여름, 미국 전역의 86개 대학에서 온 250여 명의 대학생들이 무디가 주관한 메사추세츠 헐몬산 수양회에 모여서 세계선교를 위해 헌신할 것을 다짐하였다. 1888년에 이들이 중심이 되어 "우리 세대 안에 세계 복음화를 이루자."란 구호를 가지고 학생자원운동이 정식 발족하게 되는데, 이 대학생 선교단체는 1945년까지 무려 2만 5백 명의 대학생을 해외 선교사로 파송하였다.[7]

1889년 한국에 선교사로 와서 평양을 중심으로 사역하면서 장로회신학대학을 설립했던 사무엘 마펫(S. Moffet)도 바로 이 학생자원운동에서 파송한 선교사 가운데 하나였다. 그 외에도 이 단체의 회장을 역임했던 존 모트(J. Mott)는 세계기독학생연합회(WSCF)를 창립하고, 세계교회 에큐메니칼운동에도 큰 족적을 남겼다. 그는 1900년 2월 전 세계 200여 대학에서 1천 400여 명의 대학생이 참여한 학생자원운동대회에서 기독교가 하나님을 계시하는 절대적 종교임을 강조하고, 대학생들에게 해외 선교에 헌신할 것을 호소했다. 세계 선교역사의 전환점이라 할 수 있는 에딘버러 세계선교대회(World Mission Conference, 1910)의 태동조차 이 대학생 모임의 영향을 받았다고 한다.[8]

한편 무디의 영향을 받은 웨일 대학 학생들의 선교적 열정도 주목할 만한 것이었다. 1899년에 학생자원운동의 지도자인 존 모트가 약 30개 국가들을 방문하고서 "내가 본 국가 가운데 한 국가에는 미국 국기가 없었다. 그러나 웨일 대학 교기가 없는 곳은 한 곳도 없었다."[9]라고 말한

---

6) Ibid., p. 21.
7) 이광순·이용원, 「선교학개론」(서울 : 한국장로교출판사, 1993), p. 188.
8) 김은수, 「현대선교의 흐름과 주제」(서울 : 대한기독교서회, 2001), p. 20.

것만 보더라도 당시 웨일 대학생들의 선교적 영향력을 미루어 짐작할 수 있다. 그리고 19세기 말이 되면 무디성서학교가 세계선교의 견인차로 등장하게 되는데, 한 자료를 보면 1890년 이후 북미선교사 18명 중 한 명 꼴로 무디성서학교 출신이었다고 한다.[10]

학생자원운동(SVM)의 선교적 열정이 식어 갈 즈음 미국 휘튼 대학에는 1936년을 전후하여 캠퍼스에 영적 부흥이 일어난다. 이 부흥운동의 영향으로 '학생해외선교회'(Student Foreign Mission Fellowship)가 발족하여 대학생의 선교적 열정을 불러일으켰고, 이 단체는 후에 '기독학생회'(IVF : Inter-Vasity Christian Fellowship)와 연합하여 1946년에 어바나 선교대회(Urbana Missionary Conventions)를 태동시키게 된다. 이 선교대회는 지금까지도 북미는 물론 전 세계 대학생의 선교 활동에 영향을 미치고 있다. 이 대회에 참석하는 대학생 숫자도 점차 늘어 1979년 대회에는 무려 1만 8천여 명이 참석하여 세계선교의 열기를 불러일으켰다.[11] 한편 학생해외선교회는 많은 대학생들로 하여금 복음을 위한 전임 사역자로 헌신하게 하는 데에도 공헌했다. 한 통계를 보면 1936년에는 휘튼 대학 졸업생의 33퍼센트, 1937년에는 31퍼센트가 졸업 후 전임 사역자가 되었다고 한다.[12]

위에서 간략하게 살펴보았듯이 19세기 대학생 선교단체들은 캠퍼스에 함께 모여서 기도하고 성경을 공부하며, 세계선교에 대한 비전을 나누고 실제로 해외 선교사로 헌신함으로써 위대한 세계선교운동의 주역이 되었다. 당시 이들이 재학해 있던 대학들은 선교의 대상일 뿐만 아니라 동시에 선교의 주체로서, 대학생들의 신앙훈련과 지적 훈련은 물론 세계복음화에 크게 공헌하였다. 선교 역사가인 케네스 라투렛(K. S. Latourette)이 말한

---

9) 이양호, "서구 대학의 학원 선교 역사," p. 36 재인용.
10) 최종상, "선교역사에 나타난 선교의 실상," p. 65.
11) 이광순·이용원, 「선교학개론」, pp. 188-189.
12) 천사무엘, "휘튼 대학 : 복음주의와 고등교육," 한남대 기독교문화연구원, 「미국 기독교대학의 교훈과 도전」(대전 : 한남대학교 출판부, 2005), p. 151.

'위대한 선교의 세기'(the great century)[13]인 19세기(1815-1914)는 바로 이들 젊은 대학생들의 영적 각성과 선교적 열정이 도화선이 되었다고 해도 크게 틀린 말은 아닐 것이다. 젊은 대학생들의 순수함과 도전의식, 그리고 복음적 열정이 위대한 선교의 세기를 만든 것이다.

우리나라의 대학생 선교운동

우리나라의 대학생 선교운동은 크게 두 흐름으로 정리될 수 있다. 하나는 기독교대학 초창기부터 존재했던 사회참여적인 선교 활동이며, 다른 하나는 1950~1960년대 등장한 복음주의 대학생 선교단체의 활동이다.

구한말 선교사에 의해 세워진 기독교대학에 입학한 학생들 가운데에는 나라를 살리고 사회를 개혁하겠다는 생각으로 입학한 학생이 적지 않았다. 그렇지 않은 학생들조차도 기독교대학에서 시민교육을 통해 진보적인 사회의식을 갖게 되었다. 일제시대에는 기독교대학의 교육을 통해 독립운동과 계몽운동에 앞장서는 학생들이 생겨났다.

해방 후 이들의 활동은 한국기독학생총연맹(KSCF)이나 한국기독교청년연합회(EYC)와 같은 사회비판적인 학생운동으로 발전하는데, 이들은 사회정의와 인간화를 통한 사회구원에 선교적 강조점을 두었다. 1970년대 유신독재 시절에 이들 진보적 기독 학생운동은 정치적 민주화와 민중의 인권수호를 위해 투쟁했다. 당시 한국기독교청년연합회의 주요전략은 민중의 생존권 투쟁을 지원하고, 그것을 정치적 투쟁으로 발전시키며, 야학이나 농촌활동을 통해 민중의 의식화에 힘쓰고, 현장에 뛰어드는 성육신적 선교전략이었다.[14]

---

13) K. S. Latourette, *A History of Christianity*, Vol. Ⅱ (N. Y. : Harper & Row, 1975), pp. 1063-1345.
14) 서용원, "기독 청년 운동과 미래의 방향," 「기독교사상」(1988. 5.), p. 80.

하지만 1980년대 말부터 동유럽에서 시작된 탈(脫)이데올로기 경향과 국내에서 민주적인 정권의 등장은 이들 진보적인 기독교 학생선교단체 활동의 급격한 위축을 불러왔다. 이데올로기적 투쟁의 대상이 사라진 현실에 필요한 마땅한 선교전략을 세우지 못한 결과였다.

우리나라의 또다른 대학생 선교운동은 1950~1960년대에 등장한 복음주의적 대학생 선교단체들에 의해 진행되었다. 1952년에 학생신앙운동(SFC : Student for Christ), 1956년에는 한국기독학생회(IVF), 1958년에는 대학생선교회(CCC : Campus Crusade for Christ)와 죠이선교회(JOY), 1960년에는 십대선교회(YFC : Youth for Christ), 1961년에는 대학생성경읽기선교회(UBF : University Bible Fellowship), 1967년에는 네비게이토선교회(Navigator), 그리고 1973년에는 예수전도단(YWAM : Youth With A Mission)이 각각 캠퍼스 선교 활동을 시작했다.

이들 복음주의적 대학생 선교단체들은 사회·정치 문제보다는 개인의 영혼문제에 더 관심을 기울였다. 사회문제의 책임을 사회악이나 구조적 모순에 돌리기보다는 인간의 죄성에서 찾으면서 개인의 회심을 통한 구원을 강조하였다.

1970년대 유신독재 시절 캠퍼스마다 이데올로기 논쟁과 민주화운동으로 큰 혼란이 계속되는 상황에서도 이들 대학생 선교단체들은 성경공부나 찬양전도 집회를 통해 꾸준히 회원 수를 늘릴 수 있었다. 1980년대에 들어서도 이들 선교단체들은 전도, 양육, 훈련, 파송 과정을 통해 수많은 대학생들을 회심시켰다. 이들 선교단체들의 제자화운동이나 찬양사역을 통해 훈련 받은 대학생들이 학교를 졸업한 후 목사나 교회지도자가 되면서 일반교회에도 새로운 신앙문화가 생겨나게 되었다. 하지만 1990년대 들어서면 사회참여적인 기독 학생단체들과 마찬가지로 이들 복음주의적 대학생 선교단체 활동 역시 크게 위축된다. 2000년 초를 기준으로 우리나라 대학생 가운데 5만여 명이 이들 대학생 선교단체에 가입되어 있고, 캠퍼스 사역을 전담하는 선교단체 간사는 약 1천 명으로 추

산되고 있으며, 그중에 200명은 서울 지역에서 활동하고 있다고 한다.[15)]

이처럼 대학생 선교운동이 진보주의적이든 아니면 복음주의적이든 동일하게 위축된 데에는 여러 가지 원인이 있다. 이를 외부적 요인과 내부적 요인으로 나누어 살필 수 있는데, 우선 대학생 선교단체 외부적 요인은 다음과 같다. 첫째, 대학생들의 가치관과 생활방식이 변하면서 점차 신앙문제에 무관심해졌기 때문이다. 물질적 풍요 속에서 성장한 개인주의적이고 소비주의적인 신세대는 선배 대학생들의 관심사였던 민주화나 민족통일 같은 정치문제는 물론 영혼의 구원과 같은 종교적인 문제까지도 무관심한 특징을 보이고 있다. 이른바 '신세대'로 불리는 이들은 소비적이고 향락적인 문화에 관심을 가질 뿐 정신적 가치나 사회정치 문제에 대해서는 무관심한 특징을 보이고 있다.

둘째, 신자유주의 교육이념과 열악한 취업현실은 대학생들로 하여금 종교활동을 위한 시간적 여유를 가지지 못하게 만든다. 오늘날 대학생들은 좁은 취업문을 뚫기 위해 대학에 입학하자마자 학과공부는 물론 각종 자격증 시험 준비와 고시공부, 그리고 편입공부 등으로 정신없이 바쁜 대학생활을 보내고 있다. 게다가 경제형편이 어렵거나 특별한 목적을 가진 대학생들은 아르바이트를 하고 있기 때문에 시간적 여유가 없기 마련이다. 이러한 강박적 환경에서 대학생들은 한가하게 종교적 진리에 대해 대화하거나 공부하는 선교단체 모임에 참여하지 못하고 있다.

셋째, 포스트모더니즘적 세계관의 영향으로 대학생들은 절대적 진리나 가치기준을 인정하지 않는다. 모든 종교를 궁극적으로 같은 것이라고 보기 때문에 절대적 진리를 주장하는 기독교를 오히려 배타적이고 독선적인 종교라고 여긴다. 한국사회 언론에 비쳐진 기독교에 대한 부정적 이미지는 선교에 장애물이 되고 있다. 그리고 캠퍼스에서 활동하는 이단이나 사이비 종교단체들로 말미암아 생겨나는 각종 문제들은 기독교 전

---

15) 이정엽, "변하는 캠퍼스, 변해야 할 캠퍼스 선교,"「목회와 신학」(2003. 2.), p. 140.

체에 대한 부정적인 이미지를 확산시키고 있다. 성실히 공부하던 학생이 이단이나 사이비 종교단체에 가입하면서부터 가출을 하고, 학업에 불성실해지는 것을 보면서 정통종교와 이단·사이비를 구분할 능력이 없는 학생들은 기독교 전체에 대해 부정적 태도를 갖게 된다.

한편 복음주의 학생선교단체의 활동이 위축된 데는 선교단체 내부적인 요인들도 작용했다. 첫째, 이들 선교단체들의 신학적 특징이 반지성적이고 주관적인 감정만을 강조했기 때문에 지성사회로부터 소외될 수밖에 없었다. 복음주의적 대학생 선교단체들의 활동은 주로 예배와 성경공부, 찬양, 그리고 개인 경건의 시간(큐티)으로 이루어진다. 문제는 이 모임들이 개인의 주관적인 감정을 중시한다는 점이다. 그러다 보니 신앙이 지닌 지적이고 의지적인 특성을 무시하거나 소홀히 다루도록 만든다.

이들 선교단체의 반지성적 특징은 그들이 읽고 추천하는 신앙서적 목록을 보더라도 확인할 수 있다. 대부분의 추천 도서가 개인의 간증문이나 보수주의적 신학자들에 의해 쓰여진 성경강해 등이 주류를 이룬다. 이들의 편향된 독서생활이 신앙생활만이 아니라 학교를 졸업하고 사회생활을 하는 데에도 장애요인으로 작용할 수 있다고 보여지는데, 이는 균형 잃은 독서가 사회현실에 대한 편견을 만들 수 있기 때문이다.

둘째, 이들 대학생 선교단체들의 보수주의적 신학배경은 사회·정치적 무관심과 밀접히 연결되어 있었다. 이들은 개인 전도를 통한 회심만이 이 땅에 하나님의 나라를 건설하는 지름길이라고 생각한다. 그래서 1970년대 유신독재 시절 대학사회가 관심을 가졌던 역사의식이나 사회정치문제에 눈을 감은 채 오로지 개인의 회심과 영적 성장만을 강조했다. 그 결과 대학사회에서 이들 선교단체들은 '역사의식이 없는 집단'으로 각인되었고, 학생운동단체들에 의해 경계해야 할 대상이 되고 말았다. 그리고 복음과 세상을 대립적으로 보는 이들 선교단체의 이분법적 신학은 대학문화를 세속문화의 앞잡이로 보고 대학문화에 대해 배타적인 태도를 갖게 만들었다. 다행히 최근 들어 복음주의 학생선교단체들이 공명선거감시운동, 북한동포돕기운동, 북한 젖염소보내기운동, 무의촌진료사역, 기독교윤리실천운동, 경제정의실천 청년운동 등 사회정치 운동에 적극적으로 참여하면서 새로운 이미지를 만들어 가고 있다.

셋째, 1990년대 들어 이들 대학생 선교단체들의 활동이 위축되고 회원이 줄어들면서 선교단체의 정체성이 흔들리고 있다. 불신자 학생에게 복음을 전도해서 캠퍼스를 복음화한다는 본래적 목적 대신에 기성 그리스도인 학생 회원의 유치와 관리에 더 많은 노력을 기울이고 있다. 이러한 내향화는 선교단체의 존재 이유를 퇴색시키며, 선교단체 간에 신입회원 모집을 둘러싸고 갈등의 원인을 제공하기도 한다. 회원 모집과 조직의 유지 과정에서 일어나는 선교단체 간의 과도한 경쟁이 자칫 캠퍼스 안에서 기독교 전체에 대한 부정적 이미지를 확산시킬 우려가 있다.

마지막으로 구태의연한 전도방식도 문제였다. 1990년대 이전만 해도 캠퍼스 안에서 대학생들은 자신을 붙잡고 이야기하려는 선교단체 회원들에게 호의적이었다. '사영리'(四靈理)를 전하고 영접기도를 시키면 순순히 따라하는 대학생이 많았다. 하지만 지금은 상황이 변해서 캠퍼스 안에서 아무나 붙잡고 전도하기가 어렵게 되었다. 쉽게 만날 수 있는 학생도 드물뿐만 아니라 그런 접근방식에 대해 호의적인 학생도 줄어들고 있다. 최재선이 지적했듯이 외국의 대학생 선교단체들의 선교방법과 이론을 무비판적으로 수용하여 적용하려 했던 과거의 순진한 태도를 극복하고, 변화하는 세대에 맞는 새로운 전도방법을 개발해야 한다.[16)]

우리는 진보적이거나 복음적인 대학생 선교운동단체들이 역사 속에서 한국교회와 세계선교에 지대한 공헌을 해 왔음을 잊어서는 안 된다. 하지만 변화하는 시대에 능동적으로 대처하지 못한 결과 오늘날과 같은 선교단체 활동의 위축을 가져왔다는 점도 간과해서는 안 된다. 우리의 과제는 대학생 선교운동단체들이 어떻게 그러한 한계들을 극복하고 다시

---

16) 최재선, "일반대학에서의 영적 전쟁의 실상," 「빛과 소금」(1996. 11.), p. 53.

캠퍼스의 영적 부흥과 한국교회의 갱신, 나아가 해외선교운동의 주역으로 등장할 수 있도록 도울 수 있을지 함께 고민하고 서로 협력하는 데 있다. 그러기 위해서는 먼저 대학선교의 개념을 명확히 하고, 전략을 좀 더 구체적으로 모색할 필요가 있다.

캠퍼스 복음화란 무엇인가

대학선교의 목적이 캠퍼스 복음화에 있다는 사실은 논쟁의 여지가 없다. 다만 문제가 되는 것은 캠퍼스의 복음화 개념을 어떻게 규정하고, 그에 따라 어떤 전략들을 마련할 것인가 하는 물음이다. 흔히 캠퍼스 복음화를 이야기할 때 사람들은 믿지 않는 대학생들을 기독교인으로 개종시키는 것이라고 생각한다. 실제로 이런 목적으로 채플을 운영하고 교목실 활동을 하는 기독교대학들이 있다. 한 학기에 얼마나 많은 학생들이 개종했는가를 통해서 교목실의 활동을 평가하기도 한다.

물론 불신자를 개종시키는 것은 선교적 목적으로 세워진 기독교대학의 중요한 과제 가운데 하나임이 틀림없다. "그러므로 너희는 가서 모든 민족을 제자로 삼아 아버지와 아들과 성령의 이름으로 세례를 베풀고 내가 너희에게 분부한 모든 것을 가르쳐 지키게 하라……"(마 28 : 19 - 20). 예수님의 대사명(The Great Commission)에 따라 기독교대학 구성원은 누구든지 캠퍼스 현장에서 기회가 닿는 대로 복음전파에 힘써야 한다. 학생들에게 복음을 전하고 양육하여 그리스도의 제자로 만드는 사역을 위해 부름 받았음을 잊어서는 안 된다.

그런데 캠퍼스의 복음화란 개념은 또다른 차원을 지니고 있다. 그것은 기독교대학이 학문을 연구하고 가르치는 학문공동체란 특성에서 생겨나는 과제이다. 기독교대학은 학문 활동을 통해서 하나님의 진리를 밝히고 이 땅에 하나님의 나라를 건설하도록 세워진 고등교육기관이다. 기독교대학은 학문세계로 하여금 "하나님 아는 것을 대적하여 높아진 것을 다 무너뜨리고 모든 생각을 사로잡아 그리스도에게 복종하게……"(고후 10:5) 하는 문화적 사명도 받았다. 이러한 소명을 실현하기 위해 기독교 대학 구성원은 기독교적 학문 활동은 물론 캠퍼스 안에 기독교적 문화를 창조하는 데 힘써야 한다.

사실 개인 전도를 통한 제자 삼기와 기독교적 학문 활동이나 문화사역은 서로 배타적이지 않고 상호보완적이다. 둘 다 캠퍼스 복음화에 필요한 사역들이다. 학생들이 강의실에서도 기독교적인 학문방법론을 배울 수 있고, 캠퍼스 안에서 기독교적 분위기를 자연스럽게 느낄 수 있을 때에 개인전도도 효과가 있을 것이다. 교수가 강의실에서 신앙생활을 해롭게 하는 발언을 계속하고, 학문 방법이 세속적이고 무신론적이기만 하다면 학생들이 복음에 대해 긍정적인 이미지를 갖기 힘들 것이다.

거꾸로 캠퍼스 문화의 변혁만이 아니라 개인전도나 양육에 관심을 가지는 것도 중요하다. 그리스도를 개인적이고 인격적으로 만난 헌신된 기독 학생 개인들의 참여와 헌신을 통해서만 기독교적 학문 활동이나 기독교적 대학문화도 만들어질 수 있기 때문이다. 요약하면 캠퍼스 복음화란 개인전도와 기독교적 학술 활동 및 대학문화라는 두 가지 차원을 아우르는 포괄적 개념으로 이해되어야 한다.

이러한 통합적인 캠퍼스 복음화 개념은 통전적인 선교신학 위에 기초해 있다. 오늘날 선교신학자들이 한결같이 강조하는 '하나님의 선교' (missio dei)는 전인(全人)구원을 목표로 전도와 사회구원을 아우르는 통합적 선교개념이다.[17] 1975년 세계교회협의회(WCC) 나이로비 대회에서 밝힌 대로 "온 교회가, 통전적인 복음을, 온 세상에, 전인을 향해 전하는"[18] 하나님의 선교야말로 대학선교가 토대를 두어야 하는 선교 개념이

---

17) 게오르그 휘체돔, 박근원 역, 「하나님의 선교 : 선교신학입문」(서울 : 대한기독교 출판사, 1980).
18) *Breaking Barriers : Nairobi 1975*, ed. by D. M. Paton(Grand Rapids : Eerdmans, 1976), pp. 52-53.

다. 선교역사를 뒤돌아 볼 때 개인의 회심을 통한 영혼구원과 교회개척에만 집중된 전통적 선교방식은 개인주의적 신앙관과 제국주의적 선교를 정당화하는 오류를 범했다. 그런 선교 전략으로는 오늘날 대학을 지배하는 계몽주의적 세계관이나 포스트모더니즘적 세계관을 극복하기 어렵다. 강의실이나 연구실이 아니라 캠퍼스 한 귀퉁이에서 기껏해야 종교동아리 활동 정도가 가능할 뿐이다.

그래서 복음주의 세계선교대회인 로잔대회(1974) 지도자 가운데 한 사람이었던 존 스토트(J. Stott)까지도 전통적 선교관을 수정하여 선교를 규정하기를 '전도와 사회봉사를 합한 것'이라고 주장했던 것이다.[19] 이런 통전적인 선교신학을 대학선교에 적용할 때, 캠퍼스 복음화를 목표로 하는 대학선교는 복음전도를 통한 개인의 회심이나 양육과 동시에 학문 활동 및 대학문화의 기독교적 변혁을 포괄하는 개념임을 알 수 있다.

대학선교의 모델

위에서 언급한 대학선교의 목적을 구체화하는 데에는 선교모델의 유형화 방법이 도움이 될 수 있다. 미국 에모리 대학 교목실의 책임자였던 도날드 쇼클리(D. G. Shockley)는 대학선교의 모델을 다음 세 가지로 제시한다.[20] 첫째, 식민지 행정가(the colonial administrator) 모델이다. 이 모델에서는 대학선교가 대학이라는 낯설고 적대적인 식민지에 행정가를 파송하여 관리하듯 이루어지고 있다. 교회의 관심은 세속화된 대학으로부터 학생들의 신앙을 수호하며, 대학이 속한 교단의 교리를 학생들에게 주입하는 데 있다. 대학이라는 식민지를 관리하기 위해 캠퍼스 안에 거대한 선교회관을 건축하고, 대학의 선교책임자에게 그룹 성경공부, 기

---

19) 서정운, 「교회와 선교」, p. 173.
20) D. G. Shockley, *Campus Ministry : The Church Beyond Itself*, pp. 104–108.

도모임, 채플, 자원봉사 프로그램, 수련회와 같은 대형 선교 프로그램을 개발하도록 요구한다. 그 결과 교목들은 다양한 선교 프로그램들로 인해 늘 바쁘며, 그럴수록 성공적인 선교사역을 한 것으로 평가된다.

둘째, 탐험가(the explorer) 모델이다. 이 모델은 마치 아프리카 대륙을 탐험했던 선교사 리빙스턴(D. Livingstone)처럼 교회에 낯선 영역이 되어 버린 대학을 탐험하도록 선교 책임자들을 파송하고, 그들에게 선교 보고서를 제출하도록 요구한다. 교목들은 대학에 파송되어서 교수나 행정 책임자들과의 면담을 통해 대학선교의 관심사와 문제점을 탐색한다. 그리고는 교회에 돌아가 선교보고서를 발표하여 교인들로 하여금 대학선교에 대한 흥미를 가지도록 한다. 식민지 행정가 모델에서는 선교본부에서 교목들의 해야 할 일을 지시하는 반면에 탐험가 모델에서는 교목들이 학습자의 모습으로 대학에 파송된다는 점에 차이가 있을 뿐이다. 이들 선교책임자들에게 공통적으로 요구되는 것은 용기와 탐험정신이다.

셋째, 동료 시민(the fellow citizen) 모델이다. 이 모델에서는 대학선교 책임자가 동료 시민으로서 이해되고, 그들은 대학 구성원의 한 사람으로 그가 섬기게 될 대학 구성원의 언어, 관습, 가치를 이해하기 위해 노력한다. 동료 시민인 교목에게 식민지 행정가와 같은 권위나 권한은 없으며, 탐험가와 같은 모험과 흥미도 없다. 대신에 이들은 대학 구성원의 일상생활에 함께 참여하며, 그들과의 상호 협력을 위해 애쓴다. 이들은 기독교 학문이나 문화의 발전은 물론 학생들의 복지문제에도 관심을 기울인다.

한편 은준관은 대학선교의 모델을 리처드 니버(R. Niebuhr)와 엘턴 트루블러드(E. Trueblood)의 사상을 종합하여 교권주의적 모델, 세속주의적 모델, 그리고 역사 문화 변혁적 모델로 제시한다.[21] 첫째, 교권주의적 모델(the ecclessiastical model)이란 전통적인 대학선교의 모델로서

---

21) 은준관, "학원선교 신학," 이계준 편, 「기독교대학과 학원선교」(서울 : 전망사, 1997), pp. 77-81.

교회중심적인 특징을 가지고 대학을 통치와 통제의 대상으로 간주한다. 트루블러드는 이 모델이 '대학의 교회화'를 추구하며, 선교의 목적을 교인 만들기나 교세 확산에 두고 있다고 지적한다. 이 선교모델의 단점은 대학에서 기독교에 대한 반감을 일으키고, 점차 캠퍼스에서 신앙을 주변화시킬 수 있다는 점이다.

둘째, 세속주의적 모델(the secularistic model)은 대학의 세속성을 인정하여 대학과 교회가 서로를 간섭하지 않으면서 공존을 모색한다. 그러다보니 기독교대학은 기독교적 특수성과 선교적 소명을 상실한 채 다른 일반 대학들처럼 거대대학이나 명문대학으로 발전하는 데에만 관심을 갖는다. 이 선교모델의 단점은 대학이 지녀야 할 역사변혁적이고 문화창조적인 능력을 상실하고, 기독교대학이 세속문화의 시녀로 전락한다는 점이다.

셋째, 역사 문화 변혁적 모델(the transformative model)은 하나님의 창조와 구원을 위한 십자가 신학에 기초하여 세속화의 유혹 속에 있는 대학문화를 기독교적으로 변혁시키려는 입장이다. 트루블러드의 표현에 따르면, 이 모델은 '대학의 교회화'나 '대학의 세속화' 대신에 대학교육과 대학문화 속에서 그리스도의 정신을 구현하는 데 관심을 갖는다.

위에서 살펴보았듯이 대학선교는 과거 식민지시대의 선교방식처럼 교권주의적이거나 식민지 통치자처럼 행동해서는 성공할 수 없다. 그렇다고 대학이 기독교적 정체성과 선교적 열정을 상실한 채 세속화 과정에 동화되어서도 안 된다. 대학을 교회화하려고 시도해도 안 되지만, 대학의 세속화를 묵인해서도 안 된다.

대학선교가 성공하려면 때로는 탐험가처럼 새로운 선교 프로그램을 개발하고, 때로는 동료 시민들처럼 대학 구성원의 일상과 현실을 이해하는 가운데 대학의 모든 구성원들을 대학선교의 동역자로 동기 부여할 수 있어야 한다. 기독교대학의 기독 교수와 학생들을 대학선교의 동역자로 의식화시켜 그들로 하여금 캠퍼스 복음화에 헌신할 수 있게 만들어야 한다. 그런 과정을 통해 대학선교는 교목실 만의 과제가 아니라 전 대학공동체의 과제가 되며, 그렇게 될 때 비로소 기독교대학은 선교공동체로서 거듭날 수 있게 될 것이다.

대학선교의 전략

대학선교의 목표가 정해졌으면 그 목표를 실행에 옮기기 위한 구체적인 선교전략이 필요하다. 기독교에 대한 부정적 인식이 널리 퍼져 있는 대학사회 현실에서 '예수천당 불신지옥'과 같은 전통적인 전도방법으로는 선교의 효과는커녕 부작용만 커갈 것이기 때문이다. 사회상황과 선교대상의 변화에 따라 적절한 선교전략과 전도방법이 끊임없이 모색되어야 할 것이다. 아래에서 몇 가지 대학선교를 위한 기본 전략을 제시하고자 한다.

첫째, 대학의 교목실을 기본 축으로 대학생 선교단체와 교회를 묶는 협력선교 전략이 필요해 보인다. 기독교대학에서는 대학 구성원 모두가 선교의 주체이다. 그런데 모두의 책임이라는 말은 자칫 누구의 책임도 아니라는 말이 될 수도 있다. 이런 위험성을 극복하려면 대학 구성원 모두가 선교에 대한 책임감을 공유해야 하지만, 핵심되는 주체가 있어야 한다. 그렇다면 현실적으로 대학의 공식적인 행정 라인에 있는 교목실이 주체가 될 수밖에 없을 것이다. 교목실을 기본 축으로 하여 학원선교에 대한 열정과 풍부한 선교전략 노하우를 지닌 대학생 선교단체들, 그리고 재정과 인적 자원을 지닌 지역교회가 함께하는 선교구조를 만들 필요가 있다.

이러한 선교구조에서 교목실은 대학 전체 차원에서 선교에 대한 분명한 비전과 목표를 제시하고, 대학생 선교단체들은 대학 구성원과 더불어 선교 현장에서 활동하며, 지역교회는 교목실과 더불어 이들 현장 사역자들을 지원하는 후원자 역할을 맡게 된다. 1989년 대학선교의 중요성에 공감하여 학원선교단체와 지역교회들이 초교파적으로 연합하여 결성된 '학원복음화협의회'(학복협)의 역할이 점점 중요해질 전망이다.[22]

둘째, 수용자 중심의 선교전략이 필요하다. 선교를 의사소통의 과정이라고 할 때, '예수천당 불신지옥'과 같은 일방적이고 권위주의적인 전도방식으로는 오늘날 대학생에게 호소력을 지닐 수 없다. 과거에 캠퍼스에서 즐겨 사용되던 노방전도 방식도 점점 어려워지고 있다.[23] 왜냐하면 전통적 선교신학이 기초하고 있던 권위적 인간관계나 독점적 정보구조가 오늘날 대학사회에서 빠르게 해체되고 있기 때문이다. 따라서 효과적인 전도를 위해서 복음의 수용자들인 대학생의 사고방식이나 생활방식에 맞는 새로운 선교전략을 모색할 필요가 있다.

오늘의 대학생들은 반도체 칩(chip), 카드(card), 케이블(cable), 코드(code) 속에서 사이버(cyber) 커뮤니케이션을 주도함으로써 기존질서와 세계로부터의 변화를 추구하는 '사이보그(cyborg) 세대'라 할 수 있다.[24] 한편 이들은 디지털 세대로서 그 존재양식은 이미지(image)이며, 존재하는 시공간은 시뮬레이션(simulation)이고, 존재하는 방식은 네트워크(network)이다.[25] 이들 신세대의 가치관의 특징은 합리주의, 다원주의, 개방주의, 개성주의, 감성주의, 경제주의, 여가주의로 정리할 수 있다.[26]

반신환은 이러한 가치관과 시대적 특징을 지닌 대학생을 위한 대학선교의 프로그램으로 다음 일곱 가지를 제안한다.[27] 첫째, 고정관념에 도전

---

22) 학원복음화협의회에 대한 자세한 정보는 공식 홈페이지를 참조바람(www.kcen.or.kr.).
23) 조용훈 외, "기독교대학 복음화의 신학과 전략," 한국대학선교학회, 「대학과 선교」 13(2007), p. 116.
24) 최인식, "사이버 문화와 사이보그 시대. 청년선교 패러다임의 변화," 한국대학선교학회, 「대학과 선교」 4(2002), p. 19.
25) 이종록, "디지털 시대와 기독청년," 한국대학선교학회, 「대학과 선교」 4(2002), pp. 41-56.
26) 문용린, 「신세대의 이해」(서울: 삼성복지재단, 1996), p. 218.

하는 젊은이들을 위한 새로운 프로그램, 둘째 감성적인 세대를 위해 감동을 줄 수 있는 프로그램, 셋째 학생들이 능동적으로 참여할 수 있는 프로그램, 넷째 지식을 포함하면서도 그것을 넘어설 수 있는 총체적 영성 프로그램, 다섯째 모든 선교 활동 및 프로그램에서 느낄 수 있는 재미와 느낌, 여섯째 공동체의 형성, 일곱째 이미지보다는 실재를 경험할 수 있는 프로그램이다.

마지막으로 대학선교는 캠퍼스 복음화란 좁은 시야를 벗어나 세계선교를 지향해야 한다. 이 글의 초반부에서 이미 서술했듯이, 19세기를 '위대한 선교의 세기'로 만든 것은 캠퍼스의 영적 부흥과 대학생들의 선교적 열정이었다. 캠퍼스의 영적 부흥이 선교적 열정을 불러일으켰고, 거꾸로 선교적 열정은 영적 부흥을 확산시켰다. 그런 배경에서 오늘날 대학선교는 캠퍼스 복음화라는 작은 목표를 넘어서 세계 복음화라는 보다 큰 목표를 지향해야 한다.

오늘날 정보통신기술과 운송수단의 발전에 힘입어 세계는 급속하게 하나의 마을처럼 되어 가고 있다. 이러한 세계화라는 시대조류에 맞게 기독교대학은 학생들에게 지역과 국가라는 전통적인 울타리를 넘어서 세계의 복음화라는 비전을 줄 수 있어야 한다. 하나님의 나라가 캠퍼스 안에만 아니라 지역과 국가, 그리고 세계 속에 실현되는 꿈을 심어야 한다.

이를 위해 대학 구성원의 선교적 비전을 위한 다양한 프로그램을 마련할 필요가 있다. 채플에서 선교사들의 선교 활동을 보고하는 시간을 마련할 수도 있고, 학생들의 비전트립이나 단기선교훈련을 통해 해외선교에 대해 동기부여를 할 수도 있다. 선교적 비전을 지닌 학생들을 발굴하고, 훈련시키고, 지원하는 선교 프로젝트도 구상할 수 있을 것이다. 한편 학생들이 전공하는 학문을 통해 전문인 선교(tent-making)의 가능성

---

27) 반신환, "정보사회의 대학선교," 한국대학선교학회, 「대학과 선교」 5(2003), pp. 248-250.

을 제시하고, 구체적인 준비를 위해 자문을 해 줄 수도 있다.

특별히 세계선교라는 차원에서 세계화 덕분에 우리나라 대학에 유학하고 있는 외국인 학생들에 대한 구체적인 선교전략을 세울 필요가 있다. 해외 유학생들 대부분은 중국을 포함한 아시아권 학생들로서 불교, 이슬람교, 힌두교와 같은 다양한 종교적 배경을 가지고 있다. 장차 이들이 학업을 마치고 자신들의 고국에 돌아가 사회지도자로서 중요한 역할을 할 것이라고 가정할 때, 이들에 대한 선교야말로 해외에 선교사를 파송하는 것만큼이나 효과적이고 경제적이라는 것을 짐작할 수 있다. 외국인 유학생 유치를 대학의 세계화나 학생 충원이라는 관점으로만 볼 것이 아니라 선교적 차원에서 보고, 그에 따라 적절한 선교전략을 세워야 하겠다.

IV
학문공동체로서 기독교대학

1. 학문과 신앙의 통합
2. 기독교 세계관과 대학교육

1 학문과 신앙의 통합

우리 사회 종교인에 대한 비판 중에서 가장 흔하면서도 근본적인 것은 신앙과 생활의 부조화일 것이다. 믿는 바와 사는 것의 불일치는 기독 지성사회에서도 예외가 아니다. 기독교대학에서 가르치는 교수들은 명목상으로든 실질적으로든 기독교 신앙인들이다. 그 가운데에는 종교적인 면에서 웬만한 목사보다 더 열정적이며, 헌신적인 사람도 많다. 그런데 유감스럽게도 그런 사람들조차 자신들이 전공하는 학문이 신앙과 어떻게 관련되는지에 대해서는 무지할 뿐만 아니라 관심조차 갖지 않는 경우가 허다하다. 주일날 교회에서는 독실한 신앙인이지만, 평일 캠퍼스에서는 그냥 전문직업인의 한 사람으로서 살아간다. 신앙이란 교회생활과 관련된 것이지 대학생활과는 무관하다는 생각이 일반화되면서 기독 지성이 붕괴되고 있다.

기독 지성의 붕괴는 한국사회는 물론 한국교회에도 부정적인 영향을 미치고 있다. 대학사회는 점점 더 세속화의 길을 걷게 되고, 교회는 점점 더 맹목적인 종교집단으로 변해 가고 있다. 상황이 이렇게 된 데에 대한 책임은 교회와 대학 양측 모두에 있을 것이다. 한국교회는 반지성적 경향이 너무 강해서 기독 지성인을 당황스럽게 한다. 교회는 지식인들이 전공 학문과 신앙을 접목시킬 수 있도록 동기부여하거나 구체적인 방법을 가르쳐 준 일도 없다. 한편 대학사회는 계몽주의 학문방법론과 포스트모더니즘적 세계관을 무비판적으로 수용함으로써 종교를 강의실과 연구실 바깥으로 내모는 잘못을 범했다. 기독교대학에서조차 종교란 개인들의 사사로운 문제일 뿐이며, 신앙은 객관성을 추구하는 학문 활동에 장애물로 여긴다.

이처럼 교회가 반지성주의적이 되면서, 다른 한편으로는 대학이 반종교적이 되면서 기독 지성이 설 자리는 점점 좁아지고 있다. 이런 상황을 극복하고 기독교대학이 한국사회와 한국교회에 긍정적인 영향력을 끼치려면 기독 지성이 회복되어야 한다. 학문과 신앙의 통합을 통한 기독 지성의 계발이야말로 학문공동체인 기독교대학의 우선적인 소명이다.

학문과 신앙 관계의 왜곡

기독교대학이 학문공동체인 한 기독교적 정체성은 학문 활동에서 추구되어야 한다. 학문 활동에서 기독교대학이 일반대학과 다른 점이 있다면, 그것은 바로 학문과 신앙을 통합하는 일일 것이다. 그럼에도 불구하고 오늘날 기독교대학에서조차 신앙의 논리와 학문의 논리가 분리되어 있다. 해리 블레마이어스(H. Blamires)가 지적했던 대로 "주로 개인의 품행과 관련된 매우 협소한 사고 영역을 제외하면, 현대 세계의 그리스도인들은 지적 활동에서 세속적 지성에 의해 구성된 개념의 틀과 세속적 평가를 반영하는 일련의 비판기준을 수용"하고 있다.[1] 기독 지성인조차 신앙은 기껏해야 개인의 도덕성에만 관련된 것으로 이해되고, 학문 활동에서는 세속주의 방법론을 광범위하게 수용하고 있는 현실이다. 이처럼

---

1) 존 볼트, 이정순 역, 「이야기가 있는 학교」(서울 : IVP, 2006), p. 144 재인용.

대학사회에 일반화되어 있는 학문과 신앙의 분리는 결국 기독 교수의 삶과 신앙의 분리를 의미하며, 이것은 기독 교수 자신의 인간성 상실의 원인이 된다.[2]

신앙생활과 학문생활의 분리는 잘못된 신앙문화의 영향 때문이다. 영과 육, 거룩한 것과 속된 것, 공공적인 것과 사적인 것을 분리하는 한국교회의 이분법적 신학전통은 기독 교수들로 하여금 학문과 신앙의 통합에 무관심하게 만든다. 일반적으로 자유주의 신학전통이 학문과 신앙 사이에 존재하는 긴장을 없애버리는 오류를 범한다면, 근본주의 신학전통은 둘 사이를 서로 분리해 버리는 오류를 범한다. 전자가 학문을 '세속화'시키는 과오를 범한다면, 후자는 학문을 '교리화'하려는 과오를 범한다.

먼저 자유주의 신학전통은 신앙을 윤리화하거나 문화화함으로써 기독교적 학문 활동을 어렵게 만든다. 독일의 관념주의나 미국의 실용주의 교육철학의 영향을 받은 학자들은 대학교육에서 신앙의 특수성보다는 학문의 보편성을 강조한다. 이들은 기독교적 특수가치들을 보편적 도덕가치 아래에 둠으로써 기독교를 윤리화시키거나 문화화시킨다. 그 결과 대학에서 기독교적 특수 교육이념은 교양교육이나 도덕교육, 혹은 문화교육으로 변질되고 만다. 한편 관찰과 경험을 중시하는 과학적 실증주의의 영향을 받은 학자들은 신앙을 주관적이고, 개인적인 일로 본다. 따라서 객관적이고 공공성을 추구해야 하는 학문 활동의 장애요소가 된다고 판단한다.

한편 근본주의 신학전통은 인간 이성의 전적 타락을 부각시킴으로써 인간의 학문 활동에 대해 근본적으로 회의적인 태도를 보인다. 이들은 기독교 진리란 믿음의 대상이지 학문적 연구나 논쟁의 대상이 될 수 없다고 보면서 신앙의 학문성을 거부한다. 그러다 보니 자신들의 학문과 신앙 사이에 어떠한 상관성도 발견하지 못한다. 학문은 학문의 논리대로,

---

2) 김기숙, 「코메니우스의 인간성 교육론과 기독교대학」(서울 : 한들출판사, 2003), pp. 5-6.

신앙은 신앙의 논리대로 따로 놀게 된다.

학문과 신앙의 분리로 말미암는 기독 지성의 붕괴는 교회는 물론 사회에도 커다란 손실이 아닐 수 없다. 왜냐하면 교회는 비판적 지성을 상실함으로써 점점 더 기복적이고, 맹신적이 되기 때문이다. 계몽 없는 종교란 필연적으로 근본주의적 맹목성에 빠질 위험이 크다. 한편 신앙 없는 학문 활동은 의미와 방향을 상실함으로써 점점 더 피상적이고, 파괴적으로 변해 갈 수 있다. 현대 과학기술문명의 파괴성은 바로 의미와 방향을 상실한 학문의 결과이다.

이런 이유에서 마크 슈웬(M. Schwehn)은 "고등교육에서 종교는 계몽을 필요로 하고, 계몽은 종교를 필요로 한다."[3]고 강조하였던 것이다. 종교는 이성과 관용, 비판과 탐구 정신을 통해 종교적 맹목성을 교정해 주며, 대학은 종교를 통해 학문의 의미와 목적, 그리고 방향을 찾게 된다.

대학의 역사를 뒤돌아보면, 12세기 중세 유럽에서 태동한 이후 줄곧 대학에서의 학문 활동은 신앙과 밀접히 관련되어 있었다. 신학자 토마스 아퀴나스의 신학 전통에 따라 계시의 영역인 신앙과 이성의 영역인 학문이 상호보완적으로 이해되었다. 아퀴나스는 은혜(계시)가 자연(이성 혹은 본성)을 파괴하지 않고 오히려 완성한다고 보았다.

학문과 신앙이 조화를 이룰 수 있다는 생각은 과학 실증주의가 등장하기 이전까지 의문시되지 않았다. 학문과 신앙을 갈등적 관계로 보는 견해는 비교적 후대에 생긴 현상이다. 그런 이유에서 아더 홈즈(A. Holmes)는 최근 논의되는 학문과 신앙의 '통합'(integration)이라는 개념보다는 '재통합'(reintegration)이라는 개념이 더 정확한 표현이라고 말한다.[4] 왜냐하면 학문과 신앙의 통합은 이미 대학이란 사회제도의 등장 때부터 오래

---

3) M. Schwehn, *Exils from Eden : Religion and the Academic Vocation in America*(N. Y. : Oxford University Press, 1993), p. 136.
4) A. Holmes, "Integrating Faith and Learning in a Christian Liberal Arts Institution," D. S. Dockery & D. P. Gushee, *The Future of Christian Higher Education*(Nashville : Broadman & Holman Publishers, 1999), p. 161.

도록 존재했던 지식의 존재방식이었기 때문이다.

통합이든 아니면 재통합이든, 학문과 신앙 관계의 회복은 오늘날 한국교회의 신앙적 성숙을 위해서만이 아니라 의미와 방향을 상실한 학문세계를 위해서도 꼭 필요한 과제로 보인다. 교회는 비판적 기독 지성을 통해 근본주의의 유혹을 극복하고, 사회지도력을 회복할 수 있을 것이다. 한편 대학은 신앙을 통해 지식의 의미와 방향성을 되찾음으로써 인간과 사회에 유익한 학문 활동을 하게 될 것이다. 그리고 기독 교수 개인들은 자신이 믿는 것과 아는 것을 하나로 통합함으로써 인간성을 회복하며, 성숙한 신앙인으로 성장해 갈 것이다.

과학 실증주의 학문방법론

위에서 언급한 대로 중세에 대학이 설립된 이후 줄곧 대학의 학문 활동에서 학문과 신앙은 조화를 이루었다. 로저 베이컨이나 쿠사의 니콜라스 같은 중세 과학자는 물론 코페르니쿠스, 갈릴레오, 케플러, 뉴턴 같은 근대 과학의 개척자들까지도 한결같이 유신론적 기독교 세계관의 토대 위에서 학문 활동을 했다. 그들은 신이 인간 세계에 자신을 알리는 두 권의 책을 주셨는데 한 권은 성서이고, 다른 한 권은 자연이라고 생각했다. 그래서 과학자들이 자연을 관찰하고 탐구하게 되면 하나님에 대해서도 알 수 있다고 믿었다.

천체학자 케플러(J. Kepler, 1571–1630)를 예로 들면, 그는 물리적인 자연세계 속에서 수학적인 조화를 발견했고, 거기서 신이 세계를 창조한 질서와 기적을 보았다. 그에게 있어서 수학은 신의 유일하고도 영원한 정신적인 인장(印章)과 같았다. 그런 배경에서 케플러는 자연에 대한 연구를 가리켜 수학적인 자연법칙으로 자신을 표현한 신을 인식하는 길이라고 보았다.[5]

하지만 과학 실증주의가 등장하면서 학문과 신앙은 서로 대립하고 갈등하는 관계로 발전하게 된다. 그것은 과학 실증주의자들이 다음과 같은 잘못된 견해를 지니고 있었기 때문이다.

첫째, 과학 실증주의자들은 종교가 주관적이어서 객관성과 보편성을 추구하는 학문 활동을 방해한다고 생각한다. 그들은 과학적 지식이란 객관적 실험과 검증 가능한 경험에서 나오는 반면에 종교적 신앙은 주관적 체험에서 나오는 것이라 보았다. 과학 실증주의가 발전해 가면서 학자들은 과학 이외의 다른 학문분야들을 하찮은 것으로 여기고, 심지어 '비학문적인 것'으로 폄하했다.[6] 과학 실증주의자들 가운데에는 종교를 독단주의(dogmatism)나 미신으로 매도하는 사람까지 있었다. 데이비드 흄(D. Hume) 같은 철학자는 바람직한 성품을 자신과 타인의 유용성에 있다고 하면서, 독신, 금식, 자기부정, 겸손, 침묵 같은 종교적 덕목들은 인간의 이해력을 마비시킨다고 비판했다.[7]

둘째, 과학 실증주의는 사실과 가치를 엄격히 구분하면서 학문의 가치중립성을 내세운다. 말하자면 과학적 연구는 윤리나 종교의 가치판단으로부터 자유로워야 한다는 말이다. 학문의 가치중립성에 대한 생각은 과학자들만이 아니라 사회과학자들까지 광범위하게 퍼져 있다. 예를 들어 사회학자 조지 룬드버그(G. A. Lundberg)는 폭발물질을 어디에 사용할 것인가라는 물음이 화학자의 관심사가 아닌 것처럼, 자신의 사회학적 발견이 사회질서에 미칠 영향에 대한 물음도 사회과학자의 일이 아니라고 주장했다.[8] 가치중립을 신봉하는 이러한 학문 경향 역시 비교적 최근의 일이다. 사회과학을 예로 들더라도, 사회과학이라는 학문이 발생할 때만 해도 심리학, 사회학, 문화인류학, 정치학, 경제학이 대체로 도덕철

---

5) 김필년, 「동-서문명과 자연과학」(서울 : 도서출판 까치, 1992), p. 104.
6) 신득렬, 「위대한 대화 : R. M. Hutchins 연구」(대구 : 계명대학교 출판부, 2002), p. 57.
7) M. Schwehn, *Exiles from the Eden*, p. 46.
8) D. Sloan, *Faith and Knowledge : Mainline Protestantism and American Higher Education*(Louisville : John Knox Press : 1994), p. 19.

학의 틀 안에서 연구되고 가르쳐졌다. 하지만 1870~1880년대에 이르면서 이러한 학문들이 독자적인 권리를 요구하게 되고, 제1차세계대전이 지나면서 독립적인 학과목으로 발전하게 된다. 그러다가 1920년대에 이르면 사회과학에 대한 경험적, 객관적, 가치중립적인 태도가 지배적인 학문방법론으로 정착된다.[9]

사실과 가치를 분리하는 이러한 가치중립적 학문방법론은 오늘날 학자들 사이에서 많은 비판을 받고 있다. 왜냐하면 학자들이 신봉하는 사실(facts)이라고 하는 것은 개인의 선입견이나 세계관과 상관없이 존재하는 것이 아니라 이미 하나의 세계관에 기초하여 해석된 것에 불과하기 때문이다. 사실이란 오직 해석이라는 틀을 통해서만 인식되어질 수 있다.

사회과학을 예로 들면, 사회적 실재나 사회현상은 객관적인 실체로 존재하는 것이 아니라 그 속에서 살며 생각하고 행동하는 연구자의 의식 활동에 의하여 선택되고 구성될 수밖에 없는데, 그러한 과정에서 어쩔 수 없이 연구자의 가치판단이 작용하기 마련이다. 학문에서 종교적 관점을 제거해야 한다는 과학 실증주의적 학문방법론의 문제점에 대해 조지 마스덴(G. M. Marsden)은 다음 네 가지 이유를 들어 반박하고 있다.[10]

첫째, 자연과학에 적용되는 경험론적 연구방식을 다른 모든 학문영역으로 확대하여 적용하는 것은 곤란하다. 둘째, 학문적 신념이 반드시 경험적이어야 한다는 생각은 잘못이다. 왜냐하면 사회적 평등 같은 신념은 과학적 논증에서가 아니라 도덕성의 결과이기 때문이다. 셋째, 학문에서 종교적 관점을 제거해야 한다는 원칙은 근본적으로 실행이 불가능한데, 이는 종교적 관점이 학문적 논의들과 무관할 수 없기 때문이다. 넷째, 오늘날 대학의 지적 풍토가 자연주의적 전제들에 기초한 학문방법론에 대해 지나치게 호의적이고, 무비판적이다.

---

9) D. Sloan, *Faith and Knowledge*, pp. 17-18.
10) G. Marsden, 조호연 역, 「기독교적 학문 연구 @ 현대 학문 세계」(서울 : IVP, 2000), pp. 49-51.

과학 실증주의 학문방법론에 대한 비판은 최근에 포스트모더니즘에 의해서도 이루어지고 있다. 포스트모더니즘은 모더니즘의 특징이라고 할 수 있는 진리의 객관성, 과학적 지식의 가능성, 사고의 주체로서 개인에 대한 강조, 그리고 진리의 보편성에 대한 확신을 문제 삼으면서, 그것들이 하나의 이데올로기일 뿐이며 공동체의 죽음과 소외의 원인이라고 본다.[11] 포스트모더니즘 덕분에 그동안 과학 실증주의에 의해 무시되었던 주관적 신념이나 종교적 신앙도 학문 방법론적으로 타당하다는 생각이 널리 인정되고 있다. 그 결과 이제는 과학자들조차 바람직한 과학적 태도에 단지 지적 엄밀성이나 객관성만이 아니라 상상력, 직관, 영감, 개방성과 같은 비과학적인 요소들까지 포함된다고 생각한다.

교회의 반지성주의적 전통

사상적 측면에서 과학 실증주의가 학문과 신앙의 통합을 어렵게 만든다면, 한국교회의 반지성주의 전통은 신앙적 측면에서 학문과 신앙의 통합을 어렵게 만든다.

교회사적으로 살펴볼 때, 한국교회의 반지성주의적 특징은 우리나라에 기독교를 전해 주었던 미국 선교사들에게로 거슬러 올라간다. 1920년대 바이블 벨트(Bible Belt)로 불리는 미국의 남부 지역에서는 계몽주의에 적응하려는 자유주의 신학과 과학기술의 발전에 긍정적 태도를 지닌 현대주의 기독교에 대한 반작용으로 근본주의 신앙운동이 일어났다. 이 신앙운동은 인간 세계의 문화적 낙관주의를 거부하는 '세대주의적 전천년설', 기독교육을 통한 도덕성의 점진적 개발 대신에 성령의 초자연적 능력을 강조하는 '성결운동', 그리고 사회적 소외계층을 대상으로 초자연적 신유와 방언을 강조하는 '오순절운동'과 같은 다양한 신앙운동 형태로

---

11) 이문균, 「포스트모더니즘과 기독교」(서울 : 대한기독교서회, 2000), p. 21.

표현되었다.[12]

　성서의 축자영감설을 신봉하는 근본주의자들은 성서에 대한 고등비평적 연구를 거부하며, 공립학교에서 진화론 대신에 창조론을 가르칠 것을 주장하였다. 하지만 마크 놀(M. Noll)의 주장대로 신학적 근본주의는 세속화 과정에 있는 사회에서 기독교 신앙을 유지하는 데 어느 정도 공헌하긴 했지만, 지성사적인 면에서 본다면 재난을 가져다주고 말았다.[13] 왜냐하면 이 투쟁 과정에서 대부분의 근본주의자들은 고등교육을 부정적인 시각으로 바라보게 되었으며, 교육 받은 목사를 기독교 신앙의 훼방자로 간주하게 되었기 때문이다.[14]

　진화론과 창조론 논쟁은 일반사회로 하여금 근본주의 기독교인들을 '시골 촌놈'처럼 무지하고 몽매한 사람들로 각인시켰다. 실제로 당시 진화론 논쟁을 주도했던 미국 남부의 기독교인들의 교육수준은 다른 지역에 비해 상대적으로 낮았다. 한 연구조사를 보면 당시 남부의 근본주의적 기독교인들의 9퍼센트만이 대학교육을 마쳤고, 37퍼센트는 고등학교 교육조차 마치지 못한 것을 알 수 있다.[15] 그런데 한국에 선교사로 왔던 미국 장로교 선교사 상당수가 이러한 근본주의 신학의 영향을 받은 20대의 젊은 목사들이었다.[16]

　하지만 1930년대에 일본이나 미국에서보다 진보적인 신학을 연구한 한국인 유학생 목사들이 귀국하면서 한국교회 안에서도 신학적 갈등과 논쟁이 본격적으로 생겨나게 되었다. 대표적인 사건이 평양신학교의 박형룡 박사와 숭인상업학교의 김재준 목사 사이에 일어났다. 김재준은

---

12) G. Marsden, 홍치모 역, 「미국의 근본주의와 복음주의 이해」(서울 : 성광문화사, 1992), p. 60.
13) M. A. Noll, 이승학 역, 「복음주의 지성의 스캔들」(서울 : 도서출판 엠마오, 1996), p. 41.
14) G. Marsden, 「미국의 근본주의와 복음주의 이해」, p. 139.
15) Ibid., p. 139, 각주 32 참조.
16) 간하배, 「한국 장로교 신학 사상」(서울 : 실로암, 1988), p. 4.

「신학지남」에 투고한 "이사야의 임마누엘 예언 연구"라는 글에서 성서 축자영감설을 비판한 반면에 박형룡과 박윤선은 축자영감설을 옹호하면서 성서에 대한 비평적 연구를 문제 삼았다.[17]

1934년에는 남대문교회 김영주 목사가 창세기의 모세 저작설을 비판한 일과 김춘배 목사가 여성에 관하여 진보적인 성서해석을 시도했다고 해서 논란이 되었다. 김춘배 목사는 신약성서 고린도교회에 나타난 여성에 대한 언급이 2천 년 전의 한 지방교회의 교훈과 풍습일 뿐 만고불변의 보편적 진리가 아니라고 말했다. 그러나 한국교회 지도자들은 이런 성서해석이 당시의 세속적 시대사조에 영합하고, 성경을 곡해하는 것이라 하여 총회 앞에서 공개사과를 명령했다.

그리고 감리교 선교 50주년을 기념하여 유형기 목사의 책임 아래 번역, 간행된 「아빙돈 단권주석」이 성서 고등비평 방법론을 적용하고, 계시의 역사를 종교적 진화로 분석하고 있다는 이유를 문제 삼아 장로교 측 번역자인 송창근, 채필근, 한경직 목사가 총회 앞에서 공개사과를 해야 했다.[18]

이러한 일련의 과정을 통해 한국교회는 점차 반지성주의적 신앙형태로 굳어져 갔다. 그리고 이런 반지성적 교회 분위기 속에서 신앙생활을 하게 된 기독 학자들에게 대학에서 학문과 신앙을 제대로 통합하기를 기대하는 것은 어려운 꿈이 되고 말았다.

학문과 신앙의 통합이란?

학문과 신앙을 통합한다는 것은 무슨 뜻인가? 이 물음에 대해 아더 홈즈(A. Holmes)는 학문이 기독교적 세계관을 형성하는 데 기여하며, 거

---

17) 민경배, 「한국기독교회사」(서울 : 대한기독교출판사, 1982), pp. 410-413.
18) Ibid., pp. 413-485.

꾸로 신앙은 인간의 모든 학문 활동에 기여하는 상보적 관계를 맺는 것이라 정의한다.[19] 그러면서 그는 신앙과 학문을 통합하는 네 가지 방법을 제시한다.[20]

첫째, 태도적 접근으로 교육에 있어서 강의 내용보다는 강의 태도나 지적 성실성을 강조한다. 이는 인격교육이란 강의 내용이나 정보를 통해서가 아니라 가르치는 사람의 인격에 의해 더 큰 영향을 받기 때문이다. 둘째, 윤리적 접근으로 사랑과 정의에 관한 사실과 가치 사이의 관계에 초점을 둔다. 모든 학문이론은 일정한 가치를 전제하고 있기 때문에 이러한 가치에 대한 판단이 중요한 학문적 과제가 된다. 셋째, 기초적 접근으로 역사와 철학, 그리고 신학을 모든 학문의 기초학문으로 수용한다. 넷째, 세계관적 접근으로 기독교와 학문 사이의 포괄적인 접촉점으로 세계관을 제시한다. 특히 오늘날처럼 학문이 전문화되어서 기껏해야 단편적이고 제한적인 세계관만을 제시하는 상황에서 통합적인 세계관의 제시야말로 대학교육의 중요 과제가 된다.

학문과 신앙의 통합이 구체적으로 어떤 형태를 띠게 될지 그 다양한 예들을 우리는 기독학생회(IVF)에서 번역, 출간한 「성경의 눈으로 본 학문 시리즈」에서 살필 수 있다.[21] 학문과 신앙 통합 분야에 대한 연구가 취약한 우리 현실에서는 매우 소중한 자료들이 분명하다. 하지만 우리나라의 신앙 전통과 학문 전통에 기초한 토착적인 기독교 학문연구가 시도

---

19) A. Holmes, 박진경 역, 「기독교대학의 이념」(서울 : 도서출판 CUP, 1992) pp. 56 - 57.
20) Ibid., pp. 57 - 70.
21) D. 프레이저, T. 캠폴로 강대기 역, 「신앙의 눈으로 본 사회학」(서울 : IVP, 1995) ; R. 라이트, 권오식 역, 「신앙의 눈으로 본 생물학」(서울 : IVP, 1995) ; D. 마이어스, M. 지브스, 박원기 역, 「신앙의 눈으로 본 심리학」(서울 : IVP, 1995) ; D. 웰즈, 한인철 역, 「신앙의 눈으로 본 역사」(서울 : IVP, 1995) ; H. 베스트, 하재은 역, 「신앙의 눈으로 본 음악」(서울 : IVP, 1995) ; R. 츄닝, J. 에비, S. 로엘즈, 안동규, 한정화 역, 「신앙의 눈으로 본 경영」(서울 : IVP, 1995) ; S. 갤러거, R. 런든, 김승수 역, 「신앙의 눈으로 본 문학」(서울 : IVP, 1995).

되어야 하는데, 그럴 때에만 비로소 외국에 대한 학문적 종속을 극복할 수 있기 때문이다. 이 일을 위해 기독교대학 당국만이 아니라 교회의 관심과 지원이 절실해 보인다.

지금까지 우리는 우리나라 지성사회에서 학문과 신앙이 왜 분리되고 갈등관계에 빠지게 되었는지 살펴보았다. 이제 다음 단계로 학문과 신앙을 통합하는 데 있어서 필요한 신학적 토대가 무엇인지 다섯 가지로 구분해서 살피도록 하겠다.

진리의 근원이신 하나님

대학은 진리를 추구하는 학문공동체이다. 그런데 기독 학자에게 진리란 하나님과 관련되어 있다. 예수 그리스도는 진리 자체요(요 14 : 9), 그분 안에 지혜와 지식의 모든 보화가 감추어져 있으며(골 2 : 3), 모든 진리는 그분 안으로 통합된다(엡 1 : 10). 그러기에 그리스도인에게 있어서 하나님을 떠나 자율적으로 존재할 수 있는 진리란 없고, 모든 진리는 하나님에게 의존한다. 그분은 진리의 근원이시기 때문이다.[22]

하나님이 진리의 근원이란 말은 하나님이 모든 지식의 정점이며, 완성일 뿐만 아니라 분리되어 있는 지식들을 연결하고 포괄하는 통합체라는 뜻이다. 이런 배경에서 알렉산드리아의 클레멘트(Clement of Alexandria)는 모든 진리는 그것이 어디서 발견되든지 다 하나님의 것이라고 말했다.[23] 어떤 학문 영역도 하나님의 진리의 통치 영역 바깥에 있을 수 없으며, 모든 학문은 하나님에 의해서만 온전히 파악될 수 있는 전체와 연관되어 있으므로, 기독 학자의 과제는 자신의 학문 영역이 어떻게 하나님의 진리의

---

22) A. Holmes, 서원모 역, 「모든 진리는 하나님의 진리다」(서울 : 크리스찬 다이제스트, 1991), p. 52.
23) Ibid., p. 25.

전체적 구조와 연결되는지를 찾아내는 데 있어야 한다.[24]

　그런데 우리가 말하는 하나님의 진리란 '명제적 진리'가 아니라 '인격적 진리'를 가리킨다.[25] 명제적 진리란 계몽주의 인식론에서 보는 것처럼 객관화하거나 대상화할 수 있는 진리이다. 그것은 빌라도가 심문대 앞에 서 있는 예수님에게 "진리가 무엇이냐?"고 묻는 태도에 나타나는 개념이다.

　하지만 인격적 진리란 객관화하거나 대상화할 수 있는 것이 아니다. 왜냐하면 인격적 진리란 진리를 묻는 사람이 자기를 개입시켜 그것과 인격적 관계를 맺는 일이기 때문이다. 우리가 그리스도를 진리로 고백할 때, 우리는 진리를 소유하는 것이 아니라 거꾸로 진리에게 소유당하게 된다. 루이 뒤프레(L. Dupre)가 옳게 말한 것처럼 진리이신 예수님은 우리의 소유 대상이 아니라 절대적 요구로서 오히려 우리를 사로잡는 분이다.[26]

　그럼에도 불구하고 흔히 학문하는 사람들은 자신들이 마치 그 분야의 진리를 마음대로 다루거나 조종할 수 있는 존재인 것처럼 생각하고 행동할 때가 많다. 하지만 모든 진리가 하나님의 진리임을 믿는 기독 학자들은 진리를 추구하는 가운데 하나님을 예배한다.

　그러므로 그에게 있어서 "하나님이 먼저냐, 학문이 먼저냐?" 하는 질문은 잘못 제기된 물음인데, 이는 하나님은 학문 안에서, 그리고 학문을 통해서도 영광을 받으시는 분이기 때문이다.[27] 일찍이 종교개혁자 칼빈(J. Calvin)도 참지식이란 차가운 사변 속에만 자리 잡는 지식이 아니라 하나님을 섬기는 지식이라고 말했다.[28] 참지식은 하나님을 머리로만 아는 것이 아니라 인격적으로 두려워하고 존경하게 만들며, 그분에게 찬양

---

24) W. L. Craig, "Concluding Thoughts on the Two Tasks of the Christian Scholar," W. L. Craig & P. M. Gould, *The Two Tasks of the Christian Scholar*(Wheaton : Crossway Books, 2007), pp. 183–184.
25) A. Holmes, 「모든 진리는 하나님의 진리다」, p. 47.
26) P. Palmer, 이종대 역, 「가르침과 배움의 영성」(서울 : IVP, 2000), p. 169.
27) A. Holmes, 「기독교대학의 이념」, p. 94.
28) 이수영, "칼뱅신학의 특징과 한국신학," 한국성서학연구소 편, 「한국적 신학의 모색」(서울 : 한국성서학연구소, 1992), p. 202.

을 돌리게 만든다.

이해를 추구하는 신앙

기독교 신앙은 이해를 추구하는 신앙이다. 기독교 신앙의 이런 특징에 대해 일찍이 아우구스티누스는 말했다. "나는 이해하기 위해서 믿는다. 그리고 나는 더 잘 믿기 위해서 이해한다."[29] 이러한 신학 전통을 이어받은 안셀무스(Anselm of Canterbury)가 기독교 신앙을 '이해를 추구하는 신앙'(fides quaerens intellectum)이라고 정의한 이유는 기독교에 있어서 신앙과 이성이 밀접하게 관련되어 있다고 보았기 때문이다. 즉, 신앙이란 개인적이고 주관적인 하나님 체험이기도 하지만, 동시에 이성과 논증으로 해명될 필요가 있다. 이성과 논증으로 해명될 때에만 신앙은 다른 사람들에게 전달될 수 있기 때문이다. "너희 마음에 그리스도를 주로 삼아 거룩하게 하고 너희 속에 있는 소망에 관한 이유를 묻는 자에게는 대답할 것을 항상 준비하되 온유와 두려움으로 하고"(벧전 3 : 15).

그러므로 온전한 기독교 신앙은 마음으로 신뢰하고, 의지를 통해 헌신할 뿐 아니라 지적 이해를 추구한다. 자신의 신앙 체험이나 믿는 바에 대한 비판적 성찰이 없는 맹목적이고 관습적인 신앙은 흔히 그리스도인을 미신이나 광신의 위험에 빠뜨린다. 그래서 성서는 그리스도인이 지식 영역에서도 새롭게 되어야 한다고 강조한다. "새 사람을 입었으니 이는 자기를 창조하신 이의 형상을 따라 지식에까지 새롭게 하심을 입은 자니라"(골 3 : 10).

이런 이유에서 기독교 사상가들은 한결같이 복음을 위해서라면 세속적

---

29) B. Greeen, "Theological and Philosophical Foundations," D. S. Dockery & G. A. Thornbury, *Shaping A Christian Worldview, The Foundation of Christian Higher Education*(Nashville : Broadman & Holman Publishers, 2002), p. 81 재인용.

학문까지도 적극 수용할 것을 강조했다. 가이사랴의 바질(Basil of Caesarea)은 이교도(異敎徒)인이 쓴 그리스의 고전작품이라도 그것이 가치 있는 도덕적 원리들을 포함하고 있다고 판단되는 한 적극적으로 수용할 것을 역설했다. 순교자 저스틴(Justin Martyr)도 요한복음에 나오는 말씀이란 개념을 이해시키기 위해 스토아 철학에서 사용하는 로고스 개념을 차용했다.[30] 알렉산드리아의 클레멘트(Clement of Alexandria)는 시(詩)가 감성을, 수사학이 표현력을, 변증법이 논리적 추리력을 발전시킨다는 이유에서 학문과 예술을 가리켜 '하나님의 선물'이라고까지 표현했다.[31]

물론 인간의 이성은 죄로 인하여 심각할 정도로 왜곡되고 부패해 있다. 이성은 하나님에 대한 지식과 구원을 위한 영적 진리를 아는 데 있어서는 전적으로 무능하다. 칼빈의 표현대로 하늘의 신령한 일로 말할 것 같으면 세상적으로 제아무리 영리한 사람조차 두더지보다 눈이 더 멀었다고 할 수 있다. 그럼에도 불구하고 인간적이고 세상적인 일에 대해서는 인간 이성이 어느 정도는 도움이 된다.[32] 왜냐하면 동물과 달리 인간은 이성을 통해서 인간 세상을 보다 더 나은 세상으로 만들어 갈 수 있기 때문이다. 이런 이유로 칼빈은 다른 어떤 종교개혁자들보다도 교육의 중요성을 강조했고, 직접 제네바에 아카데미를 세웠다. 그에게 있어 그리스도인의 삶이란 끊임없이 배우는 과정, 즉 마음을 학문적으로 훈련시키는 과정이었다.[33]

기독 학자의 학문 활동에서 신앙이 학문 활동의 토대라면, 이성은 학

---

30) A. Holmes, "Integrating Faith and Learning in a Christian Liberal Arts Institution," pp. 162–166.
31) A. Holmes, *Building the Christian Academy*(Grand Rapids : Eerdmans, 2001), pp. 16–17.
32) J. Calvin, *Institutes of the Christian Religion*(Philadelphia : The Westminster Press, 1960), 2.2.18 ; 2.2.13–17.
33) R. W. Holder and J. Kuykendall, "The Reformed Understanding of Vocation in History," D. S. Ferguson and W. J. Weston, *Called to Teach. The Vocation of the Presbyterian Educator*(Louisville : Geneva Press, 2003), p. 50.

문 활동의 수단과 방편이 된다.[34] 달리 표현하면 계시가 지식의 근본이 되며 학습의 동기를 제공한다면, 이성은 계시된 것을 이해하고 구성하는 데 도움을 준다.[35] 조지 마스덴(G. Marsden)은 신앙이 학문 활동에 미치는 영향력을 다음과 같이 정리해 주고 있다.[36]

첫째, 신앙은 학자에게 자신이 맡은 학문에 열심을 내도록 동기를 부여해 줄 수 있다. 신앙은 기독 학자들로 하여금 다른 학자들보다 더 성실한 연구자가 되도록 자극한다. 둘째, 신앙은 우리가 학문을 어디에 적용할 것인지 결정하는 데 도움을 줄 수 있다. 연구 결과를 가지고 이웃사랑을 실천할 수 있는가 하면 세상을 파괴할 수도 있다. 셋째, 신앙적 동기는 전문 분야나 연구 주제의 선정에 영향을 줄 수 있다. 넷째, 신앙은 자기 전공이나 그 기반이 되는 전제들을 더 넓은 의미구조와 연관시키는 일에 도움을 줄 수 있다.

거꾸로 인간의 이성도 신앙생활에 여러 면으로 도움을 줄 수 있다.[37] 우선 이성은 신자들에게 신앙과 일치하는 세계관을 형성하는 데 도움을 주고, 신앙에 합당한 생활방식을 추구하도록 돕는다. 그리고 이성은 신자들로 하여금 시대의 표징(signs)을 읽을 수 있게 해 주고, 세상의 도전에 응답하기 위한 교회의 구체적 전략들을 세우는 데에도 도움을 준다.

문화위임 명령으로서 학문 활동

성서의 창조 이야기에는 피조세계에 대한 문화위임(cultural mandate)

---

34) 전광식, 「학문의 숲길을 걷는 기쁨」(서울 : 도서출판 CUP, 1998), p. 192.
35) A. Holmes, 「기독교대학의 이념」, p. 27.
36) G. Marsden, 「기독교적 학문연구 @ 현대 학문 세계」, p. 97.
37) 최승기, "성 베네딕트 대학과 성 요한 대학교 : 가톨릭과 고등교육," 한남대 기독교문화연구원, 「미국 기독교대학의 교훈과 도전」(대전 : 한남대학교 출판부, 2005), pp. 157-158.

이 나타난다. 세계를 창조하신 하나님은 자신의 형상을 닮은 인간을 만들어 세계를 '돌보며 가꾸고 다스리도록' 명령하셨다(창 1 : 28 ; 2 : 15). 대학에서 기독 교수의 학문 활동이란 다름 아니라 하나님이 위탁하신 세계를 가꾸고 돌보는 문화위임 가운데 하나라 할 수 있다.

종교개혁자 칼빈은 인간의 모든 문화영역에 미치는 하나님의 주권을 유달리 강조한 신학자이다. 그는 일찍부터 사회와 문화의 기독교적 변혁을 위한 고등교육의 필요성을 인식하였고, 이를 실현하기 위해 1558년 제네바에 아카데미를 세웠다. 칼빈이 세운 제네바 아카데미는 유럽 전역에서 학생들을 받아들였고, 그들을 목회자와 사회지도자로 양성했다. 제네바 아카데미는 하급반과 상급반으로 구성되었는데, 하급반(scholar privata)에서는 문법, 작문, 수사학, 수학, 라틴어를 가르쳤고, 상급반(scholar publica)에서는 히브리어, 그리스어, 신학, 철학을 가르쳤다.[38] 제네바 아카데미는 이후 유럽의 종교개혁은 물론 고등교육 발전에도 커다란 영향을 미쳤다.

칼빈 신학의 전통을 이어받은 사상가 가운데 하나인 아브라함 카이퍼(A. Kyuper)는 네덜란드 자유 대학(Free University) 개교연설(1880)에서 문화에 미치는 하나님의 주권에 대해 이렇게 역설했다. "인간 경험의 모든 영역 가운데 모든 것의 주재이신 그리스도께서 '이것이 내 것이다!'라고 주장하지 않을 그 어떤 영역도 존재하지 않는다."[39] 이처럼 모든 영역이 그리스도의 주권에 속하기 때문에 그리스도를 주님으로 고백하는 기독 교수에게는 고등교육 분야에서 하나님의 주권을 드러낼 사명이 있

---

38) R. W. Holder and J. Kuykendall, "The Reformed Understanding of Vocation in History," D. S. Ferguson and W. J. Weston, *Called to Teach. The Vocation of the Presbyterian Educator*(Louisville : Geneva Press, 2003), p. 49.

39) J. D. Bratt and R. A. Wells, "Piety and Progress : A History of Calvin College," in : R. T. Hughes and W. B. Adrian, *Models for Christian Higher Education*(Grand Rapids : Eerdmans, 1997), p. 143 재인용.

게 된다.

문화위임이란 관점에서 볼 때, 기독 교수가 학문과 신앙을 이분법적으로 분리하여 '학문 따로, 신앙 따로'의 삶을 사는 것은 학문세계에 미치는 하나님의 주권을 포기하는 일이 된다. 하나님은 우리의 교회생활만이 아니라 학문생활을 포함한 전 삶의 영역에서 주인이기를 원하신다. 따라서 기독 교수들은 학문 활동을 통해서 이 세계에 숨겨진 하나님의 신비를 드러내어 그분에게 영광을 돌리고, 이 세계에 대한 그분의 주인 되심을 증거해야 한다. "하나님 아는 것을 대적하여 높아진 것을 다 무너뜨리고 모든 생각을 사로잡아 그리스도에게 복종하게 하니"(고후 10 : 5).

이러한 문화적 사명을 감당하기 위해 기독 교수들은 한편으로는 자신들에게 알려진 진리에 대하여 감사하는 마음으로 하나님을 예배하며, 다른 한편으로는 아직 드러나지 않은 진리를 발견하기 위한 학문 활동에 헌신해야 한다.[40]

소명으로서 학문 활동

기독 교수들은 신앙 안에서 혹은 신앙에 기초하여 학문 활동을 하도록 부름 받은 소명자들이다. 웨스트민스터 소요리 문답이 가르치는 것처럼 인간 삶의 궁극적 목적은 '하나님을 영화롭게 하고, 그분을 영원토록 즐거워하는 것'이다. 일찍이 천문학자 케플러(J. Kepler)는 학자의 소명과 사명에 대해 이렇게 잘 묘사하고 있다. "저는 하나님 당신께서 저에게 허락하신 만큼의 지적인 능력으로 저의 소명을 완수했습니다. 저는 저의 유일한 영혼이 당신의 무한한 솜씨들을 이해할 수 있는 한도 내에서 그 증거를 읽게 될 사람들에게 당신의 솜씨를 찬양했습니다."[41]

---

40) D. Dockery, "Introduction : Shaping A Christian Worldview," D. S. Dockery & G. A. Thornbury, *Shaping A Christian Worldview*, p. 13.

현대교육의 창시자 가운데 하나인 코메니우스(J. A. Comenius)는 대학 교수를 '범교사'(Pandidascalia)로서, 인간의 전인(全人)성을 완성하고자 하는 남다른 사명과 힘을 가진 존재로 규정했다. 대학 교수는 자신이 가르치는 학생들을 그리스도 예수 안에서 완전하게 세우기 위해 모든 지혜로 가르치는 사명을 지닌 존재이다.

"우리가 그를 전파하여 각 사람을 권하고 모든 지혜로 각 사람을 가르침은 각 사람을 그리스도 안에서 완전한 자로 세우려 함이니"(골 1 : 28). 따라서 교수는 하나님과 사물에 대한 통찰력을 지니며, 선하고 경건하고 자비롭고 의로운 인간성을 지니도록 힘써야 한다. 그는 영생을 가르치는 자이기에 부단한 기도와 겸손으로 하나님의 도우심을 요청해야 한다. 그렇게 될 때 이들 교수집단은 하나님의 승리를 선포하는 '거룩한 군대'로 불리게 된다.[42]

지식이란 인간을 교만하게 할 위험이 높기 때문에 소명자로서 학자에게 우선적으로 필요한 덕목은 겸손과 절제이다. 기독 교수는 자신의 연구가 결코 '발명'(inventing)이 아니라 다만 '발견'(discovering)일 뿐이라는 사실을 겸손하게 인정해야 한다.[43] 지적 겸손은 학자로 하여금 우주에 비해 자신을 터무니없이 크게 생각하지 않게 만들며, 다른 사람들의 학문적 비판에 대해서도 경청하는 자세를 가질 수 있게 만든다.[44] 한편 진리를 두려워하는 기독 교수는 지적 정직성(integrity)이란 덕목도 요청받는다. 왜냐하면 지적 부정직과 기만행위는 진리에 대한 가장 큰 배신행위이기 때문이다.

---

41) A. Holmes, 박진경 역, 「기독교대학의 이념」(서울 : 기독교대학설립동역회출판부, 1992), p. 25 재인용.
42) 김기숙, 「코메니우스의 인간성 교육론과 기독교대학」(서울 : 한들출판사, 2003), pp. 268-269.
43) E. Trueblood, *The Idea of a College*(N. Y : Harper & Brothers, 1959), pp. 19-20.
44) P. Palmer, 「가르침과 배움의 영성」, pp. 156-157.

학문의 가치와 한계

하나님의 문화위임 가운데 하나인 학문 활동은 인류의 복지를 향상시키는 것은 물론 하나님에 대한 이해를 심화시키는 데에도 도움을 준다. 예를 들면 과학을 통해 우리는 하나님의 피조세계를 보다 더 잘 이해하게 되고, 철학을 통해서 신앙의 변증은 물론 신앙의 지적 의미를 깨닫게 되며, 문학을 통해서 신앙적 상상력을 얻을 수 있다. 음악이나 건축, 미술 같은 창작활동은 하나님 예배를 더욱 풍성하게 하는 데 많은 도움을 줄 수 있다.

그럼에도 불구하고 학문이 한계를 지니고 있다는 사실을 잊어서는 안 된다. 왜냐하면 학문 활동은 인간 이성에 기초하고, 그 이성은 비록 인간적이고 세상적인 것을 이해하는 데에는 도움이 되지만, 하나님의 구원 지식에 대해서는 전적으로 무능력하기 때문이다. 기독교 신앙은 이성에 기초한 인간 지식의 한계를 분명히 함으로써 학문의 독단화나 절대화를 거부하고, 학문이 인간숭배로 귀결되는 것을 막아 줄 수 있다.[45]

학문 활동에 대한 신앙적 견제와 비판이 중요한 이유는 인간의 지식 탐구가 흔히 교만과 자기 우상화라는 함정에 빠지기 쉽기 때문이다. 인간은 지식을 통해 힘을 얻게 되고, 그 힘을 가지고 자연과 인간, 더 나아가 하나님까지 지배할 수 있다고 착각한다.[46] 성서가 경고한 대로 지식은 사람을 교만하게 만들고(고전 8:1), 인간을 유혹의 길로 이끈다(사 47:10). 실제로 오늘날 각 분야의 전문 지식인들을 보면 자신들의 학문이 최고의 학문이며, 그것을 통해 인간과 사회를 얼마든지 구원할 수 있다고 생각한다. 학자들은 자신들이 마치 진리를 소유하고 있기나 한 것처럼 행세하고 때로는 전지(全知)하신 하나님처럼 행동하고는 한다.

---

45) 전광식, "신앙과 학문의 통합," 기독교대학 교육개혁세미나 자료집, 「21C를 향한 기독교대학 정체성 확립」(대전 : 한남대학교 출판부, 1995), p. 16.
46) M. Schwehn, *Exiles from Eden*, p. 131.

한편 신앙은 지식 탐구의 숨은 동기를 폭로함으로써 학문의 한계를 드러내 준다. 일찍이 끌레보의 버나드(Bernard of Clairveaux)는 지식 추구의 동기가 호기심이나 명예욕이 아니라 이웃사랑에 있어야 한다고 강조했다. "어떤 이는 지식 자체를 위해 지식을 추구하는데, 이를 호기심이라 한다. 다른 이는 자신의 이름을 알리기 위해 지식을 추구하는데, 이를 헛된 일이라 하겠다. 하지만 다른 이들은 타인을 섬기고 교화하기 위해서 지식을 추구하는데, 이를 일컬어 자비라 한다."[47] 오늘날 학자들 가운데 지적 호기심이나 명예욕, 혹은 금전적 욕심과 상관없이 오직 이웃을 섬기고 하나님을 영화롭게 하기 위해 학문하는 사람들이 얼마나 될까 되묻지 않을 수 없다.

성서적 토대

위에서 우리는 기독 교수가 학문과 신앙을 통합해야 하는 당위성과 그 가능성을 신학적 관점에서 살펴보았다. 이제 다음 단계로 이런 신학적 토대 위에서 우리가 어떤 방법으로 학문과 신앙을 통합할 수 있는지 방법론적 원리들을 알아보도록 하겠다.

첫 번째 원리는 학문과 신앙의 통합이 성서에 기초해야 한다는 사실이다. 성서는 진리의 원천으로서, 구원을 위한 영적 진리만이 아니라 피조세계 전체에 대한 세상적인 진리도 담고 있다(딤후 3:16). 그런 의미에서 성서는 구원의 진리를 추구하는 신학자들에게만이 아니라 세상적 지식을 추구하는 일반 학자들에게도 중요한 학문 자료가 될 수 있다.

일찍이 아우구스티누스는 성서가 일반 학문 활동의 소중한 자료가 될 수 있다는 생각을 이렇게 표현했다. "성경은 존재하는 모든 것의 원인을 제공하기 때문에 여기에 참된 철학이 있다. 사랑을 받아야 할 모든 것,

---

47) D. Dockery, "Introduction : Shaping a Christian Worldview," p. 15 재인용.

즉 하나님과 이웃을 사랑할 때만이 선하고 정직한 생활이 형성되기 때문에 여기에 윤리학이 있다. 합리적인 영혼의 빛인 진리가 하나님 자신이기 때문에 논리학이 있다. 그리고 사랑을 받아야 할 공동의 선이 하나님이 되시며, 국가가 진리와 평화의 기초 위에서 보호되고 안정될 수 있기 때문에 여기에 국가의 구원이 있다."[48]

코메니우스(J. A. Comenius) 역시 성서가 자연이라는 책을 해석하는 데 도움을 주고, 인간 이성이라는 또다른 책의 지도서가 된다고 주장한다.[49] 자연과 이성이라는 두 책의 저자이신 하나님께서는 성서를 통해 어두운 사물들에게는 빛을 주시며, 인간에게는 사물들의 참된 목적과 사용법을 가르쳐 주신다. 성서는 인간 지식의 자원이며, 동시에 신앙교육의 자원이기도 하다. 왜냐하면 성서에는 우리가 하나님께 접근할 수 있는 참된 지식과 참된 지혜가 가득 차 있기 때문이다.

물론 성서가 그리스도인의 신앙과 행위에 대한 규범이며, 학문의 자료가 된다고 해서 인간이 필요로 하는 모든 지식을 다 제공할 수 있다고 기대해서는 안 된다. 왜냐하면 성서는 그 안에 역사나 윤리, 그리고 우주에 대한 이야기들을 담고 있는 것이 사실이지만, 역사 교과서나 도덕 지침서, 혹은 과학 논문집은 아니기 때문이다. 게다가 성서는 엄밀한 의미에서의 과학이론이나 사회이론과 같은 체계적인 학문이론을 제시하지도 않는다. 대신 성서는 인간과 역사, 그리고 삶에 대한 근본적인 의미에 대해 이야기해 줄 뿐이다. 한 예로 성서가 우주의 기원을 다루지만, 그 관심은 과학적 우주론에 있는 것이 아니라 창조주와 인간, 그리고 우주 사이의 근본 관계를 설명하는 데 있다.

그렇기 때문에 학문과 신앙의 통합에 있어서 성서를 어떻게 해석하고, 어떻게 사용할 것인가 하는 물음이 중요해진다. 성서의 구절들을 문자적으로 인용한다고 해서 성서에 기초한 학문 활동을 했다고 볼 수는

---

48) 이숙종, 「기독교대학과 교육」(서울 : 예영커뮤니케이션, 2007), p. 224 재인용.
49) Ibid., pp. 223-224.

없다. 성서에 대한 해석학적 노력 없이 성서를 문자적으로 인용하다 보면 자칫 자기의 학문이론을 정당화하기 위해 성서를 증빙자료(proof text)로 전락시킬 위험이 있다. 그런 이유에서 학문과 신앙의 통합에 관심 있는 학자들은 교회에서 이루어지는 성경공부 수준 이상의 신학적 식견이 요청된다.

문자주의적 성서해석에 집착하는 신학적 근본주의자들 사이에서 학문과 신앙의 통합이 어려운 이유를 마크 놀(M. Knoll)은 아래와 같이 설명해 주고 있다.[50]

첫째, 이들은 활동적이고, 대중적이며, 실용적이고, 실리적이어서 심오한 지성적 노력을 기울이지 않는다. 이들은 이슈를 지나치게 단순화하며, 비판적 분석과 진지한 성찰 대신에 영감을 강조하는 경향이 있다. 둘째, 이들의 출판물들은 교화, 자기선전, 교리논쟁을 위해서는 민첩하면서도 세계, 사회, 예술에 대한 기독교적 성찰에 대해서는 무관심하다. 셋째, 이들의 교육기관은 너무 분산되어 있어서 물적 자원이나 인적 자원에 대해 충분한 지원이 불가능하다. 넷째, 대학교(university)와 신학교(seminary)의 분리로 인해 현대 지성세계와 어깨를 견줄 만한 학문적 발전을 이룰 수 없게 되었다. 이러한 분리는 신학적 성찰과 인문, 사회, 자연과학 분야의 성찰을 통합할 수 있는 종합적인 기독교 지성생활을 불가능하게 만들기 때문이다. 다섯째, 학문과 신앙의 통합을 소명으로 하는 능력 있는 기독 학자층이 두껍지 못하며, 대학원 차원에서 교육할 수 있는 전문기관도 절대적으로 부족한 형편이다.

학문적 규칙 지키기

학문과 신앙의 통합을 위한 두 번째 원리는 학문세계에서 일반적으로

---

50) M. A. Noll, 「복음주의 지성의 스캔들」, pp. 24-40.

통용되는 학문 규칙을 따라야 한다는 것이다. 조지 마스덴(G. Marsden) 도 주장했듯이 '기독교적' 수학이나 '기독교적' 화학 반응을 측정하는 특수한 기독교적 학문방식이 따로 있다고 볼 수는 없다. 기독교적 수학이 있는 것이 아니라 수학에 대한 '기독교적 이해'가 있을 뿐이기 때문이다.[51] 따라서 학문과 신앙을 통합한다고 하는 것은 각 분야에 적용되는 일반적 학문 규칙을 따르되, 기독교적 세계관에 기초하여 학문 활동을 하는 것으로 볼 수 있다.

일반적으로 학문이란 방법론적이고, 설득적이며, 보편적으로 타당한 지식 체계를 가리킨다.[52] 학문에서 방법은 학자가 연구하려는 학문적 대상에 대한 관점을 규정하고, 자료를 한정한다. 그것은 어림짐작이나 무비판적 수용이 아니라 이성적 증거에 기초해야 한다. 기독 교수가 추구하는 학문 활동 역시 이러한 일반적인 학문 방법을 따라야 함은 두말할 나위가 없다. 학문을 일종의 경기규칙이라 했을 때 기독 교수는 그 규칙이 하나님의 뜻에 어긋나지 않는 한, 그 규칙을 따를 의무가 있기 때문이다. 일찍이 아우구스티누스가 말한 것처럼 비록 우리가 하나님의 도성(civitas dei)을 추구하는 사람이라 할지라도 세상에서 살아가는 한, 세속 도성(civitas terrana)에 대해서도 제한적인 충성을 바칠 필요가 있다.

말하자면 기독 교수가 이방인으로 이 세상에 머물고 있는 동안 이 세상의 학문 방법을 따를 의무가 있다.[53] 마치 하나님께서 인간의 구원을 위해 인간들이 이해할 수 있도록 육신의 몸으로 이 땅에 오신 것처럼 기독 교수들 역시 진리이신 하나님을 드러내기 위해서라면 학문 활동에서 비종교인이나 타 종교인도 소통할 수 있는 세상적인 언어와 학문 방법들을 사용해야만 한다. 그렇게 할 때에만 기독교 학문은 교회 안에서 그리

---

51) G. Marsden, 「기독교적 학문연구 @ 현대 학문 세계」, p. 23.
52) K. Jaspers, *The Idea of the University*(Boston : Beacon Press, 1959), p. 7.
53) G. Marsden, 「기독교 학문연구 @ 현대 학문 세계」, p. 86.

스도인 사이에서만 통용되는 비밀스런 지적 활동이나 자폐적인 독백이라는 오해를 피할 수 있을 것이다.

통합적 연구 방법

학문과 신앙을 통합하는 또다른 방법론적 원리는 학문의 파편화를 극복할 수 있는 통합적 연구 방법이다. 학문의 지나친 전문화와 환원주의적 방법론이 지식의 파편성과 분절성을 가져온 결과 오늘날 대학에서 같은 학과에 소속한 교수들조차도 동료 교수가 연구하는 분야를 이해하지 못하게 되었다. 이러한 문제를 극복하는 대안으로서 얼마 전부터 학제 간 연구(interdisciplinary studies) 방법론이 새롭게 강조되고 있다. 학제 간 연구란 각기 다른 학문분야의 전문가들이 모여서 연구를 수행하고, 그 결과를 자신들의 연구 분야로 통합하여 새로운 지식을 만들어 가는 연구 방식을 가리킨다.

17세기에 벌써 단편적인 지식의 폐해를 목도했던 코메니우스(J. A. Comenius)는 자연의 법칙인 통합과 조화의 원리에 근거하여 지식 종합의 가능성을 탐색했다. 그는 모든 분야의 지식이 종합될 수 있다는 가능성의 근거를 세 가지로 보았다.[54]

첫째, 자연세계의 모든 사물들은 그들 사이에 내적 연관성을 지니고 있어서 논리적으로 상호 관계를 맺고 있다. 모든 사물들은 조화와 질서의 원리에 의해 상호 연관되어 있다. 사물들은 마치 나무와 같이 부분과 다른 부분, 부분들과 전체, 그리고 한 전체와 다른 전체들이 상호 유기적인 관계를 유지하며 생존해 가고 있다.

둘째, 인간과 자연이 서로의 경험을 공유한다는 의미에서 인간과 자연 사이에도 상호 연관성이 있다. 자연세계는 인간의 생존에 필요한 것

---

54) 이숙종, 「기독교대학과 교육」, pp. 229-233.

들과 지식의 소재를 제공하고, 인간은 자연세계에 참여함으로써 서로 영향을 주고받는다.

셋째, 창조자인 하나님과 피조물인 자연세계는 불가분의 관계를 맺고 있다. 이런 배경에서 코메니우스는 모든 지식이 종교적 기반 위에서 종합될 수 있다고 보았던 것이다. 하나님은 모든 지식의 정점이며, 완성일 뿐만 아니라 분리되어 있는 모든 지식을 포괄하고, 연결하는 통합체이다.

다른 분야의 학자들과의 학제 간 연구만이 아니라 같은 학문을 전공하는 동료 학자와의 대화나 토론도 학문적 자폐증으로부터 학자를 방어해 줄 수 있다.[55] 오늘날 대학에서 교수와 학생 사이에 존재하는 벽만큼이나 높은 벽이 바로 교수들 사이에 존재하는 벽이다. 동료 교수 사이에서의 경쟁심이나 개별화된 생활환경이 이 벽을 더욱 두텁고 높게 만들고 있다. 같은 전문직이지만 변호사나 의사의 경우에는 자신의 활동이 동료에게 노출되게 됨으로써 어느 정도 자신에 대한 객관적 평가가 이루어지고 자기반성의 기회를 가질 수 있다. 하지만 대학의 교수는 실패의 경험을 스스로 고백하지 않으면 아무도 모르는 폐쇄적 구조이다. 이러한 폐쇄적 구조는 결국 학생들에 대한 잘못이면서 동시에 자신의 학문적 발전 가능성을 막는다는 점에서도 안타까운 일이다.

마지막으로 학문과 신앙의 통합을 위해서는 다양한 학문 분야들 사이의 대화는 물론 신학과 각 학문 분야들과의 대화가 필수적으로 요청된다. 왜냐하면 신학은 모든 학문 활동의 전제가 되는 기독교 세계관의 토대를 제공해 주며, 각 전공 분야의 기독교적 학문 연구가 단순히 주일학교 성경공부 수준에 머물지 않도록 도울 수 있기 때문이다. 따라서 자신의 전공을 신앙과 통합시키기 원하는 모든 기독 교수들은 어느 정도 '평신도 신학자'(lay theologian)가 되어야 한다.

---

55) P. Palmer, 이종인 역, 「가르칠 수 있는 용기」(서울 : 한문화, 2005), pp. 237-267.

평신도 신학이란 그렌츠(S. Grenz)와 올슨(R. Olson)의 표현에 따른다면 비판적인 성찰 없이 신앙적 관습과 전통을 맹목적으로 좇는 '민속신학'(folk theology)이나 지나치게 사변적이어서 교회나 그리스도인의 현실생활과 무관한 '학술신학'(academic theology) 사이의 중간 수준으로서, 근거 없는 신앙적 전통에 대해서는 비판하면서 이성적 신앙을 추구하는 신학 수준을 가리킨다.[56] 달리 표현하면 신앙적 전통을 맹목적으로 추종하는 무비판적 신앙이나 지나치게 사변적이기만 한 현학적 신앙을 극복한 '성찰적 신앙'을 가리킨다고 할 수 있다. 기독 교수들이 평신도 신학자가 되어 성찰적 신앙을 가질 수 있도록 기독교대학 당국은 각 전공 교수들의 신학적 소양을 향상시키기 위한 교육 프로그램을 개발하고, 지원할 필요가 있어 보인다.

---

56) S. Grenz & R. Olson, 이영훈 역, 「신학으로의 초대」(서울 : IVP, 1999), pp. 30-38.

2 기독교 세계관과 대학교육

　사람들은 의식하든 의식하지 못하든 제 나름의 세계관을 가지고 살아간다. 각자의 관점에서 세계를 보고, 그것에 기초하여 행동하기 마련이다. 그렇기 때문에 사람들이 어떤 세계관을 가지고 살아가느냐 하는 데 따라 그의 인생과 운명이 결정된다. 사회나 국가 역시 그들이 가지고 있는 세계관에 의해 역사와 운명이 갈린다. 그런 이유에서 바른 세계관을 형성하는 문제는 바르게 생각하고, 바르게 행동하고자 하는 모든 사람의 인생 과제이다.
　특별히 그리스도인은 기독교적으로 사고하고 행동하는 사람이어야 한다. 하지만 많은 신자들이 교회는 다니고 있어도 기독교 세계관이 제대로 정립되어 있지 않아서 신앙과 삶의 일치를 이루지 못하고 있다. 생각은 기독교적인지 몰라도 행동은 불교적이거나 유교적이거나, 때로는 샤머니즘적이기도 하다. 머리로는 거룩한 것을 추구하면서도 삶은 세속적일 때가 많다.
　대학사회에도 예외가 아니다. 오늘날 대학에는 다양한 세계관이 공존하며 상호 갈등하기도 한다. 이러한 세계관적 혼란 속에서 대학 구성원들은 무엇이 옳고 그른지 제대로 판단할 수 없게 되었으며, 바른 행동을 하기도 어렵게 되었다. 게다가 학문세계가 파편화되어 있어서 지식을 통해서는 삶에 대한 통합적인 전망을 가질 수도 없게 되었다.

이런 상황에서 전인교육을 지향하고, 지식의 통합을 추구하는 기독교대학은 세계관 문제에 관심을 갖지 않을 수 없다. 세계관교육을 통해서 학생들로 하여금 삶을 통전적으로 바라볼 수 있게 도울 수 있으며, 세계관 연구를 통해서 학자들로 하여금 자신의 학문을 기독교적으로 조망할 수 있도록 도울 수 있기 때문이다. 기독교적 세계관교육과 연구를 통해서 기독교대학은 정체성이 분명한 학문공동체로 발전해 나갈 것이다.

세계관의 중요성

사람들이 세계관을 정립해야 하는 이유에 대해 아더 홈즈(A. Holmes)는 네 가지로 대답한다.[1]

첫째, 세계관이 있어야 일관성 있는 삶을 살 수 있기 때문이다. 사람들은 자기 자신과 세계에 대해 통일적 관점을 가질 때라야 비로소 일관성 있는 삶을 살게 되고, 목적 있는 인생을 살 수 있다. 세계관은 마치 항해자의 나침반이나 운전자의 지도와 같아서 우리가 가려고 하는 목적지에 잘 도달할 수 있도록 도와준다.

둘째, 세계관은 도덕적인 삶을 추구하고, 인생의 목적을 찾는 데 도움을 주기 때문이다. 세계관을 추구한다는 것은 모든 존재와 사건에 가치와 의미를 부여하는 최고선(summum bonum)을 추구한다는 것과 같은 의미이다. 세계관은 삶의 의미와 목적을 제공함으로써 사람들로 하여금 보다 생동적인 삶을 가능하게 만든다.

셋째, 세계관은 올바로 사고하는 지침을 제공하기 때문이다. 세상에

---

1) A. Holmes, 이승구 역, 「기독교적 세계관」(서울 : 도서출판 엠마오, 1985), pp. 13-16.

는 수많은 관념들과 이론들이 있으며, 각 사람은 매 순간 바른 선택을 하도록 요청을 받는다. 학문 활동에서조차 세계관은 사물에 대한 지식만이 아니라 학문 연구자의 행위까지 통제하여 도덕적, 정치적, 사회적 결단에 영향을 미친다.

넷째, 세계관은 행동의 지침을 제공하기 때문이다. 우리가 진로를 결정하고, 배우자를 선택하고, 직업을 선택하는 모든 일들이 사실은 세계관에 기초하여 이루어진다. 나아가 수많은 정치사회적 행동들 역시 세계관적 선택에 따라 달라진다. 말하자면 세계관은 그 사람으로 하여금 바른 선택과 바른 행동을 하도록 도와준다.

그렇다면 기독교대학에서 세계관에 대하여 연구하고 가르쳐야 하는 이유는 무엇일까? 교육적, 학문적, 신앙적 차원에서 대답할 수 있을 것이다. 우선 교육적인 차원에서 세계관교육은 학생들로 하여금 세상과 인생에 대한 일관된 전망을 가질 수 있게 만들기 때문이다. 잘 알고 있듯이 우리 시대에는 포스트모더니즘의 영향으로 수많은 종류의 세계관들이 공존하고 있다. 대학은 '세계관의 슈퍼마켓'이나 '세계관의 카니발'처럼 다양한 세계관들의 각축장이 되어 있다.[2] 판단능력이 부족한 학생들로서는 어떤 세계관이 바람직한 세계관인지 구분하지 못한 채 세계관의 혼란 속에서 방황할 수밖에 없다.

이런 상황에서 세계관교육은 학생들로 하여금 기독교 정신에 기초해서 현존하는 다양한 세계관들을 비판적으로 검토할 수 있는 능력을 갖게 해 줄 것이다. 일찍이 추기경 헨리 뉴먼(J. H. Newman)은 교육의 목적을 '지성의 확장'이라고 보았는데, 그가 말하는 지성이란 하나의 통합적인 세계관을 형성할 수 있는 능력을 가리키는 개념이었다. 즉, 지성이란 다양하게 산재해 있는 지식들을 하나의 전체로 보며, 그것들 각자가 보편적인 체계 안에서 제 위치를 찾도록 하고, 지식들이 상호의존적임을 깨

---

[2] H. Fernhout, "포스트모더니즘의 격랑을 헤쳐 나가야 할 기독교교육," 「빛과 소금」 (1996. 11.), p. 46.

달을 수 있는 능력이다.[3]

　기독교대학에서 세계관 연구와 교육이 필요한 두 번째 이유는 학문적 이유로서, 파편화된 학문 분야들을 전체적으로 조망할 수 있는 능력을 길러 줄 수 있기 때문이다. 오늘날 학문세계는 너무나 세분화되어 있어서 자기 분야 이외에는 인접학문 분야조차 잘 모를 정도가 되었다. 현대 과학의 분석적이고 환원주의적인 학문 방법은 학문의 분절성을 점점 심화시키고 있다. 게다가 현대 지성사회를 주도하는 과학적 지식이란 고작해야 특수 사물에 대한 지식으로서 피상적이고, 단편적인 지식에 불과하다. 이러한 지식은 인간 삶의 목표나 가치, 그리고 의미에 대해서는 무관심할 뿐만 아니라 무능력하다.[4] 이런 학문세계 현실에서 지식의 파편성과 피상성을 극복하기 위해서는 반드시 세계관 연구가 요청된다. 왜냐하면 세계관 연구는 개별 학문의 역사적이고 철학적인 기초들을 드러내 줌으로써 개별 학문을 전체적으로 조망할 수 있게 해 주기 때문이다.

　특별히 기독교 세계관 연구는 일반적인 학문 활동의 세계관적 전제를 드러냄으로써 그 학문이 기독교적인지 아닌지 구분할 수 있게 돕는다. 그런 배경에서 볼 때 오늘날의 기독교대학들이 시설과 재정, 그리고 인적 자원의 한계에도 불구하고 학문적 수월성을 추구한다면 새로운 지식의 창출을 위한 연구 활동보다는 새롭게 발견된 지식들을 기독교적 관점에서 비판하고 정제하여 기독교 세계관으로 편입시키는 세계관에 대한 연구 활동이 필요하다.[5]

　마지막으로 기독교대학에서 세계관 연구와 교육이 필요한 이유는 신앙적 이유로서 대학 구성원의 신앙과 삶의 괴리를 극복하도록 도울 수 있기 때문이다. 한국교회에는 오래전부터 영혼과 육체, 거룩한 것과 속

---

3) J. W. Sire, 김헌수 역, 「기독교 세계관과 현대사상」(서울 : IVP, 1995), p. 195.
4) K. Jaspers, *The Idea of the University*, trans. by H. A. T. Reiche & H. F. Vanderschmidt(Boston : Beacon Press, 1959), p. 13.
5) 한윤식, "기독교대학으로서 한동대학교, 그 가능성과 구현 방안," 통합연구학회, 「통합연구」 41(2003), p. 244.

된 것을 분리하는 잘못된 신학적 이분법이 영향을 미치고 있다. 그 결과 교회생활과 일상생활 사이에 불일치가 광범위하게 나타나고 있다. 사람들은 신앙을 오로지 교회생활로만 이해하고 예배와 헌금과 교회봉사에는 열심이지만 일상생활, 즉 가정과 학교와 직장에서의 삶에서 그리스도의 정신과 가치를 실현하려는 일에는 무관심하고 무능력하다. 신앙과 생활이 분리되어 있으면서도 그것을 깨닫지 못하고 오히려 그것을 당연시한다. 기독교대학에서 기독 교수나 학생들조차도 자신들의 학문 활동이 신앙과 어떻게 관련되어 있는지 알지 못하고, 알려고도 하지 않는다.

그러는 사이에 학문은 점점 더 세속화되며, 인간성은 상실되어 간다. 세계관 연구와 교육은 이런 신앙과 학문의 소외 현상을 극복함으로써 신앙과 삶이 일치되는 성숙한 신앙인이 되도록 돕는다. 그것이 가능한 이유는 올바른 의미에서 이해된 세계관이 이론적이면서 동시에 실천적이어서, 세계에 대한 해석만이 아니라 세계의 변혁을 위한 강력한 동기를 제공해 주기 때문이다. 말하자면 세계관은 '삶에 대한 시각'(vision of life)일 뿐만 아니라 '삶을 위한 시각'(vision for life)이라 할 수 있다.[6] 그런 배경에서 우리는 세계관에 대한 관심을 순수한 학문 활동이면서 동시에 삶을 변화시키려는 실천운동이라 정의할 수 있겠다.

세계관이란 무엇인가?

일반적으로 세계관이란 한 문화권 안에 사는 사람들이 공통적으로 지니고 있는 인생관, 사회관, 종교관, 가치관 등을 포괄하는 통합적인 신념체계로서 인간의 삶에 의미를 부여하고, 행동에 영향을 주는 총체적 정신풍토라 할 수 있다.[7]

---

6) 왈쉬와 미들톤, 황영철 역, 「그리스도인의 비전」(서울 : IVP, 1987), p. 37.
7) 이원설, 「신앙과 학문」(서울 : 성광문화사, 1986), p. 50.

기독교 세계관 연구의 전문가 가운데 한 명인 제임스 사이어(J. Sire)는 세계관이 다루는 내용이 다음 일곱 가지 질문들에 관련된다고 한다. 즉, 궁극적 실재, 피조세계의 본질, 인간, 죽음 및 사후세계, 지식과 이성, 옳고 그름의 판단, 그리고 역사의 의미에 대한 물음이다.[8] 세계관이란 근본 실재가 신인지 아니면 물질인지, 인간 생명은 죽음으로 끝인지 아니면 또다른 시작의 통로인지, 인간 존재가 진화된 동물인지 아니면 하나님의 형상으로 창조된 존재인지, 도덕의 근거가 신인지 아니면 인간과 문화인지, 그리고 역사의 의미가 하나님의 섭리인지 아니면 권력투쟁이나 물질관계의 산물인지와 같은 근본적인 물음들을 다룬다.

세계관이 다루는 이러한 질문들은 결국 인간과 사회, 그리고 자연에 대한 근원적인 물음들이다. 이러한 근본적인 물음에 대한 해명을 통하여 세계관은 인간에게 삶의 목적과 의미에 대한 방향을 제시해 주고, 행동의 근거가 되는 신념이나 태도를 결정짓게 해 준다. 단순화시켜 말하면, 세계관이란 그것을 통해 세상과 인생을 내다보는 '창문'과 같은 것이다.[9]

세계관 개념의 역사를 뒤돌아볼 때,[10] 세계관(Weltanschauung)이라는 단어는 성향(Gesinnung), 인생관(Lebensauffassung), 사고방식(Denk-haltung), 관점(Einstellung)과 같은 다양한 용어로 혼용되었다. 세계관이란 말이 처음으로 사용된 것은 칸트(I. Kant)에 의해서였다고 한다. 칸트는 세계관을 '본체를 그 근저로 삼고 있는 단순한 현상과 그것에 대한 직관'으로 설명했다. 그 외에도 세계관이란 '세계를 전체적으로 조망하는 것'(괴테, W. Goethe)이라거나 '세계에 대한 시각적인 직관으로서 세계상(像)'(훔볼트, Alexander von Humboldt)이라는 설명도 있다.

세계관이란 말과 가장 비슷하게 쓰이는 말이 '철학'이다. 어떤 사람의

---

8) J. Sire, 정옥배 역, 「지성의 제자도」(서울 : IVP, 1994), pp. 33-34.
9) 신국원, 「니고데모의 안경」(서울 : IVP, 2005), p. 18.
10) 자세한 내용은 다음을 참고하라 : 전광식, 「학문의 숲길을 걷는 기쁨」(서울 : 도서출판 CUP, 1998), pp. 12-17.

철학을 묻는 것은 그의 인생관이나 우주관, 즉 삶에 대한 근본적인 관점인 세계관을 묻는 것이다. 그런 배경에서 빌헬름 딜타이(W. Dilthey)는 세계관을 철학이란 개념과 동일시했다. 이와 달리 헤르만 도예베르트(H. Deeyeweerd)는 철학과 세계관을 구분할 것을 주장한다.[11] 철학은 세계관을 바탕으로 하며 세계관 역시 철학적 명료성을 필요로 한다는 점에서 둘이 상호 밀접히 관련되어 있음은 사실이다. 하지만 철학과 세계관을 구분해야 하는 이유는 철학이란 다양한 학문 분야(discipline) 가운데 하나인 반면에 세계관이란 모든 사람의 삶의 태도와 견해로서 학문으로 분화되기 이전의 것이기 때문이다.

한편 세계관과 자주 혼용되는 '세계상'이란 개념은 세계에 대한 과학적 이해를 가리키는 말로서 세계를 경험적 관찰의 총화로 본다. 세계상이란 말은 세계관이 아니라 우주론에 가까운 개념이라 볼 수 있는데, 이는 세계상이 세계에 대한 해석이라기보다는 세계에 대한 객관적이고, 과학적인 서술이기 때문이다. 세계관이 믿음의 문제와 관련되어 과학적 증명을 필요로 하지 않는 반면에 객관적 서술로서의 세계상은 그 주장의 과학적 정확성을 증명해야 할 필요가 있다. 세계관은 세계상보다 더 포괄적인 개념이라 할 수 있는데, 이는 세계관이 세계를 단순히 서술하는 데 관심을 두기보다는 그것의 존재 유래와 의미, 목적, 그리고 방향 등에 대해 관심을 두기 때문이다.[12]

위에서 살펴본 것처럼 세계관은 신념이나 과학, 그리고 철학과 관련되지만 과학이나 철학에 비해서는 논리성이 떨어지며, 신념에 비해서는 의지력이 모자라고, 신앙에 비해서는 초월성이 부족하다는 약점이 있다. 그럼에도 불구하고 세계관은 철학, 상식, 신념, 신앙 등과 불가분의 관계를 맺는다.[13] 왈쉬와 미들톤(B. J. Walsh & J. R. Middleton)의 견해를

---

11) 전광식, 「학문의 숲길을 걷는 기쁨」, p. 18.
12) Ibid., pp. 31-34.
13) 양승훈, 「기독교적 세계관」(서울 : 도서출판 CUP, 1999), p. 34.

따르면, 어떤 하나의 신념이나 사상체계가 하나의 세계관으로 발전하려면 다음의 요소들이 갖추어져야 한다.[14] 첫째, 현실성으로서 가시적인 것과 비가시적인 피조세계 현실의 모든 상황이나 사건에 대해 공평하게 해명할 수 있어야 한다. 둘째, 내적 통일성으로서 자체 내의 신조나 신념들 간에 서로 상충되거나 모순됨이 없이 내적 조화와 일관성을 지녀야 한다. 셋째, 개방성으로서 끊임없이 변화하는 현실 상황을 설명할 수 있으려면 절대화되거나 이데올로기가 되어선 안 된다. 넷째, 타당성으로서 논리적 설득력을 지녀야 한다. 다섯째, 생동성으로서 지나간 과거만이 아니라 현실에서도 여전히 적용할 수 있어야 한다.

세계관의 본질과 특성에 대하여 우리는 전광식과 더불어 다음과 같이 요약할 수 있다.[15] 첫째, 세계관은 전이론적(pre-theoretical)이며, 선과학적(pre-scientific)이다. 세계관이란 사물의 전(全) 실재를 다루기 때문에 개별 학문보다 더 근본적이다. 둘째, 세계관은 전(全) 실재에 대한 보편적이고 포괄적인 조망이다. 세계관은 신, 인간, 자연, 사회, 역사, 가정, 교육, 경제, 정치, 예술, 문화 등을 포괄적으로 다룬다. 셋째, 세계관은 직관적이고 신념적인 구성물로서 과학적이라기보다는 철학적, 심리적, 종교적이라 할 수 있다. 세계관은 사유 작용을 수반하긴 하지만, 그것이 경험적인 귀납적 연구나 합리적 유추 등을 통해 검증된 객관적이고 체계적인 인식체계라 할 수는 없다. 넷째, 세계관은 모든 실재계를 해석하며, 의미를 부여하는 선험적이며 주관적인 틀이다. 세계관은 일종의 선입견이나 선판단, 혹은 전제들과 관련되어 있다. 다섯째, 세계관은 삶과 밀접히 관련되어 있다는 점에서 실천적이고, 행동적이다. 여섯째, 세계관은 모든 개인들이 가지는 것이지만 동시에 공동체가 공유한다는 점에서 공동체적이다. 세계관은 사회 속에서 형성되고, 발전하며, 전수된다는 의미에서 사회적이다. 마지막으로 세계관은 이 세상에 존재하는 다

---

14) 왈쉬와 미들톤, 「그리스도인의 비전」, pp. 43-46.
15) 전광식, 「학문의 숲길을 걷는 기쁨」, pp. 37-40.

양한 문화 현상이 다양한 세계관의 결과라는 점에서 문화적이다.

기독교 세계관의 특징

기독교 세계관이란 기독교의 종교적 경험과 신앙을 바탕으로 형성된 여러 가지 종교적 세계관 가운데 하나이다. 역사적으로 보면 고대 히브리인의 사상과 예수 그리스도의 사상이 종합되어 서구의 역사 속에서 발전된 세계관이다. 오늘날 학계에서 논의되는 기독교 세계관이란 19세기 네덜란드 개혁주의(혹은 신칼빈주의) 신학전통에서 논의된 특수한 개념이기는 하지만, 그리스도인들로 하여금 기독교적으로 생각하고 행동하도록 도우려는 개념이라는 점에서 보편화된 개념으로 볼 수 있다. 그런 배경에서 우리는 기독교 세계관을 '기독교적' 세계관이라고 할 수도 있다.

일반적으로 기독교 세계관은 하나님을 진리의 근원이며, 최고선으로 믿고, 인생의 최고 목적으로 삼는다는 점에서 '하나님 중심적 세계관'이라 할 수 있다. 현대인의 세계관적 특징 가운데 하나는 인간중심적이라는 점이다. 르네상스 휴머니즘은 하나님의 자리에 인간을 대체했으며, 근대 과학기술은 종교의 자리에 과학을 대체했다. 이제 인간은 자신을 우주의 중심에 놓을 뿐만 아니라 가치의 판단 기준으로 삼는다. 무엇이 추구될 만한 가치가 있는 것이고, 무엇을 거부해야 할 것인지, 무엇을 더 높게 평가하고, 무엇을 더 낮게 평가할지를 결정하는 판단기준은 인간 자신에게 있다.

쾌락주의적 가치관과 도덕관은 인간중심주의의 전형적인 예라고 할 수 있다. 도덕적 쾌락주의에 있어서는 도덕적 선과 악의 판단 기준이 인간 자신의 기분 좋음과 기분 나쁨에 있다. 오늘날 인류의 생존을 위협하는 생태계의 파괴 역시 자연세계에 대한 인간의 절대적 우위를 주장하는 인간중심주의적 세계관의 결과로 볼 수 있다.

현대 과학이 토대로 삼고 있는 자연주의적 세계관 역시 인간중심주의와 관련이 있다. 자연주의적 세계관에서는 인간의 이성으로 이해할 수 있고 감각기관을 통해서 검증할 수 있는 것만 진리로 인정된다. 인간의 이성으로 설명할 수 없는 초월이나 신비 같은 일체의 초자연적 현상은 인정되지 않는다. 자연주의적 세계관에서는 인간 자신조차도 오로지 자연의 산물이며, 자연의 일부일 뿐이다. 여기에서 인격이나 영혼을 위한 자리는 허용되지 않는다. 생명현상조차 물리화학적 현상으로 파악할 수 있는 대상일 뿐 더 이상 신비롭고 신성한 영역이 아니다. 초월과 신비의 영역을 상실한 인간들은 현실세계에 더 집착을 하게 되고, 마침내 물질만능주의에 사로잡히고 만다. 인간의 최고 목적은 현세에서의 물질적 행복과 쾌락이 된다. 사람들은 이제 하나님의 나라와 의를 구하는 대신에 이 세상에서 먹고 마시고 입는 것에 더 관심을 기울인다.

하지만 기독교 세계관은 인간이 하나님의 피조물이며 따라서 가치의 기준과 삶의 목적이 인간 자신에게 있을 수 없다고 가르친다. 인간은 하나님의 형상으로 지음 받은 존재이기에 하나님과의 관계 속에서만 삶의 의미와 목적을 발견할 수 있다. 웨스트민스터 소요리 문답에서도 가르치듯이 인간에게 있어서 최고의 목적이며, 최고의 선은 오직 하나님뿐이다. 하나님을 영화롭게 하고, 그분을 즐거워하는 것이야말로 인생의 지고한 목적이다.

한편 기독교 세계관은 하나님의 뜻을 중심에 두고, 그분의 뜻이 계시된 성서를 토대로 삼는다는 점에서 '성서적 세계관'이라 할 수 있다. 하나님의 말씀과 계시로서 성서는 그리스도인의 생각과 삶에 대한 포괄적 가르침이요, 규범이다. 성경(聖經)이란 기독교의 경전(canon : 잣대, 표준)으로서 그리스도인의 삶과 행동의 기준이요, 지침이며, 사고와 인식의 토대가 된다. "모든 성경은 하나님의 감동으로 된 것으로 교훈과 책망과 바르게 함과 의로 교육하기에 유익하니"(딤후 3 : 16).

성서에는 구원을 위한 영적 진리만이 아니라 피조세계 전체에 대한 인간적인 진리도 나타나 있다. 그런 의미에서 성서는 인간 세상의 지식을 추구하는 학자들에게도 중요한 학문 자료가 되며, 세계관 형성의 토대가 된다. 기독교 세계관 논의에 불을 지폈던 19세기 개혁주의 사상가들은 일반적으로 창조와 타락, 그리고 구속이라는 신학적 내용을 중심으로 성서적 세계관의 틀을 구성한다.[16]

그런데 문제는 성서에 대한 이해와 해석이 각기 다르며, 그 결과 다양한 기독교 세계관이 생겨날 가능성이 있다는 사실이다. 즉, 기독교 세계관 논의에서는 하나의 유일한 절대적 기독교 세계관이 있을 수 없다. 우리나라에서는 1980년대 들어 개혁주의 신학 배경을 가진 사람들에 의해서 기독교 세계관운동이 태동된 것이 사실이지만, 개혁주의 세계관만이 유일하게 올바른 기독교 세계관이라고 말할 수는 없다. 왜냐하면 개혁주의 신학조차 19세기 네덜란드 신학계에 등장한 신학 사조로서 기독교 신학의 역사에 등장했던 수많은 신학경향 중에 하나일 뿐이기 때문이다.

이러한 세계관적 다양성으로부터 필연적으로 세계관에 대한 개방적 태도가 요청된다. 어떤 인간도 진리의 모든 면을 다 통합할 수 없으며, 어떤 신학도 하나님을 완전하게 파악할 수 없다. 만약 어떤 세계관이 이러한 인간적 한계를 인정하려고 하지 않는다면, 그러한 세계관은 곧 하나의 독단이나 이데올로기로 전락하고 말 것이다.

우리가 성서에 기초한 올바른 기독교 세계관을 정립하기 위해서는 성서에 대한 바른 이해가 필수적으로 요청된다. 성서는 하나님의 계시로서 정확 무오한 하나님의 말씀이지만, 그 말씀이 쓰여진 시대와 장소, 그리고 그것을 쓴 사람의 인간적 제한성을 지니고 있다는 사실을 잊어서는 안 된다. 성서 시대와 우리 시대 사이에는 문화적이고 역사적인 시공간적 차이가 있기 때문에 반드시 해석학적 작업을 필요로 한다.

따라서 성서적 세계관을 제대로 정립하려는 사람은 문자주의적 성서

---

16) 알버트 월터스·마이클 고힌, 양성만·홍병룡 역, 「창조 타락 구속」(서울 : IVP, 2007).

해석이나 아마추어적 성서해석 수준을 넘어서 어느 정도 성서 전문가가 되어야 한다. 뿐만 아니라 성서를 경전으로 결정하고, 성서에 기초하여 기독교문화를 창조해 낸 교회의 역사와 전통, 그리고 역사 속에 등장하는 수많은 기독교 사상가들의 업적들도 성서를 해석할 때에 참고해야 할 것이다.

기독교 세계관과 학문 활동

일반적으로 학문이란 실재계의 어떤 개별 영역에 대한 방법론적 연구라 할 수 있다. 학문이 개별 영역을 다루는 반면에 세계관은 개별 영역으로의 분화 이전의 실재계를 다룬다는 점에서 세계관과 학문은 구별된다. 학문이 실재계를 다룰 때 방법론적으로 확실하고 명확한 객관성에 기초한 체계적 인식이라 한다면, 세계관은 실재에 대한 직관적 파악을 통해 형성된다는 점에서도 학문과 다르다. 요약해서 학문이 개별 실재에 대하여 합리적 객관성과 경험적 증명에 기초한 논리적 인식이라면, 세계관은 전체 실재에 대한 주관적이고 심정적인 해석이라 할 수 있다.[17]

이처럼 세계관과 학문이 구분되기는 하지만 세계관 논의가 학문의 기초 위에서 이루어진다는 점에서 학문의 도움을 받고, 학문 역시 세계관적 전제 위에서 행해진다는 점에서 세계관의 도움을 받는다고 볼 수 있다. 그럼에도 불구하고 과학 실증주의의 영향을 받은 현대의 학문세계는 학문 활동에 미치는 세계관의 중요성을 간과하고 무시하는 것이 사실이다.

리차드 알렌(R. Allen)은 과학 실증주의의 영향을 받은 객관주의 학문 방법론의 특성을 다음과 같이 비판적으로 요약해 주고 있다.[18] 첫째, 정

---

17) 전광식, 「학문의 숲길을 걷는 기쁨」, p. 35.
18) 강영안, "기독 교수는 누구인가?," 백석기독학회, 「백석저널」 창간호(2002), pp.

확하게 형식화된 지식만을 선호한다. 측정 가능하고 수학적 공식으로 표현할 수 있는 것 이외에 부정확하고 모호한 것은 철저히 불신한다. 둘째, 환원주의적 성격을 띠고 있다. 물리적 현실로 환원할 수 없는 것은 참된 현실로 보지 않는다. 셋째, 가치중립성으로서 사실과 가치는 엄격히 분리된다. 개인의 정감적 요소와 참여는 배제되고 연구 대상으로부터 거리와 분리를 선호한다. 넷째, 지식의 실증주의적 경향으로서 여기서 이론이란 작업가설이나 현실의 경제적 표현, 혹은 현실의 규제로 등장한다.

현대 학자들이 신봉하는 학문의 객관성이나 가치중립성의 신화는 바로 학문 활동에 미치는 세계관의 역할과 기능에 대한 무지에서 생긴 결과로 보인다. 최근 들어 학자들 가운데에는 어떤 학문도 세계관적 전제와 무관할 수 없다는 생각이 광범위하게 인정되고 있다. 세계관이 인간의 모든 의식적 행위의 토대를 형성하기 때문에 학문 활동 역시 예외일 수 없기 때문이다. 즉, 학문 활동이란 필연적으로 특정한 세계관의 전제에 의해 영향을 받을 수밖에 없고, 따라서 절대적으로 객관적일 수 없으며, 가치중립적일 수도 없게 된다.

이러한 견해를 지지하는 학자들 가운데 하나인 토마스 쿤(T. S. Kuhn)은 학문체계가 그 시대와 집단의 패러다임에 기초하며, 패러다임의 변화는 종교적 개종과 같이 혁명적인 것이라고 보았다. 그런데 그가 말하는 패러다임이란 바로 과학자 사이에 공유하는 관념이나 관습, 혹은 가치관을 가리키는 것으로 세계관이라 불러도 무방한 개념이다.[19] 물리화학자이며 철학사상가인 마이클 폴라니(M. Polany) 역시 모든 학문 활동에 학자의 개인적 판단이 작용한다는 이유에서 과학의 형식주의를 비판했다.[20] 그는 학문 활동이 지성이라는 차원에서만 일어나는 것이 아니라 전인격적 참여 행위라고 본다. 과학자의 신념이나 지적 열정, 과거경

18-19.
19) 토마스 S. 쿤, 김명자 역, 「과학혁명의 구조」(서울 : 동아출판사, 1992).
20) 마이클 폴라니, 표재명 외 역, 「개인적 지식」(서울 : 아카넷, 2001).

험, 훈련, 도덕심과 같은 개인적 요소가 과학이론의 형성에 영향을 미친다고 보았다.

학문과 세계관의 관계에 대한 이러한 논의는 기독 교수들로 하여금 자신의 학문 활동에 대한 반성을 요청하게 한다. 일반 학자들처럼 학문을 가치중립적인 것으로 보고 신앙과 무관한 것으로 생각하지 않았는지, 자신의 학문이 세속적 세계관의 토대 위에서 이루어지고 있지는 않은지, 기독교 세계관에 기초해서 자신의 학문을 새롭게 시도해 본 적이 있었는지, 기독 교수의 이런 반성을 통해 세속적 학문세계에도 하나님의 주권이 확대되어 나갈 것이다.

기독교 세계관운동

우리나라 기독교 세계관운동은 개혁주의 사상가들에 의해 영향을 받았다. 우리나라에서 기독교 세계관에 대한 관심이 확산된 것은 1970년대부터 번역되어 소개된 프란시스 쉐퍼(F. Schaeffer, 1912-1984)의 저술들과 1980년대에 한국기독학생회출판부(IVP)의 노력으로 번역된 기독교 세계관 관련 저서들이 소개된 덕분이다. 1984년에 설립된 기독교학문연구회가 기독교 세계관 운동의 확산에 크게 기여했으며, 이후 기독교대학 설립동역회나 각종 문화·문서운동으로 구체화되었다.[21]

영(靈)과 육(肉), 성(聖)과 속(俗)을 극단적으로 분리하는 한국교회의 이분법적 신앙문화의 영향으로 기독교인의 신앙과 생활이 분리되고, 기독교대학에서조차 신앙과 학문이 따로 노는 현실에서 기독교 세계관운동은 신앙과 삶의 일치와 학문과 신앙 통합의 당위성을 역설하면서 그 가능성을 모색했다는 점에서 기독 지성계에 긍정적 역할을 했다.

---

21) 류대영, "한국교회의 사회참여의 신학적 기반 : 1980년대 이후 보수교회 사회참여의 신학적 기반," 한국기독교역사연구소, 「한국기독교와 역사」 18(2003), p. 45.

하지만 기독교 세계관운동에 대한 비판 가운데 하나는 그것이 또 하나의 지식체계에 머문 것이 아니냐는 점이다. 기독교 세계관 논의가 교회개혁은 물론 사회변혁에도 별 영향력을 미치지 못하는 개혁주의 지식인들의 지적 유희에 불과했다는 비판이다. 기독교 세계관운동의 주역 가운데 하나인 '기독교학문연구회'가 기독교 세계관의 연구와 교육에만 관심을 가졌을 뿐 1980년대 격변의 시대에 시국과 관련한 한 건의 성명서도 내지 않았다는 것이 그것을 증명한다.[22]

우리나라 기독교 세계관운동에 대한 또다른 비판은 늘 원론적인 수준에 머무르고 구체성을 지니지 못했다는 점이다. 물론 세계관 자체가 모든 학문분야의 토대로서 원론적인 성격을 지니는 것이 사실이다. 그럼에도 불구하고 세계관 논의가 영향력을 지니려면 다양한 학문분야에 실제적으로 적용되고 구체성을 지녀야 한다.

우리나라 기독교 세계관운동이 이런 비판을 극복하고 학문세계는 물론 교회와 사회 개혁에 영향력을 미치려면 다음 몇 가지 사항이 고려되어야 할 것이다. 우선 기독교 세계관운동이 이론 작업에만 머물지 말고 실천운동으로 나아가야 한다. 물론 기독교 세계관운동이 세계관의 본질과 기능에 대한 이론적 연구와 학습 과정을 포함하는 것이 사실이다. 그러나 세계관에서 다루는 세계란 단지 물리적 대상으로서의 세계만이 아니라 우리가 삶의 터전으로 삼는 구체적 삶의 현실을 가리킨다. 구체적인 삶을 세계관 논의의 내용으로 삼는다면, 세계관 논의는 필연적으로 공허한 사변적 체계에 머물지 않고 실제적이고 실천적이 되어야 함이 옳다.[23]

세계관 논의가 삶을 내용으로 삼는다는 의미는 곧 세계관이 삶을 해석하는 데 그치지 않고 삶의 변화를 꾀한다는 의미일 것이다. 그런 배경에서 세계관 논의란 결국 하나의 이론체계를 넘어서 신앙 실천운동이 되어야 한다. 그리고 그 신앙 실천운동은 세계의 변화라는 거대담론보다는

---

22) Ibid., p. 46.
23) 전광식, 「학문의 숲길을 걷는 기쁨」, p. 29.

일상의 변화에 초점을 두어야 한다. 말하자면 기독교 세계관운동은 우리 시대의 삶의 조건들을 개선하거나 변화시킬 수 있는 환경운동이나 교육운동, 여성운동, 문화운동, 빈민운동, 노동운동, 윤리실천운동과 같은 다양한 형태의 신사회운동이나 낙태반대운동이나 자살예방운동 같은 생명문화운동과도 연계되어야만 할 것이다. 그럴 때라야 비로소 세계관의 참 의미, 즉 세계관이 '세상을 보는 관점'이 아니라 '세상에서 다르게 살기'가 될 것이다.[24] 기독교 세계관이란 단지 세계를 보는 관점을 가리키는 것이 아니라 예수를 영접하고 세상을 다르게 살아가는 제자도(discipleship)를 의미하기 때문이다.

다음으로 기독교 세계관운동이 활성화되려면 이에 대한 학술 활동이 보다 더 활발해져야 할 것이다. 학술 활동으로서 기독교 세계관운동은 두 가지로 구분할 수 있는데 하나는 기독교 세계관 연구 활동이며, 다른 하나는 기독교 세계관교육 활동이다. 일찍이 미국이나 캐나다의 기독 학자들 가운데에는 세계관 연구를 자신의 학문분야 속에 구체화시킨 사례들이 적지 않다. 기독교와 문학, 기독교와 역사, 기독교와 예술 등 다양한 학문분야들이 새롭게 실험되고 있다. 그럼에도 불구하고 우리나라 지성계에서는 그 같은 구체적인 학문작업이 미약한 것이 사실이다. 기독교 세계관에 대해 연구하는 학자층도 두텁지 않을 뿐만 아니라 연구의 범위도 제한적이다. 연구주제도 기독교 세계관의 필요성이나 세계관 개념과 같은 원론적인 차원에 머물고 있는 실정이다.

한편 기독교 세계관의 교육 활동도 활성화되어야 한다. 일반대학은 차치하고라도 기독교대학에서라도 우선적으로 세계관 강좌가 개발되어서 학생들에게 세계관교육을 실시할 수 있어야 한다. 그럴 때라야 학생들은 세계관의 혼란 속에서 올바른 세계관을 정립하고, 자신들의 전공학문의 기초에 놓여 있는 세계관적 전제들을 기독교 신앙의 관점에서 분석

---

24) 김기현, "개혁주의 세계관 비판과 변혁 모델의 다양성," 기독교학문연구회, 「신앙과 학문」 8권 2호(2005), p. 12.

하고 비판할 수 있는 능력도 얻을 수 있을 것이다. 다행히 몇 년 전에 한남대학에서 기독교 세계관 강좌를 개설하고 교재를 만들어 낸 일은 높이 평가할 만하다.[25]

　기독교 세계관 교육은 비단 대학에서만이 아니라 지역교회에서도 시도될 필요가 있다. 이는 기독교 세계관이 학문 활동에만 관련된 것이 아니라 그리스도인의 일상생활 전체와 관련되어 있으며, 기독 교수만의 관심사가 아니라 모든 신앙인의 관심사이기 때문이다. 기독교 세계관 교육을 통해 신앙인들은 교회생활과 일상생활 사이의 부조화를 극복하고 보다 성숙한 신앙인으로 형성되어 나갈 것이며, 그럴 때에만 한국 기독교가 질적으로 성장할 것이다.

---

25) 한남대 기독교문화연구원 편, 「기독교 세계관」(대전 : 도서출판 글누리, 2007).

맺는말

오늘날 기독교대학은 크게 두 가지 과제에 직면해 있다고 보인다. 하나는 극심한 대학 간 생존경쟁에서 살아남는 일이며, 다른 하나는 대학의 세속화 흐름 속에서 기독교 정체성을 유지하고 발전시키는 일이다. 우리 시대에 대학환경은 급변하고 있다. 신자유주의 시장경제원리에 따라 대학교육마저도 시장화되면서 대학이 국내외 대학들과의 무한경쟁 상황으로 내몰리고 있다. 게다가 인구학적으로도 대학 입학연령 학생 숫자가 줄어들면서 학생들의 등록금에 의지해야 하는 사립대학들의 재정난이 심화될 것으로 전망된다. 기독교대학의 생존자체를 염려해야 하는 시대에 들어서고 있다.

한편 기독교대학은 설립초기의 기독교 창학 정신이 약화되고, 대학 구성원의 소명과 헌신마저 약해지면서 점차 기독교적 정체성을 잃어 가고 있다. 일반대학과 차별성을 상실한 채 수많은 대학들 가운데 또 하나의 대학들로 전락해 가고 있다. 기독교대학으로서의 존재 이유와 의미를 상실하고 있는 것이다. 어느 조직이든 존재의미와 존재가치를 잃고도 생존해야 할 필요가 있을까? 그런 이유에서 기독교대학은 생존의 방법만이 아니라 생존의 이유에 대한 물음에도 대답해야 할 상황에 놓여 있다.

기독교대학의 구성원들 가운데에는 대학의 생존과 기독교 정체성이 상호 모순관계에 있다고 생각하는 사람이 적지 않다. 생존하기 위해서 어쩔 수 없이 기독교적 특수성을 포기해야 한다고 주장하는 사람도 있다. 실제로 과거 우리나라 기독교대학의 역사를 보면 그런 생각에 따라 대학 이름이나 학과 이름에서 '기독교'란 명칭을 제거했고, 채플이나 기독교 학과목의 숫자를 줄이고 내용을 일반화하여 교양과 윤리로 바꿔 버렸다. 그런데 앞에서 살펴본 것처럼 대학의 생존과 기독교 정체성이 반드시 상호 모순관계에 있다고 볼 필요는 없다. 대학이 생존하기 위해 기독교 정체성을 버려야 한다거나 기독교 정체성을 위해서 경쟁력을 포기해야 할 필요는 없다. 오히려 기독교 정체성을 강화하는 것이 대학의 생존이나 경쟁력 강화에 도움이 될 수도 있다. 왜냐하면 대학의 특성화야말로 우리 시대 대학의 필수적인 생존전략이기 때문이다.

그런 의미에서 기독교대학은 기독교적 정체성의 포기가 아니라 기독교 정체성을 강화함으로써 대학의 특성화를 시도할 필요가 있다. 그런데 대학의 특성화란 과제는 구성원의 동의와 협력이 없이는 실현 불가능한 목표이다. 그리고 특성화 전략도 대학마다 신학과 이념, 역사와 전통이 다르기 때문에 각기 차별화된 전략을 취해야 할 것이다. 일관되고 지속적인 대학 특성화 정책의 성공 여부는 결국 대학 구성원의 몫으로 남게 된다.